人人伽利略系列 24

統計與機率

自基礎至貝氏統計

人人出版

人人伽利略系列 24

自基礎至貝氏統計

統計與機率

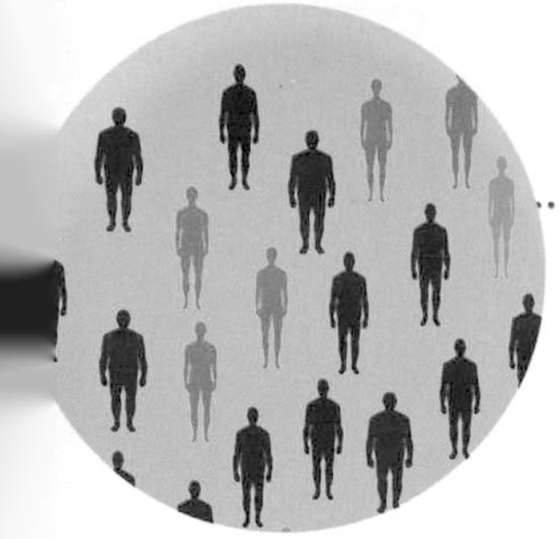

4 統計的基本原理

監修 今野紀雄／松原 望

5 進階統計

協助 藪 友良／高橋 啟／深谷肇一／田村 秀／今野紀雄／松原 望

6 貝氏統計

監修 今野紀雄／松原 望

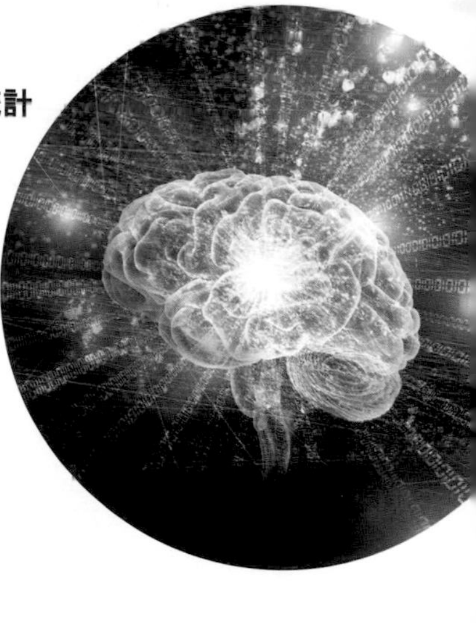

7 IT統計學的基礎知識

撰文 松原 望

附錄

簡介①

這樣子是幾%？——生活中發生的機率出乎意料

未來我們會遇到什麼事情，沒有人知道。世上的偶發事件隨處可見。下一秒鐘會發生什麼事情，真的只能說「天機難測」。

但如透過數學計算來分析至今為止所發生的事，便可以用數值量化「某些事情會發生的可能性」，我們將之稱為「機率」（probability）。

一開始拿到的 5 張撲克牌正好形成同花順的機率為0.000154%（詳見下欄）。另一方面，在地球附近公轉的小行星1950DA，其直徑為 1 公里，於2880年撞上地球的機率為0.012%（詳見右頁下欄）。很可能會為人類帶來極大災難，相較下竟比同花順還更容易發生，其機率大了約有80倍之多。

拿到的 5 張撲克牌正好形成同花順的機率為何？

⋯⋯ 0.000154%（約65萬分之1）

同花順是集齊相同花色的10、J（11）、Q（12）、K（13）、A（1）5 張牌。為撲克牌戲中最強的牌組。當花色限制於黑桃時，可算出湊齊這 5 張牌的機率為

$$\frac{5}{52}\times\frac{4}{51}\times\frac{3}{50}\times\frac{2}{49}\times\frac{1}{48}=\frac{1}{2598960}$$

〔利用第10頁所講解的「乘法原理」（multiplication rule）〕。花色共有 4 種，故所求之同花順的機率為此值的 4 倍。

載有300名乘客的飛機上，有醫生同機的機率為何？

⋯⋯ 53%

假設乘載300名乘客的飛機上突然有人身體不適。再假設所有乘客皆為日本人，請求出至少有 1 名醫生同機的機率。

將日本醫生總數31萬9480人（結算至2016年底）除以總人口數 1 億2700萬人時，某位日本人為醫生的機率約為0.25%。利用第15頁所講解的「餘事件」（complement even），便可算出「300名乘客皆非醫生」的機率為 $(1-0.0025)^{300}\fallingdotseq 0.47$。因此，$1-0.47=0.53$，得出機率為53%。

生出三胞胎的機率為何？

…… 0.013%（約7700分之1）

根據人口動態調查結果，2016年日本的總分娩數為98萬7654件，其中生下三胞胎的有129件。若將這個頻率解讀成生出三胞胎的機率，則可計算得其數值為

$$\frac{129}{987654} \fallingdotseq 0.00013 = 0.013\%$$

此外生下雙胞胎的有9998件，其頻率約為1.0%。

5個人成功交換禮物的機率為何？

…… 37%

將5個人帶來的禮物打亂順序之後重新分送，成功交換禮物（每個人都沒有拿到自己帶來的禮物）的機率約為37%。這個計算會利用到第16頁講解的「錯位排列」（derangement）。奇妙的是，不管人數增加多少，這個機率都幾乎不變。

直徑1公里的小行星撞上地球的機率為何？

…… 0.012%（約8300分之1）

直徑1公里的小行星195DA，於2880年撞上地球的機率，是由NASA的噴射推進實驗室（JPL）所公布的。只是，未來透過深入分析軌道，有可能機率會接近零。

出處：https://cneos.jpl.nasa.gov/sentry/

簡介② 機率是「預測未來」，統計是「分析現狀」

高中數學都會同時學到統計（statistics）與機率，很容易就混淆在一起了。然則，統計與機率到底是哪裡不一樣呢？

所謂統計，是用數學化分析來調查現實世界實際發生的事情，或是檢視真實生活中人們的行動和特性等，將其數值化和數據化，並從中取得論據的學問。例子有國家舉辦的各種調查和報紙媒體上進行的民意調查、電視收視率、問卷調查的結果等。

另一方面，所謂機率，則是針對尚未發生之事，以數學計算來預測可能發生之機率的學問。經典範例為計算骰子和輪盤上某數字出現的機率，不過也會有類似預測下雨這種基於統計資料來計算機率的情形。

機率 → 第8頁

研究機率的數學稱之為「機率論」（probability theory），和賭博有非常深的淵源，因為賭博正可謂機率論的親生父母。

發明機率論的其中一位科學家為義大利的伽利略（Galilei Galileo，1565～1642）。「擲出三顆骰子，會比較容易出現的點數和是 9 點還是10點？」這個問題令當時的賭客們傷透了腦筋。伽利略發現，點數和為 9 的骰子組合有25種，點數和為10的組合有27種，證明出現10點的機率比較高。

其他還有以「費馬最後定理」（Fermat last theorem）聞名於世的費馬（Pierre de Fermat，1607～1665），和名留氣壓單位的帕斯卡（Blaise Pascal，1623～1662），也都是因書信往來討論賭博而建立機率論基礎的知名數學家。

第 1 章和第 2 章會說明機率論及一些統計學的基礎觀念。第 3 章會深入奧妙的隨機（random）與亂數（random number）世界。

統計

→ 第 68 頁

研究統計的學問稱為「統計學」（statistics）。和機率論一樣，據說也起源於17世紀左右。

可謂統計學鼻祖之一的是英國商人格蘭特（John Grant，1620～1674）。格蘭特仔細調查了葬於倫敦教會下的死者紀錄後，發現每100人就有36人早夭於 6 歲以下，而且城鄉差距明顯。

之後，由於許多學者的努力研究，以及採納機率論的成果，統計學的方法已愈來愈進步。將獲得的資料進行適當分析即植基於統計學，它已成為近代以來科學與工程學、醫學等方面很重要的基礎學問。

第 4 章和第 5 章會舉出真實社會發生過的案例，並說明統計學上重要的觀念。

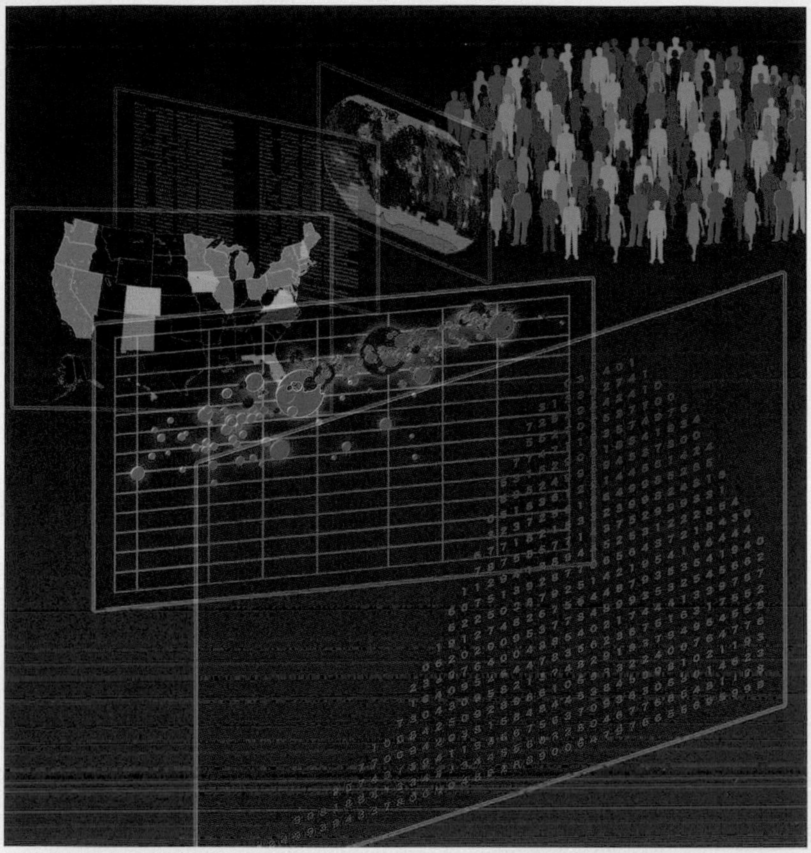

貝氏統計

→ 第 140 頁

隨著IT（資訊科技，information technology）和AI（人工智慧，artificial intelligence）的急速發展與普及，近年來相當受到矚目的就是名為「貝氏統計」（Bayesian statistics）的統計學。

貝氏統計肇基於英國牧師貝斯（Thomas Bayes，1702～1761）所發明的「貝氏定理」。這個18世紀所發現的古老定理，在超過200年後的現今，備受科學界重視。

第 6 章會以貝氏定理解決機率的問題為例，來說明貝氏統計的觀念及其應用範例。

最後，第 7 章會邀請專攻統計學的日本東京大學名譽教授松原望，為我們從統計學的基礎到機器學習（machine learning）的機制，即AI的核心技術，作完整解說。

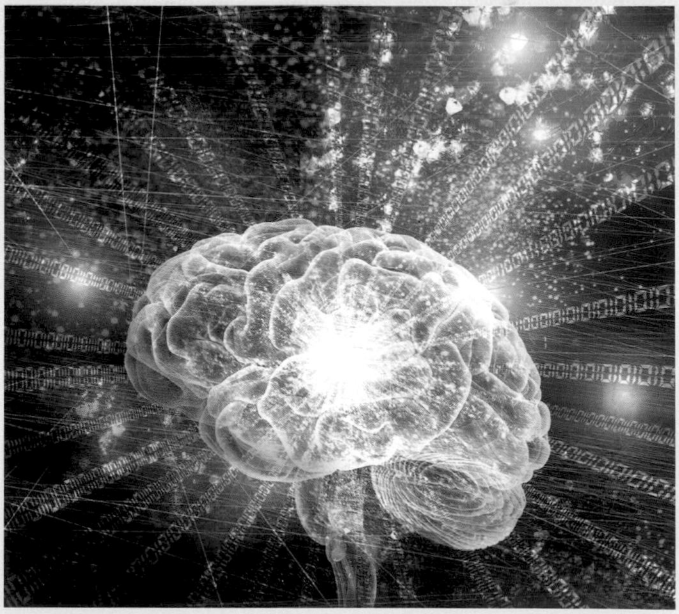

1 機率的基本原理

古今中外，不斷有人因賭博而身敗名裂。機率論告訴我們，若從整體來看，賭博一定是賭客那方吃虧。

那些「我不玩賭博那種東西」的人，也絕非跟賭博絕緣。在特定機率下得到稀有卡牌的「抽卡手遊」和宣傳「20次中會享有1次全額退款」的促銷活動等等，生活周遭到處潛伏著賭博的元素。

第1章會以日常生活上的活動為例，一起來學習機率論暨一些統計的基本原理。

監修　今野紀雄／松原 望

只有1顆中獎。是先抽者還是後抽者較為有利？

販賣機裡裝有100顆扭蛋。可換得豪華贈品的中獎扭蛋只有1顆，剩下的都是銘謝惠顧。100個抽獎者每人抽1次，那先抽者會比較有利，還是後抽者才比較有利？感覺若有人中獎的話，之後剩下的全都銘謝惠顧，所以要先抽比較有利。但相反地，您也可能會覺得愈後抽，不會中獎的扭蛋數變少，所以反而比較有利？

其實，不管是排第幾個去抽，中獎的機率都一樣是 $\frac{1}{100}$。這個現象稱為「抽籤的公平性」（the fair lottery）。

首先來算第1個人中獎的機率，100人中只有1個會中獎，所以機率為 $\frac{1}{100}$。接著計算第2個人中獎的機率，思路是第1個人在100顆扭蛋中有99個機會抽到銘謝惠顧，而第2個人是從99顆扭蛋中抽出，所以為 $\frac{99}{100}\times\frac{1}{99}=\frac{1}{100}$（此處用到右圖所示之「乘法原理」）。計算第3個人中獎的機率，則為 $\frac{99}{100}\times\frac{98}{99}\times\frac{1}{98}=\frac{1}{100}$。故得知，如此繼續計算下去，不論第幾個來抽，中獎機率都是 $\frac{1}{100}$。

如果抽100次，必定能中獎

這個例子的重點在於已經抽出來的扭蛋不會再放回販賣機內。因此，如果抽100次，就必定能抽中。

然而，如果已抽出的扭蛋再放回販賣機內的話，情況就完全不同了。這個部分將會在第14頁的「抽卡手遊」文中詳加說明。

先抽後抽的中獎機率皆相同

在抽籤和扭蛋的例子之中，若不將沒中獎的籤或扭蛋再放回販賣機的話，中獎機率會和抽獎順序無關。這個事實似乎違反我們的直覺，但依照「乘法原理」來計算的話，會發現機率確實是相同的。

抽籤的次數與中獎機率的關係圖

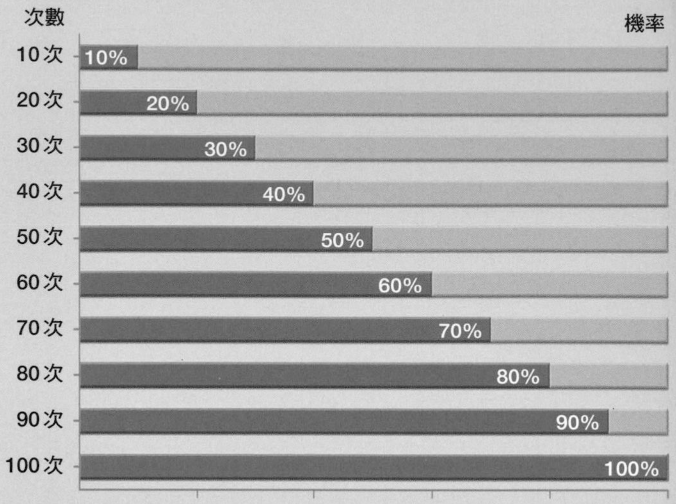

100支籤當中只有1支會中獎，當抽出的籤不再放回販賣機時，至10次為止的中獎機率為10%。抽20次為20%，30次為30%，100次就為100%，所以抽100次的話一定能抽中。

乘法原理

假設 A 發生的機率（例如，第1個人抽到銘謝惠顧的機率）為 a，B 發生的機率（例如，第2個人中獎的機率）為 b。此時，A 跟 B 同時發生的機率（即第1個人抽到銘謝惠顧且第2個人中獎的機率）可用 a 跟 b 的乘法（積）來求得（例如 $\frac{99}{100}\times\frac{1}{99}=\frac{1}{100}$）。這就是所謂的「乘法原理」。

加法原理

假設 A 發生的機率（例如，第1個人中獎的機率）為 a，B 發生的機率（例如，第2個人中獎的機率）為 b。A 跟 B 的情況不會同時發生，A 發生或 B 發生的機率用 a 跟 b 的加法（和）來求得（例如 $\frac{1}{100}+\frac{1}{100}=\frac{1}{50}$）。這就是所謂的「加法原理」。

100顆扭蛋之中，有 1 顆會中獎，99顆為銘謝惠顧

第 1 個人中獎的機率

$$= \frac{1}{100} = 1\%$$

第 2 個人中獎的機率

$$= \frac{99}{100} \times \frac{1}{99} = \frac{1}{100} = 1\%$$

第 3 個人中獎的機率

$$= \frac{99}{100} \times \frac{98}{99} \times \frac{1}{98} = \frac{1}{100} = 1\%$$

第 4 個人中獎的機率

$$= \frac{99}{100} \times \frac{98}{99} \times \frac{97}{98} \times \frac{1}{97} = \frac{1}{100} = 1\%$$

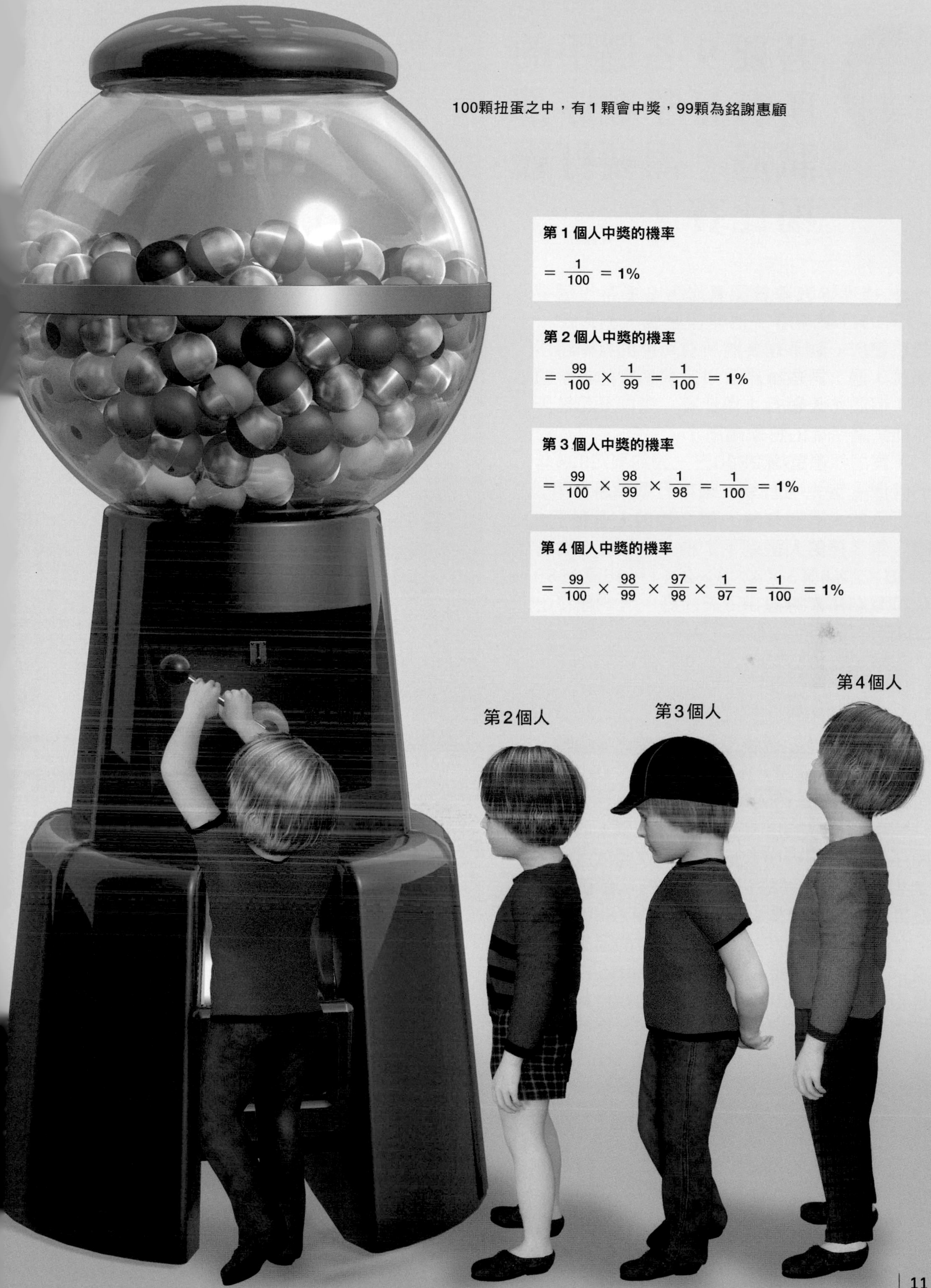

排列與組合

若要9名選手的所有打擊順序都試過，需要打幾場比賽？

某棒球隊教練曾認真思考9名常規選手的打擊順序。他非常苦惱，到最後，忽然靈機一動，想要將所有可能的打擊順序都試1遍，再依據結果排定最適當的打擊順序。假設1天舉行1場比賽，請問要花幾天才能試遍所有的打擊順序？

答案居然是36萬2880天，大約要花994年的時間。首先，有9人來排打擊順序，第1棒打者的人選有9種，第2棒的人選剩下8種，第3棒的人選剩下7種……因此，會有9×8×7×6×5×4×3×2×1＝36萬2880種打擊順序。除以365天的話，大約要花上994年。

排列與組合是機率計算的基礎

如前例，從 n 個物品中依序選出 r 個時，其排序方式的總數稱為「排列」（permutation），以符號 ${}_nP_r$ 來表示。以棒球比賽的打擊順序來說，決定9個人的打擊順序跟從9個人中選出9個棒次並依序排列是相同的道理，故可以寫作 ${}_9P_9$。依照右頁之計算方法，便能算出 ${}_9P_9$＝36萬2880。

此外，應該要和排列合併學會的還有以符號 ${}_nC_r$ 表示的「組合」（combination）。這是指從 n 個物品中選出 r 個時的組合總數。它和排列最大的不同在於不需要考慮順序。以棒球隊的常規選手而言，從9個人選出9個打擊者的組合總數為 ${}_9C_9$。依照右頁的方法計算時，（當然）就可求出 ${}_9C_9$＝1。

在計算機率時，正確求出排列與組合的總數是最重要的。

所有可能的打擊順序共有幾種？

以下示意圖依據9名選手隨比賽更動的打擊順序繪製。所有可能打擊順序的總數，利用右頁下方的排列公式求得為36萬2880種。

第1場比賽

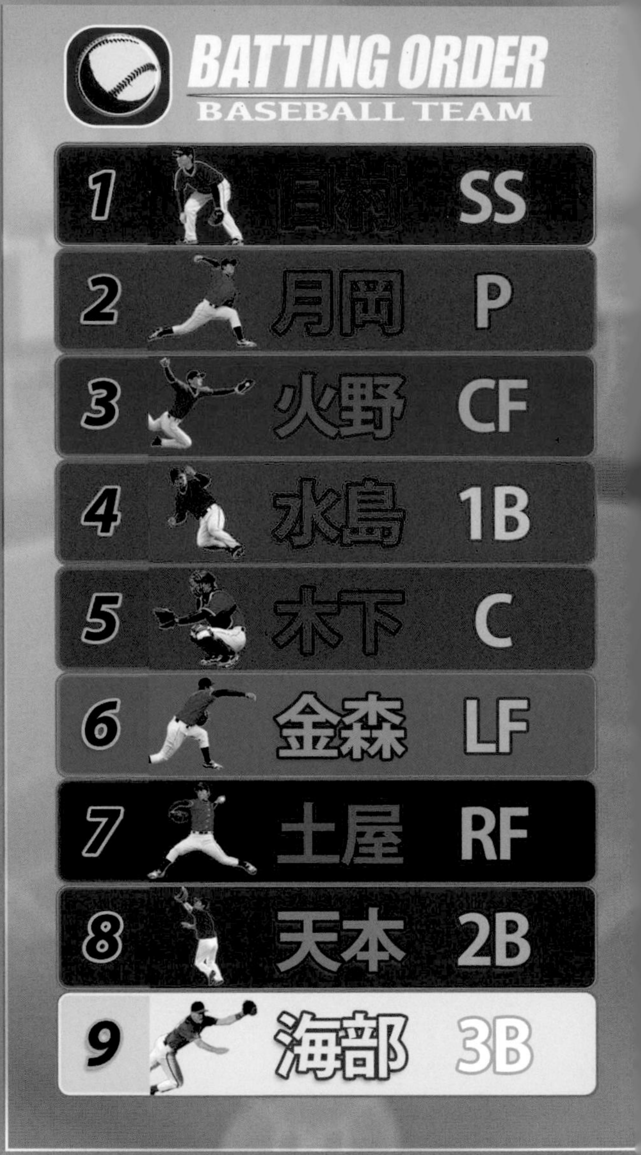

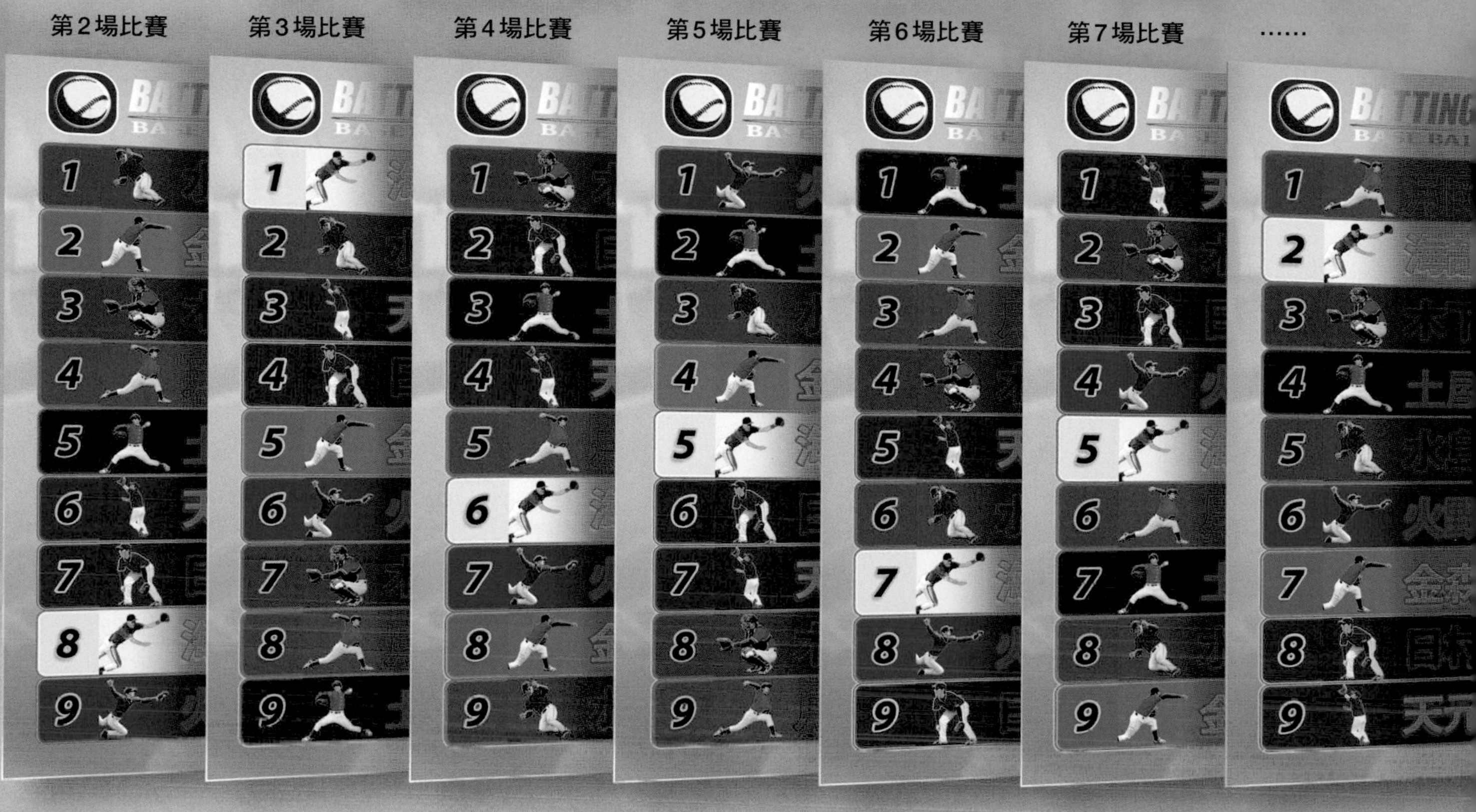

排列的公式

$$_{n}\mathrm{P}_{r}=\underbrace{n(n-1)(n-2)\cdots(n-r+1)}_{r\text{個}}$$

$$=\frac{n!}{(n-r)!}$$

從 n 個物品中依序選出 r 個時，其排序方式的總數稱為「排列」，公式如上所示。「!」是代表階乘（factorial）的符號，例如 5!＝5×4×3×2×1。但是，0！不是 0，而是定義為 1。

組合的公式

$$_{n}\mathrm{C}_{r}=\frac{_{n}\mathrm{P}_{r}}{r!}=\frac{n!}{r!\,(n-r)!}$$

從 n 個物品中選出 r 個時的組合總數稱為「組合」，公式如上所示。它和排列不同，不需考慮順序。

所有可能之打擊順序的總數求法

從 9 個人中依序選出 9 個棒次時，其排序方式的總數（排列）以符號 $_{9}\mathrm{P}_{9}$ 表示。套用左方之排列公式時，會得到

$$_{9}\mathrm{P}_{9}=\frac{9!}{(9-9)!}=\frac{9!}{0!}$$

9! 為 9×8×7×6×5×4×3×2×1，0! 為 1。因此，

$$\frac{9!}{0!}=\frac{9\times8\times7\times6\times5\times4\times3\times2\times1}{1}$$

$$=\frac{362880}{1}=362880$$

餘事件的機率

中獎率1%的抽卡手遊。即使抽100次也有37%會慘敗

智慧型手機的遊戲裡，有1種通稱為「抽卡手遊」的抽抽樂。原本假設抽中稀有卡牌的機率為1%（$=\frac{1}{100}$），和扭蛋一樣，如果抽100次一定會抽中稀有卡牌，這樣想對嗎？

答案是否定的。扭蛋的情況是已抽出來的扭蛋不會再放回販賣機裡，相對地，抽卡手遊即使抽了籤（抽了卡牌），籤的數量也不會減少，所以中獎率不會改變。

抽100次，抽中1次的機率為多少？

抽1次沒中的機率為 $\frac{99}{100}$ 所以抽100次而100次都沒抽到的機率為 $\left(\frac{99}{100}\right)^{100} \fallingdotseq 0.366$。意思是，約36.6%的人即使重複抽卡，也仍然抽不到稀有卡牌的。

反過來說，100次當中，至少會抽中1次的機率大概有多少呢？像這種時候就要利用「餘事件」，這是指某件事情（事件，event）A 不發生的機率。餘事件的機率可用整體的機率1減去某事件 A 發生的機率求得。因此，最少會抽中1次的機率是 $1-0.366=0.634$。意即，抽中率1%的抽卡手遊即使抽100次，能獲得稀有卡片的機率也不過只有63.4%。

而且，抽卡手遊跟扭蛋不一樣，不論再怎麼抽，抽中率都不會是1（＝100%）。這就是抽卡手遊最為棘手之處。

抽卡手遊中，抽卡數與至少抽中1次的機率之關係圖（紫色長條圖）

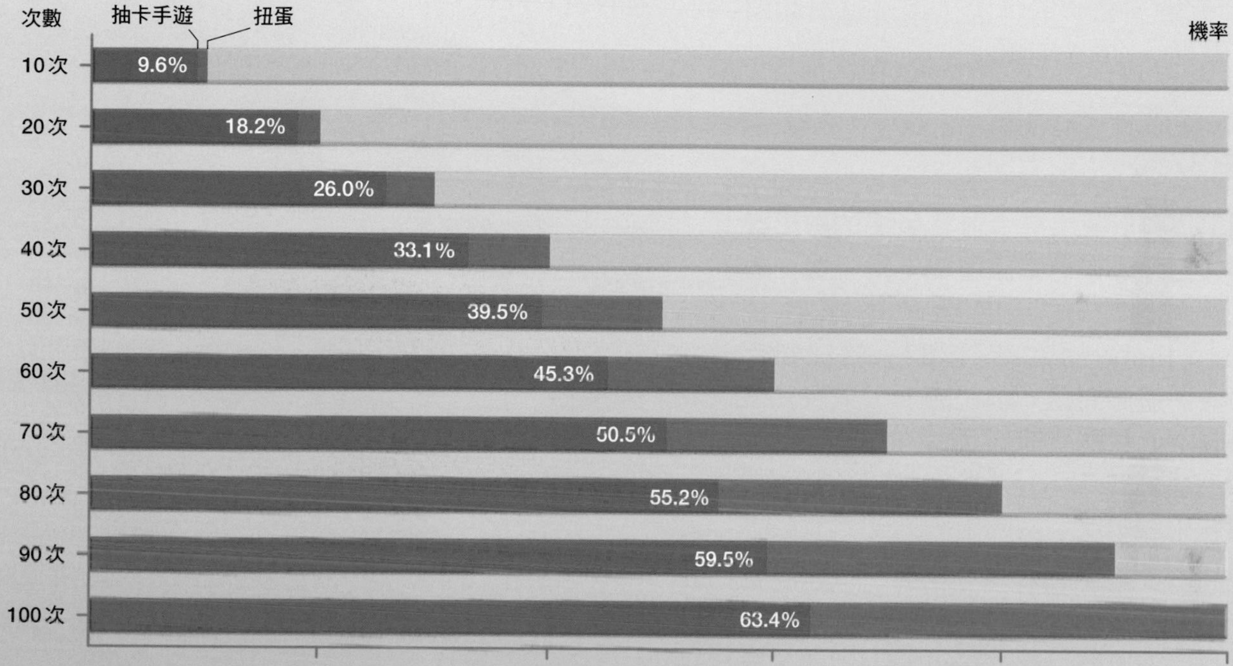

本圖為第11頁提過的扭蛋中獎率（粉紅色）與抽卡手遊抽中率（紫色）的比較圖

抽卡手遊再怎麼抽都不保證一定會抽到稀有卡牌

稀有卡牌抽中率為1%的抽卡手遊（相當於將已抽出的籤放回籤筒的情況），抽10次至少抽中1次稀有卡牌的機率為9.6%。抽20次為18.2%，抽30次為26.0%，抽100次為63.4%。意即抽100次還是有36.6%的機率抽不到。隨著抽卡次數逐漸增加，抽中的機率漲幅也漸漸趨緩下來。至少抽中1次稀有卡牌的機率若要達到99%以上的話，必須抽459次以上。而且，不論再怎麼抽，抽中率都絕對不會變成100%。

雙方互相出牌且牌面數字都不相同的機率為何？

A 小姐和 B 先生 2 人各持 A（1）到 K（13）共13張撲克牌，分別洗牌後 2 人同時各出示 1 張牌。直到13張牌都出示完畢，則 2 人出牌沒有 1 次數字是相同的機率為幾%呢？

針對這個問題，法國數學家蒙莫爾（Pierre Raymond de Montmort，1678～1719）曾於1708年研究過 n 張牌的情況，後來就將此問題稱為「蒙莫爾的配對問題」。

牌面數字都不相同的機率是37%

這個機率很難計算，曾令許多著名的數學家傷透腦筋。至今仍是機率論歷史上排名數一數二的重要問題之一。瑞士數學家歐拉（Leonhard Euler，1707～1783）於1740年左右，解決了這個問題。歐拉因提出素有「世上最美公式」之譽的「歐拉恆等式（$e^{i\pi}+1=0$）」而負有盛名。

以此問題來說，A 小姐的出牌方式共有13！＝62億2702萬800種。要考慮這當中所有出牌的牌面數字沒有 1 次和 B 先生相同的情況會有幾種方式。這個取自蒙莫爾之名，稱為蒙莫爾數（de Montmort number），即「錯位排列」。因為 $n=13$ 的錯位排列（C_{13}）為22億9079萬2932，所以除以13！後，牌面數字沒有 1 次相同的機率約為37%。相反地，其餘事件「至少有 1 次牌面數字相同」的機率，約為63%。

其實，從 n 大於 5 之後算起，不論 n 變得多大，牌面數字不相同的機率就不怎麼增加了，差不多都是37%。37%的機率會出現在各式各樣的場合上，例如第 5 頁的交換禮物，真的是一個很有意思的機率。

牌面數字都不相同的機率為37%

A 小姐和 B 先生 2 人各持有已洗牌的 1 組13張撲克牌，2 人逐次同時出 1 張牌的示意圖如右頁。此時，2 人所出示的牌沒有 1 次牌面數字是一樣的機率為多少？此即「蒙莫爾的配對問題」。利用下方的「錯位排列」來解決此題時，答案約是37%。

何謂錯位排列？

有 n 張卡片，分別寫有 1 到 n，考慮 n 張卡片排序的情況。此時，不知道數字排在第幾張卡片，寫於卡片上的數字與其出現順位不會相同（例如第 5 張卡片上寫 5 的情況不會發生），如此這般排序方式總數定義為 C_n。得知 C_n 的公式可寫作

$$C_n=n!\left(1-\frac{1}{1!}+\frac{1}{2!}-\frac{1}{3!}+\cdots+(-1)^n\frac{1}{n!}\right)$$

這個 C_n 取名自蒙莫爾，故稱蒙莫爾數，意即「錯位排列」。

以蒙莫爾的配對問題來說，將這個 C_n 除以 n！的答案就是所求的機率。n 值從 1 到16的 C_n 數如下表。

n	$n!$	錯位排列 C_n	$C_n/n!$
1	1	0	0
2	2	1	0.5
3	6	2	0.333…
4	24	9	0.375…
5	120	44	0.366…
6	720	265	0.368…
7	5040	1854	0.367…
8	40320	14833	0.367…
9	362880	133496	0.367…
10	3628800	1334961	0.367…
11	39916800	14684570	0.367…
12	479001600	176214841	0.367…
13	6227020800	2290792932	0.367…
14	87178291200	32071101049	0.367…
15	1307674368000	481066515734	0.367…
16	20922789888000	7697064251745	0.367…

歐拉曾發現當 n 愈來愈接近無限大時，這個機率就會愈來愈接近自然對數的底，即歐拉數 $e=2.718$……的倒數 $\frac{1}{e}=0.367$……。意即，卡片張數愈多，這個機率就愈趨近0.367……。

交換禮物的成功率也是37%

第 5 頁提到「5 個人成功交換禮物的機率」，也可用錯位排列來計算。$C_5=44$，所以除以5!＝120，就差不多是37%。反過來說，你所準備的禮物約有63%的機率會回到自己手中。不論增加為多少人，這個機率都幾乎不會改變。

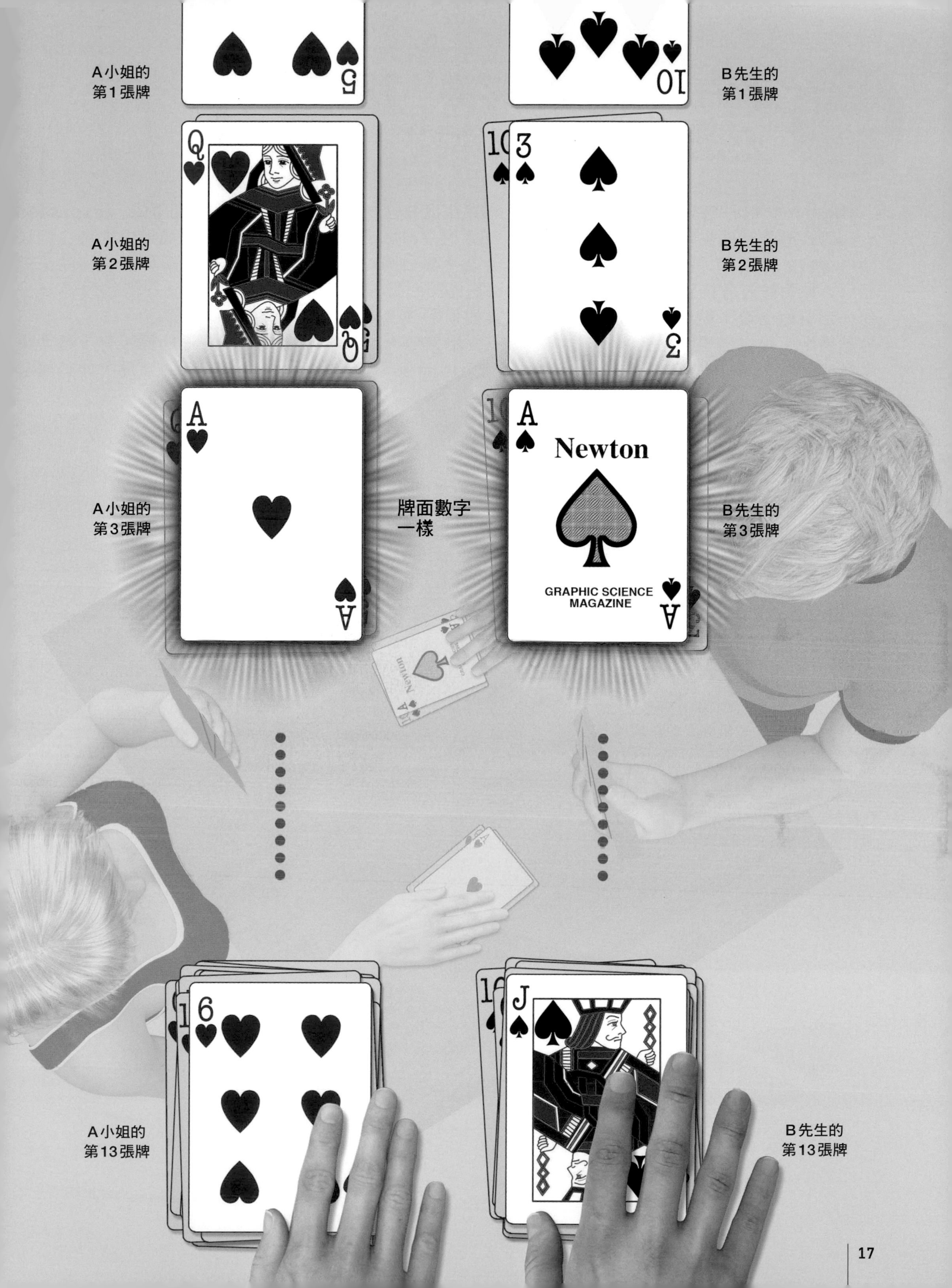
A小姐的
第1張牌
B先生的
第1張牌
A小姐的
第2張牌
B先生的
第2張牌
A小姐的
第3張牌
牌面數字
一樣
Newton
GRAPHIC SCIENCE
MAGAZINE
B先生的
第3張牌
A小姐的
第13張牌
B先生的
第13張牌

期望值 ①

若在日本購買彩券，應該要選連號還是散號？

「擲1顆骰子會出現1點還是其他點數，請下注，賭中的話可得1萬日圓。」如果有人這樣跟你說，你一定會賭出現1點以外的其他點數吧。因為出現1點的機率為 $\frac{1}{6}$，但出現1點以外的機率為 $\frac{5}{6}$，機率高出5倍之多。

那麼，如果賭注改成「賭中1點的獎金為1萬日圓，賭中1點以外點數的獎金是3000日圓」，你會如何下注？要賭哪邊應該會有點猶豫吧！

像這樣用來做出合理判斷的指標就是「期望值」(expected value)。而如果要很直白地以賭博為例來解釋的話，就是計算我期望賭1次能夠獲得多少獎金。

期望值是計算所有「獲得獎金×機率」的情況，並加總起

算一算樂透的期望值

2018年年底日本大樂透各獎項的獎金和機率請參見右表。1～200組各有10萬種彩券。總計有2000萬張，稱為「1個單位」。購買1張（300日圓）時的獎金期望值大約為147.5日圓。

每單位的「散號彩券10張×200萬套」與「連號彩券10張×200萬套」的每1套（10張彩券）的期望值計算如右頁。兩者金額差不多，皆約為1475日圓。只是，當計算到「前後頭獎（1億5000萬）」以上高額獎金的中獎機率時，會發現連號彩券為「1000萬分之6」，而散號彩券為「1000萬分之15」，散號彩券會比連號彩券高出2.5倍。如果目標是10億日圓，會建議買連號彩券，而目標是1億5000萬日圓，則建議買散號彩券。

	獎金（日圓）	1個單位的中獎注數	機率	獎金×機率
頭獎	7億日圓	1	0.00000005	35日圓
前後頭獎（前1號）	1億5000萬日圓	1	0.00000005	7.5日圓
前後頭獎（後1號）	1億5000萬日圓	1	0.00000005	7.5日圓
異組頭獎	10萬日圓	199	0.00000995	0.995日圓
2獎	1000萬日圓	3	0.00000015	1.5日圓
3獎	100萬日圓	100	0.000005	5日圓
4獎	10萬日圓	4000	0.0002	20日圓
5獎	1萬日圓	20000	0.001	10日圓
6獎	3000日圓	200000	0.01	30日圓
7獎	300日圓	2000000	0.1	30日圓
銘謝惠顧	0日圓	17775695	0.88878475	0日圓
總計	—	2000萬注	1	147.495日圓

來的數值。以骰子之例來說，賭出現１點的情況為「１萬日圓×$\frac{1}{6}$（１點出現的機率）＋0日圓×$\frac{5}{6}$（1點外的機率）＝約1667日圓」，而賭出現１點以外點數的情況為「0日圓×$\frac{1}{6}$（１點出現的機率）＋3000日圓×$\frac{5}{6}$（出現1點以外其他點數的機率）＝2500日圓」，所以賭出現１點以外點數的期望值會比較高。意思是，賭出現１點以外的點數會是比較聰明的選擇。

樂透的期望值高嗎？

對下注方來說，獲得獎金之期望值若大於賭金就是有利的賭注；若和賭金相同則是不輸不贏的賭注；若小於賭金就是不利的賭注。但是很遺憾地，世界上賭局或樂透的期望值幾乎都不利於下注方。例如要用300日圓購買１張日本大樂透時的期望值竟然只有不到150日圓。

即便如此，還是有很多人夢想獲得高額獎金而購買日本大樂透。那連號彩券跟散號彩券的期望值哪個比較高？如下欄所示，其實兩者的期望值都是一樣的。只是，要獲得１億5000萬日圓以上的高額獎金，選購散號彩券的機率會高出2.5倍之多。

購買「散號彩券10張」時的期望值為何？

１套散號彩券（10張彩券）中，含有所有組別各異，不連號（個位數從０到９）的10張彩券。

①「含有頭獎的套券」為200萬套中的１套（機率為200萬分之１）。
由於散號彩券的10張其組別各異，含有頭獎的套券就不會含有前後頭獎和異組頭獎。

②「含有１張前後頭獎（前１號）的套券」為200萬套中的１套（機率為200萬分之１）。
同上述原因，此套券不含前後頭獎（後１號）、異組頭獎。

③「含有１張前後頭獎（後１號）的套券」為200萬套中的１套（機率為200萬分之１）。
原因同上，此套券不含前後頭獎（前１號）、異組頭獎。

④「上述以外的套券」為200萬套中的9997套（機率為200萬分之199萬9997）。

將這些情況分開考慮，並以3000日圓購買1套散號彩券（10張彩券）時，就可算出期望值為「147.495日圓」。

購買「連號彩券10張」時的期望值為何？

１套連號彩券（10張彩券）中，含有所有組別皆同，號碼連續（個位數從0到9）的10張彩券。

①「含有頭獎的套券」為200萬套中的１套（機率為200萬分之１）。
這套彩券含有２張前後頭獎的機率各為9/10。連號彩券全都同組別，所以不含異組頭獎。

②「含有頭獎之套券的前１套套券」為200萬套中的１套（機率為200萬分之１）。
這套彩券有10分之１的機率含有１張前後頭獎（頭獎的前１號）。同上述原因，此套券不含異組頭獎。

③「含有頭獎之套券的後１套套券」為200萬套中的１套（機率為200萬分之１）。
這套彩券有10分之１的機率含有１張前後頭獎（頭獎的後１號）。同上述原因，此套券不含異組頭獎。

④「上述以外的套券」為200萬套中的9997套（機率為200萬分之199萬9997）。

將這些情況分開考慮，並以3000日圓購買１套「連號彩券（10張彩券）」時，就可算出期望值為「147.495日圓」。

賭博會愈賭愈輸的原因

低機率高報酬型的賭博，若是不多賭幾次，實際上獲得的金額不會符合期望值。相反地，高機率低報酬型的賭博，就算賭的次數有限，實際上獲得的金額也會近似期望值。

本篇所要闡述的「大數法則」，是由瑞士數學家白努利（Jakob Bernoulli，1654～1705）所證明的定理。這一位白努利則是另一位白努利（Daniel Bernoulli，1700～1782）的伯父。侄子白努利將於第23頁登場，並提出「聖彼得堡悖論」（St. Petersburg paradox）。

賭的次數愈多，對莊家愈有利

擲骰時，每個點數出現的機

擲20顆骰子時，出現每個點數的機率會偏誤，但擲1000顆骰子時就不易偏誤

擲骰時，各點數出現的機率皆為 $\frac{1}{6}$ 。但是，擲20顆骰子並計算出現的點數時，各點數出現的次數會偏誤。然而，隨著骰子數增加，擲100顆、1000顆骰子，各點數出現的比例就會慢慢接近 $\frac{1}{6}$ 。這個現象就是大數法則。

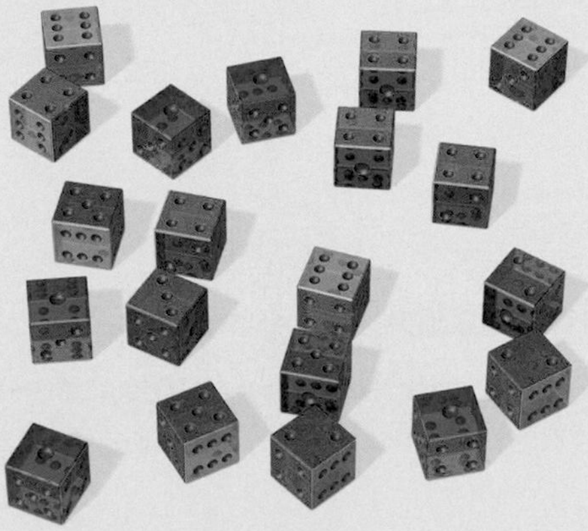

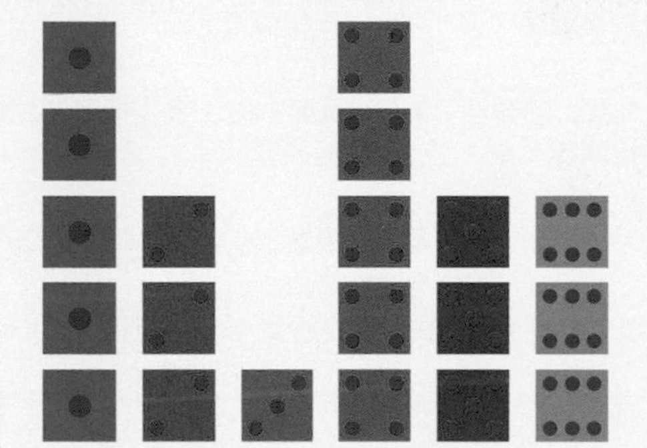

擲20顆骰子的結果

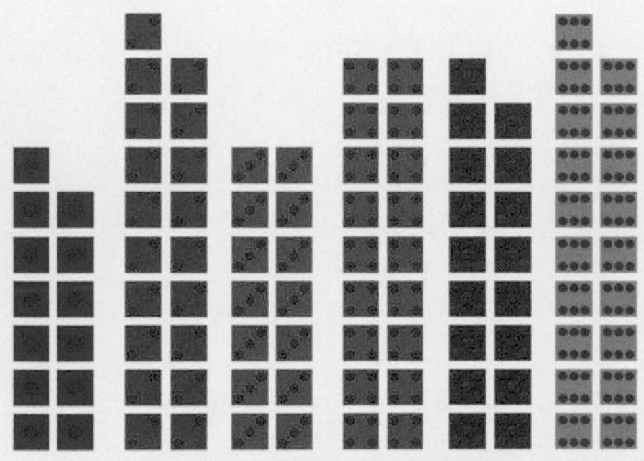

擲100顆骰子的結果

率皆為 $\frac{1}{6}$，但是，剛開始的幾次擲骰會有偏誤，若擲 6 次，每個點數都各出現 1 次的情形少之又少。然而，在重複擲骰數次後，各點數出現的比例將會慢慢地接近 $\frac{1}{6}$。這個現象就是「大數法則」（law of large numbers）。

大數法則成立的前提是各事件須是「獨立」（independent）發生。「獨立」是指每個事件不互相影響，彼此毫無關係。例如骰子的點數並不會在「1 點出現之後容易出現 6 點」，可以說擲骰這項行為，不論進行幾次，每次都是獨立發生。

全世界的賭局規則基本上都設計成對莊家有利。會儘量設計成參加者所能獲得的獎金期望值小於賭金。

參加者愈多，下賭注的次數隨之愈多，莊家所付出的獎金就愈遵循「大數法則」。因為賭注會逐漸接近原本求出的機率值，所以莊家的損失就會漸漸減少。意即，以機率論來說，「賭博會愈賭愈輸」。

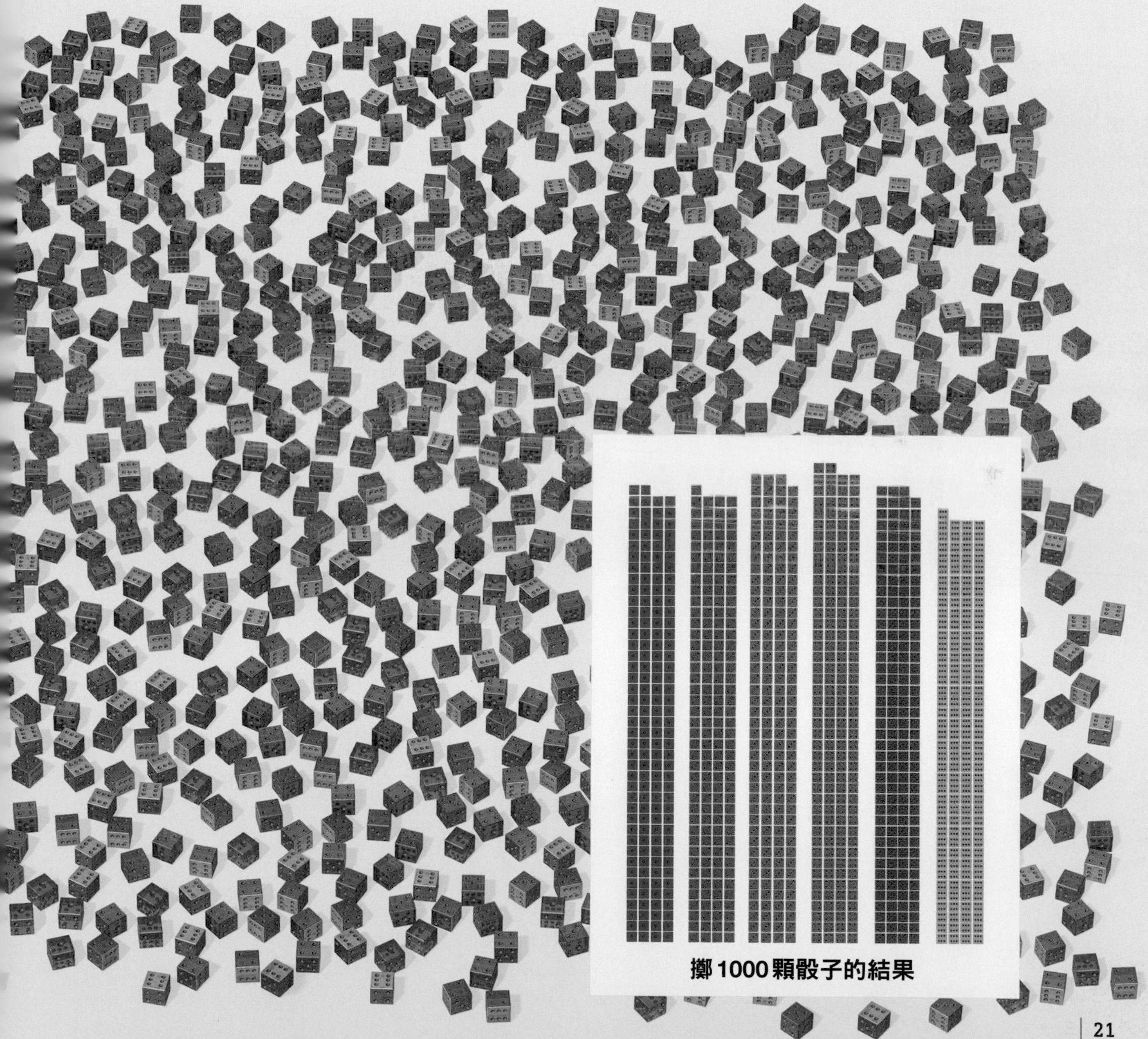
擲1000顆骰子的結果

期望值②

所謂「消費20次享 1 次全額退款」有多優惠？

在2018年底，行動支付服務Paypay舉辦了一場促銷活動，引起熱議。日本的消費者若於活動期間使用行動支付，在10次、20次或40次消費中會有 1 次的機率全額退還所付金額。實際上，活動辦法中有退款金額上限等複雜的條件設定，以下只鎖定「消費20次享 1 次全額退款」的條件並考慮其涵義。

在此次活動中，若消費 5 萬日圓，運氣好的話能全額退款。乍看之下非常吸引人，但據說其實參加者所獲得的退款期望值為「5%回饋」，跟一般常見的促銷活動沒有差別。從舉辦活動的企業方來看，所花的成本也跟全面5%回饋差不多。

我們來計算看看。假設某位參加者消費 5 萬日圓 1 次。20次中有 1 次全額退款時，期望值是「5 萬日圓×$\frac{1}{20}$＋0 圓×$\frac{19}{20}$＝2500日圓」。而5%回饋，期望值為「5萬日圓×$\frac{5}{100}$×1＝

「全額退款」與「全面一致回饋」的比較圖

20次消費有 1 次可能全額退款的電子貨幣促銷活動，與全面5%回饋促銷活動的比較圖。其實兩者期望值是一樣的，但給參加者的印象似乎有很大的差別。

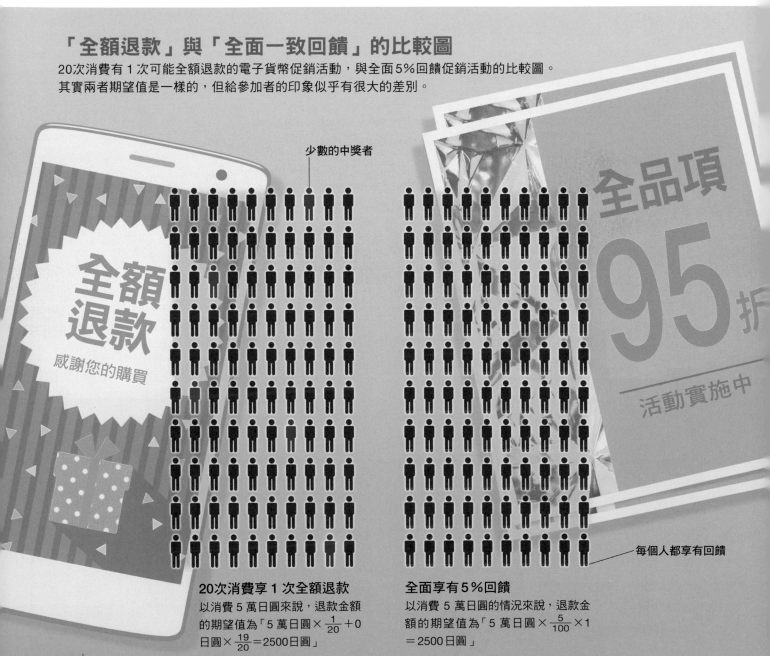

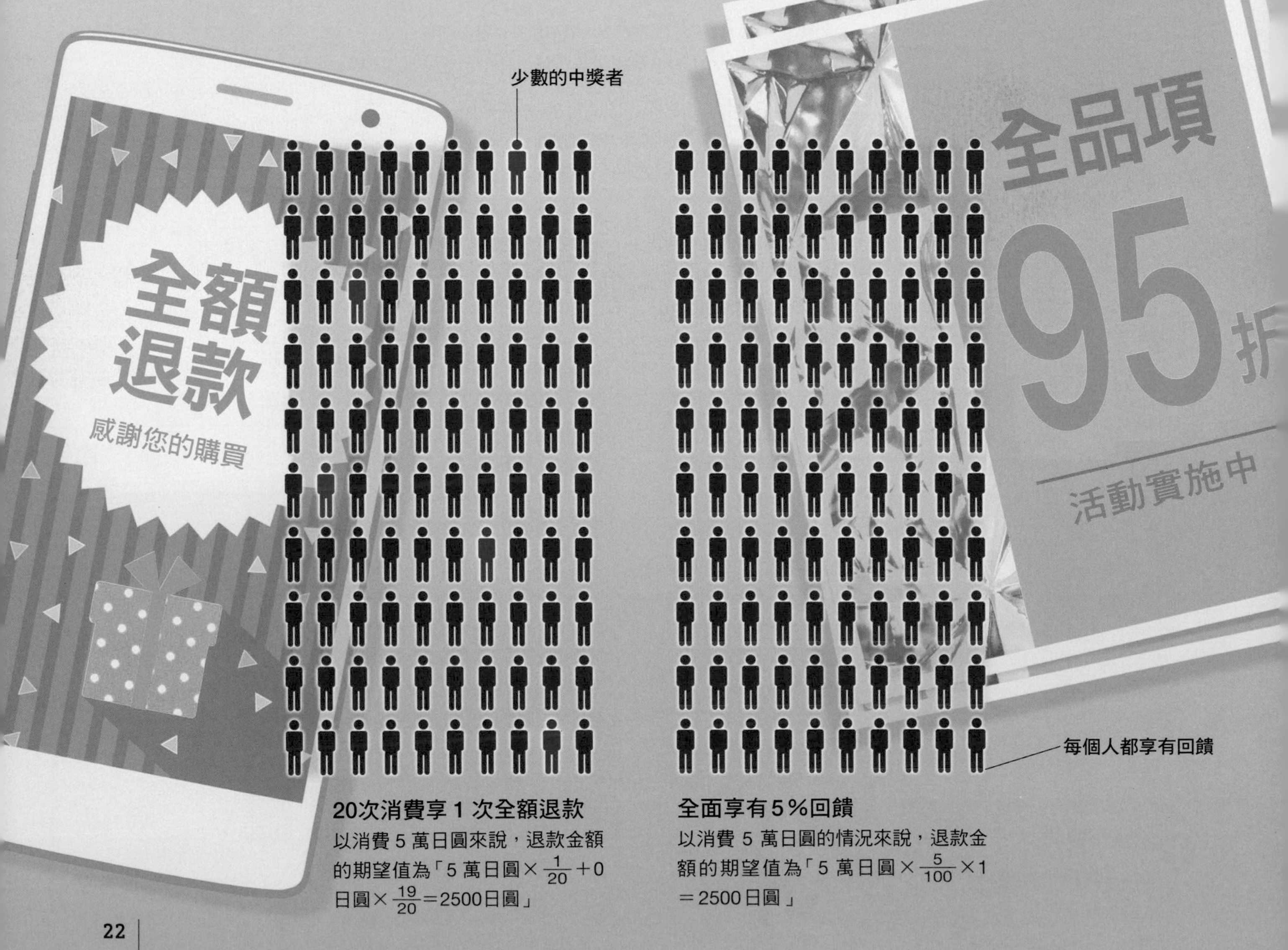

20次消費享 1 次全額退款
以消費 5 萬日圓來說，退款金額的期望值為「5 萬日圓×$\frac{1}{20}$＋0日圓×$\frac{19}{20}$＝2500日圓」

全面享有5%回饋
以消費 5 萬日圓的情況來說，退款金額的期望值為「5 萬日圓×$\frac{5}{100}$×1＝2500日圓」

2500日圓」，兩者期望值會是一樣的。

明顯可見與「5%回饋」的折扣完全相同，為什麼還如此吸引人？

期望值明明就和全面5%回饋一樣，為什麼這個活動還是受到眾人關注呢？雖然期望值是讓人們更容易判斷的指標之一，但要知道它並不是萬能的。

參加者知道他們在這個活動中的消費次數。可能 1 次也不會中（連 1 日圓都退不回來），但也可能運氣好中了全額退款，5 萬日圓全部退還。所以退款金額的大小會因參加者的消費金額而有很大的差距。因此在參加者看來，是很吸引人的促銷活動。

另一方面，就企業方的角度來看，大多數參加者都會進行多次消費，所以每個人消費金額的差距就會大致平均。若消費次數非常少的話，有可能退款會高於期望值的金額，但消費次數愈多，企業方實際支付的退費金額應該會非常接近期望值（消費總額的 $\frac{1}{20}$，即5%，這恰恰是利用了大數法則）。於是這筆金額就跟5%回饋完全一樣。

即使偶爾會有「中獎」的機率，但次數累積夠多的話，花費的成本就會如同精算過的金額一般無貳。

獎金的期望值為∞日圓！報名費要低於多少您才會參加？——聖彼得堡悖論

我們再提出一個期望值不是萬能指標的例子。持續投擲硬幣，第 1 次出現正面時可獲得獎金。獎金的加碼方式是，若第 1 次就出現正面的話為「1 日圓」；若第 1 次出現反面但第 2 次出現正面的話則翻倍為「2 日圓」；若前 2 次都出現反面然後第 3 次才出現正面的話則再翻 2 倍為「4 日圓」。第30次才出現正面時，獎金實際上已達到 2^{29}＝5229=5億3687萬912日圓。請問報名費要低於多少，您才會參加這場賭局？

但實際情況卻是不惜付出巨款也想參加的人非常稀少。儘管這場賭局的期望值為無限大，但不會令人心動，這個現象即稱為「聖彼得堡悖論」。

第 1 次就出現正面時

機率 × 獎金 $= \frac{1}{2} \times 1$ 日圓 $= \frac{1}{2}$ 日圓

第 2 次才出現正面時

機率 × 獎金 $= \frac{1}{2} \times \frac{1}{2} \times 2$ 日圓 $= \frac{1}{2}$ 日圓

第 3 次才出現正面時

機率 × 獎金 $= \frac{1}{2} \times \frac{1}{2} \times \frac{1}{2} \times 4$ 日圓 $= \frac{1}{2}$ 日圓

第 4 次才出現正面時

機率 × 獎金 $= \frac{1}{2} \times \frac{1}{2} \times \frac{1}{2} \times \frac{1}{2} \times 8$ 日圓 $= \frac{1}{2}$ 日圓

第 5 次才出現正面時

機率 × 獎金 $= \frac{1}{2} \times \frac{1}{2} \times \frac{1}{2} \times \frac{1}{2} \times \frac{1}{2} \times 16$ 日圓 $= \frac{1}{2}$ 日圓

反面

正面

將以上相加出來的無窮值就是期望值，其金額為無限大（發散級數，divergent series）。

隨機漫步

倒入紅茶的牛奶為何會自動擴散開來？

現在來考慮1條無窮延伸的數直線。右頁上圖的P點最初位於原點。假設擲1枚硬幣，若為正面則P點向右前進，若為反面則向左。不斷重複如此這般的操作後，最初位於原點的P點會隨著時間流逝而搖擺不定地持續移動。

類似這種沒有規律且不能預測的行為就稱為「隨機漫步」（random walk）。因為很像酒醉之人踉蹌的步伐，所以又稱為「醉步」。

生活周遭常見的隨機漫步

因為左右移動的機率各為一半，你可能會覺得P點不論經過多久都很像在原點附近打轉。但是，實際計算一下就會發現並不是這樣。P點緩緩地遠離原點才是機率上常發生的現象。

自然界和生活中所發生的現象，有非常多與隨機漫步是極為相像的。例如，將牛奶滴入盛有紅茶的杯子時，即使不用湯匙攪拌，牛奶也會隨著時間和紅茶相混，慢慢擴散開來。這種擴散現象就是牛奶粒子透過「布朗運動」（Brownian motion）做不規則運動的隨機漫步範例，結果就會發生不斷遠離原本位置的現象。

而且，自股價的變化乃至近代虛擬貨幣等金融商品的漲跌，確實是無法預測的，所以一般認為它具有隨機漫步的特性。這個現象是由法國數學家巴謝里耶（Louis Bachelier，1870～1946）於1900年左右發現的。此外，隨機漫步還跟其他現象有關，如謠言和傳染病的傳播方式、塞車的模擬等，已運用於多種現象的分析。

（第10～25頁撰文：山田久美）

何謂隨機漫步？

如右頁的示意圖，於1～3維的格子上隨機漫步。已假設在2維時往前、後、左、右前進的機率各為$\frac{1}{4}$；在3維時往前、後、左、右、上、下前進的機率則各為$\frac{1}{6}$。

實際上用電腦模擬時，不論在哪種維度，隨著時間消逝，P點會表現出逐漸遠離原點的趨勢（因為是機率上的行為，所以也有可能滯留在原點附近，雖然發生機率很低）。例如牛奶粒子和紅茶混合而逐漸擴散，即是因隨機漫步而產生的現象。

1維的隨機漫步

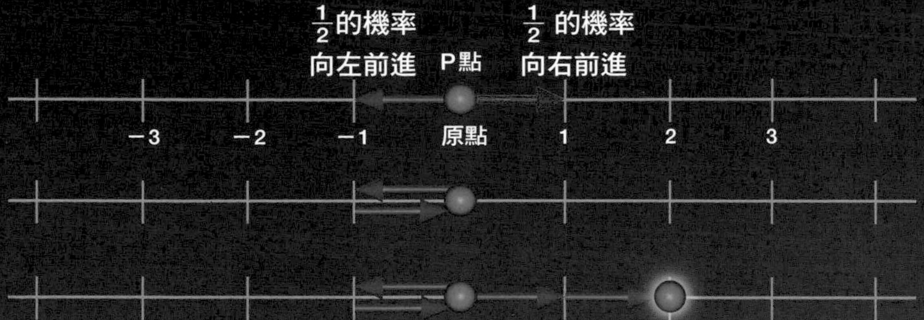

2維的隨機漫步

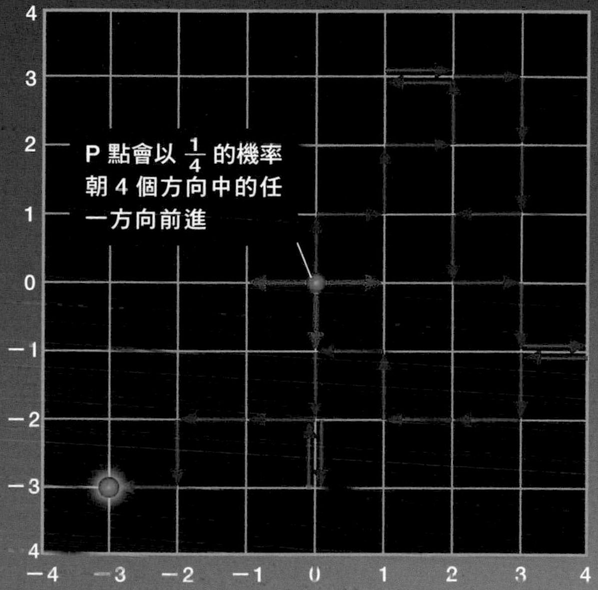

3維的隨機漫步

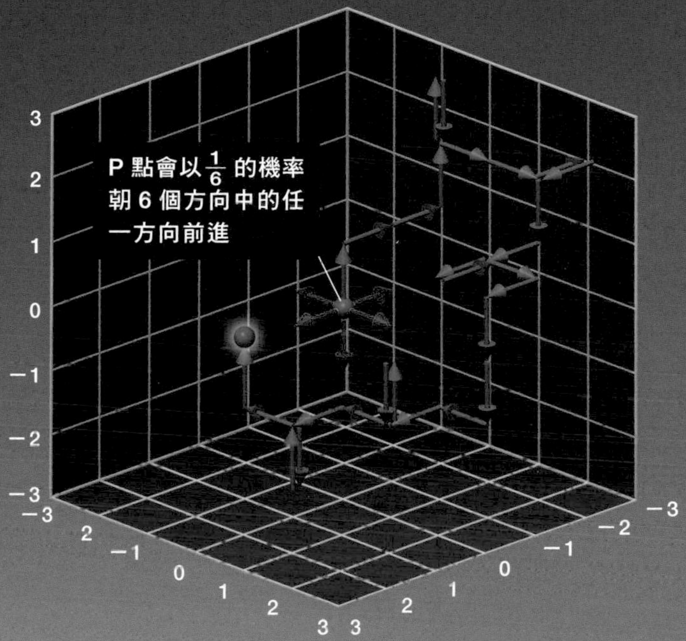

重點總整理！

事件的機率

機率論將「可能會發生的事情」稱為「事件」。設某事件為 A 時，A 發生的機率在數學上會使用 P 符號表示如下。「情況總數」（number of possible outcomes）是指「可能發生的情況總共有幾種」。

$$A\text{發生的機率} = P(A) = \frac{A\text{ 發生的情況總數}}{\text{所有可能發生的情況總數}}$$

乘法原理

表示「A 跟 B 同時發生」的事件會使用 ∩ 符號，並寫作 $A \cap B$，讀作「A 交 B」。A 跟 B 互不影響對方發生與否（互為獨立）時，A 跟 B 同時發生的機率，如下乘法（積）所示（乘法原理）。

$$A\text{ 與 }B\text{ 同時發生的機率} = P(A \cap B) = P(A) \times P(B)$$

加法原理

A 跟 B 不同時發生（互斥，mutually exclusive）時，「A 跟 B 至少有一方會發生」的事件，會使用 ∪ 符號，並寫作 $A \cup B$，讀作「A 聯 B」。A 跟 B 至少有一方會發生的機率如下加法（和）所示（加法原理）。

$$A\text{ 與 }B\text{ 至少有一方會發生的機率} = P(A \cup B) = P(A) + P(B)$$

餘事件

「A 不發生」的事件稱為 A 的餘事件，在高中數學上是以第 1 個英文字母的上方加橫槓表示，寫作 $\overline{A}$（台灣寫作 A'），讀作「A prime」。A 之餘事件的機率寫作 $P(A')$，其值由 1 減掉 $P(A)$ 來求得。

$$A\text{之餘事件的機率} = P(\overline{A}) = 1 - P(A)$$

排列

機率論認為，從 n 個物品中選出 r 個並排序時的情況總數稱為「排列」，使用 P 符號表示如右。

$$\text{從 } n \text{ 個物品中選出 } r \text{ 種排列} = {}_{n}\mathrm{P}_{r} = \frac{n!}{(n-r)!}$$

組合

從 n 個物品中選出 r 個時的情況總數稱為「組合」，使用C符號表示如右。它和排列不同，不須考慮順序。

$$\text{從 } n \text{ 個物品中選出 } r \text{ 種組合} = {}_{n}\mathrm{C}_{r} = \frac{n!}{r!(n-r)!}$$

期望值

所有可能發生的事件有 1～n 個，每個事件發生的機率（P_1～P_n）都乘以發生該事件時所得到的值（X_1～X_n），並將上述計算值全部相加所得到的數值就稱為「期望值」。

$$\text{期望值} = P_1 \times X_1 + P_2 \times X_2 + P_3 \times X_3 + \cdots\cdots + P_n \times X_n$$

2 進階機率

本章會帶您了解伽利略、帕斯卡、費馬等人建立機率論基礎時所遇到的問題。他們究竟如何解決讓當代賭客傷透腦筋的問題？為了讓您了解正確的機率觀念，我們在本章後半段會詳細解釋一些須知基本用語。

協助（30～37頁，50～51頁）
撰文（38～49頁，52～53頁）
今野紀雄

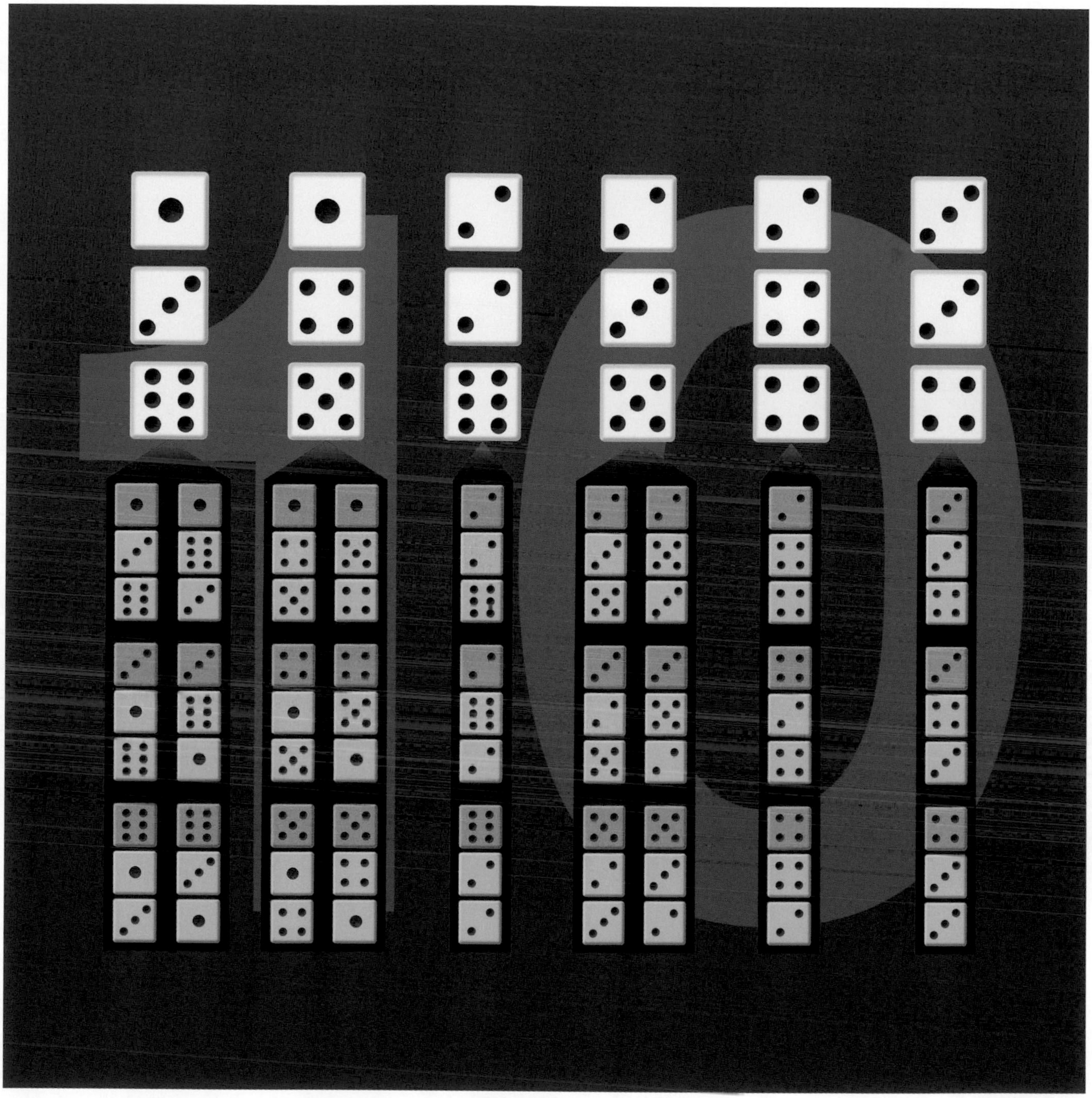

三顆骰子的點數和最容易出現的是幾點？

一般認為，人類歷史上自古就已盛行賭博。而且機率和賭博之間有很深的淵源。說機率論誕生自賭博一點也不為過。

17世紀，關於擲三顆骰子所出現的點數和問題，令當時的賭客們傷透了腦筋。這個問題是說三顆骰子的點數和比較容易出現9點還是出現10點？

點數和為9的組合有（1, 2, 6），（1, 3, 5），（1, 4, 4），（2, 2, 5），（2，3，4），（3, 3, 3）共6種。而點數和為10的組合有（1, 3, 6），（1, 4, 5），（2, 2, 6），（2, 3, 5），（2, 4, 4），（3, 3, 4），也是6種。若是如此，感覺擲出9點跟10點的機率好

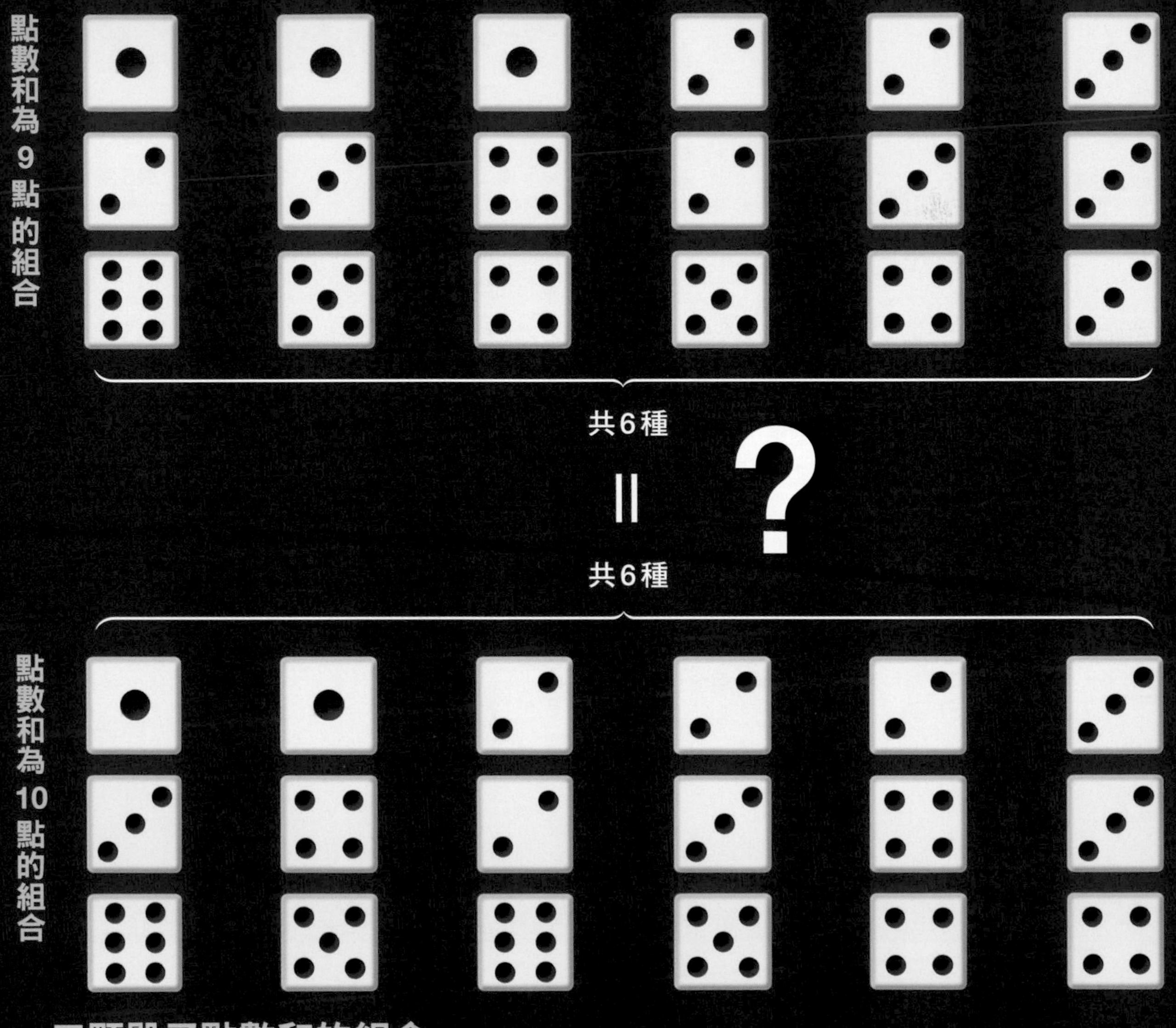

三顆骰子點數和的組合

若不將三顆骰子視為不同骰子的話，點數和為9點的組合有6種，10點也是6種。但是，17世紀的賭客們覺得經驗上10點比9點較常出現。

像一樣。但依賭客的經驗，似乎10點比 9 點還要常出現。

組合數相同不代表機率也相同

解開這個疑問的是義大利科學家伽利略(Galileo Galilei，1564～1642)。伽利略發現，應該要把三顆骰子分別視為不相同的骰子。

為簡化說明，首先我們先考慮二顆骰子的情況。分別為A和B，擲這二顆骰子並統計與比較出現 2 點及 3 點的情況。

數字的組合方面，出現 2 點的有（1, 1），出現 3 點的有（1, 2），兩者皆為 1 種。但是，一旦二顆骰子視為不同的骰子時，出現 2 點的情況為「A 為 1，B為 1」，只有 1 種形式而已，但相對地，出現 3 點的有「A 為 2，B 為 1」及「A為 1，B為 2」2 種形式。因此，點數和出現 3 點的機率會大於 2 點。

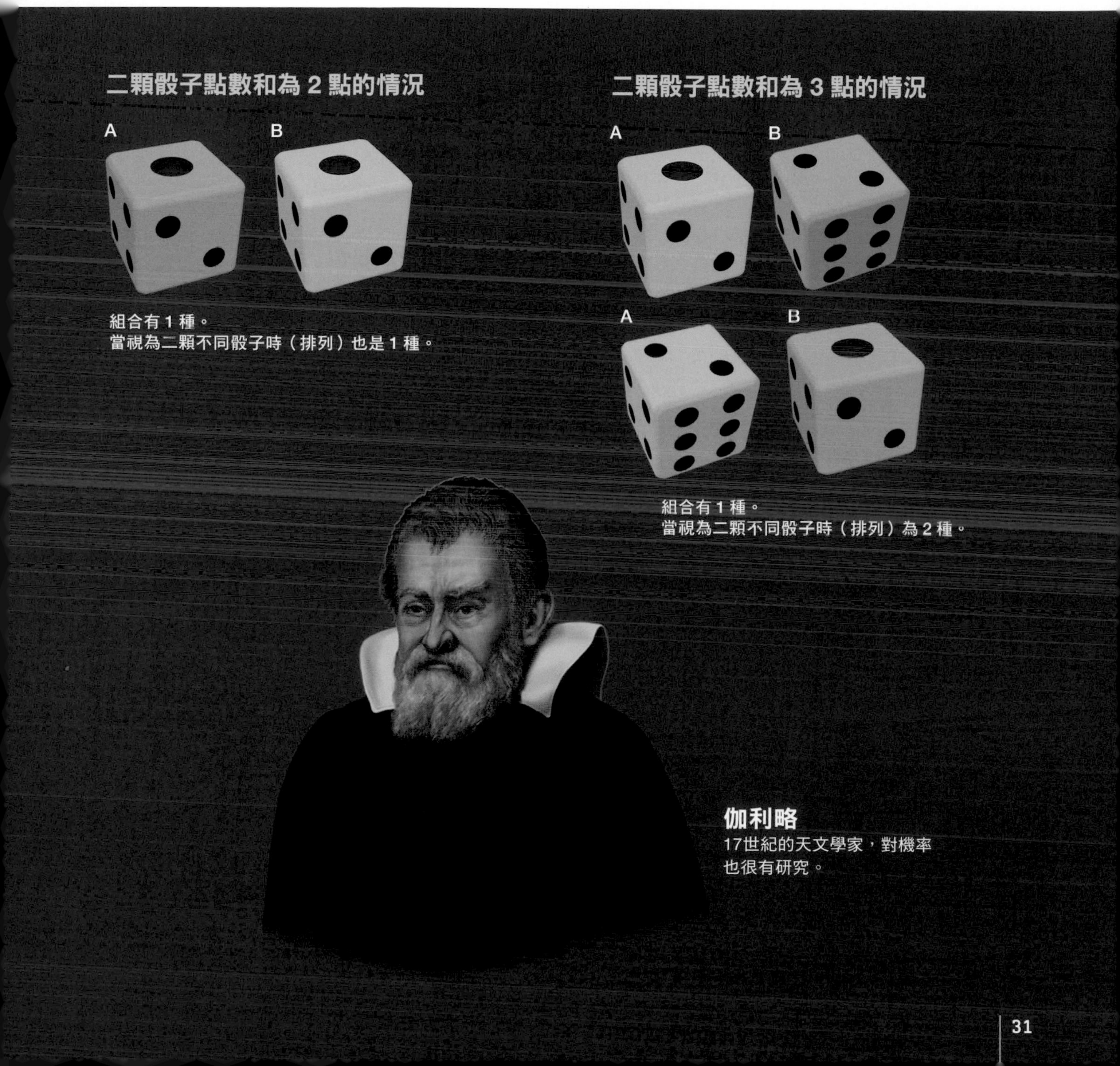
二顆骰子點數和為 2 點的情況
A
B
組合有 1 種。
當視為二顆不同骰子時（排列）也是 1 種。
二顆骰子點數和為 3 點的情況
A
B
A
B
組合有 1 種。
當視為二顆不同骰子時（排列）為 2 種。

伽利略
17世紀的天文學家，對機率也很有研究。

伽利略的機率計算②

「排列」與「組合」的不同

我們回到三顆骰子的問題，這次要將三顆骰子「視為不同骰子」來考慮。

舉例來說，點數和為 9 點的（1, 2, 6）組合還另有（1, 6, 2）、（2, 1, 6）、（2, 6, 1）、（6, 1, 2）、（6, 2, 1）等形式，一共有 6 種。而（3, 3, 3）的組合只有 1 種形式而已。像這樣區分開來計算時，點數和為 9 點的有25種，點數和為10點的有27種。意即10點比較常出現。

以現代的觀點來看，是當時的賭客們誤解了，他們錯在沒有分清楚「排列」與「組合」

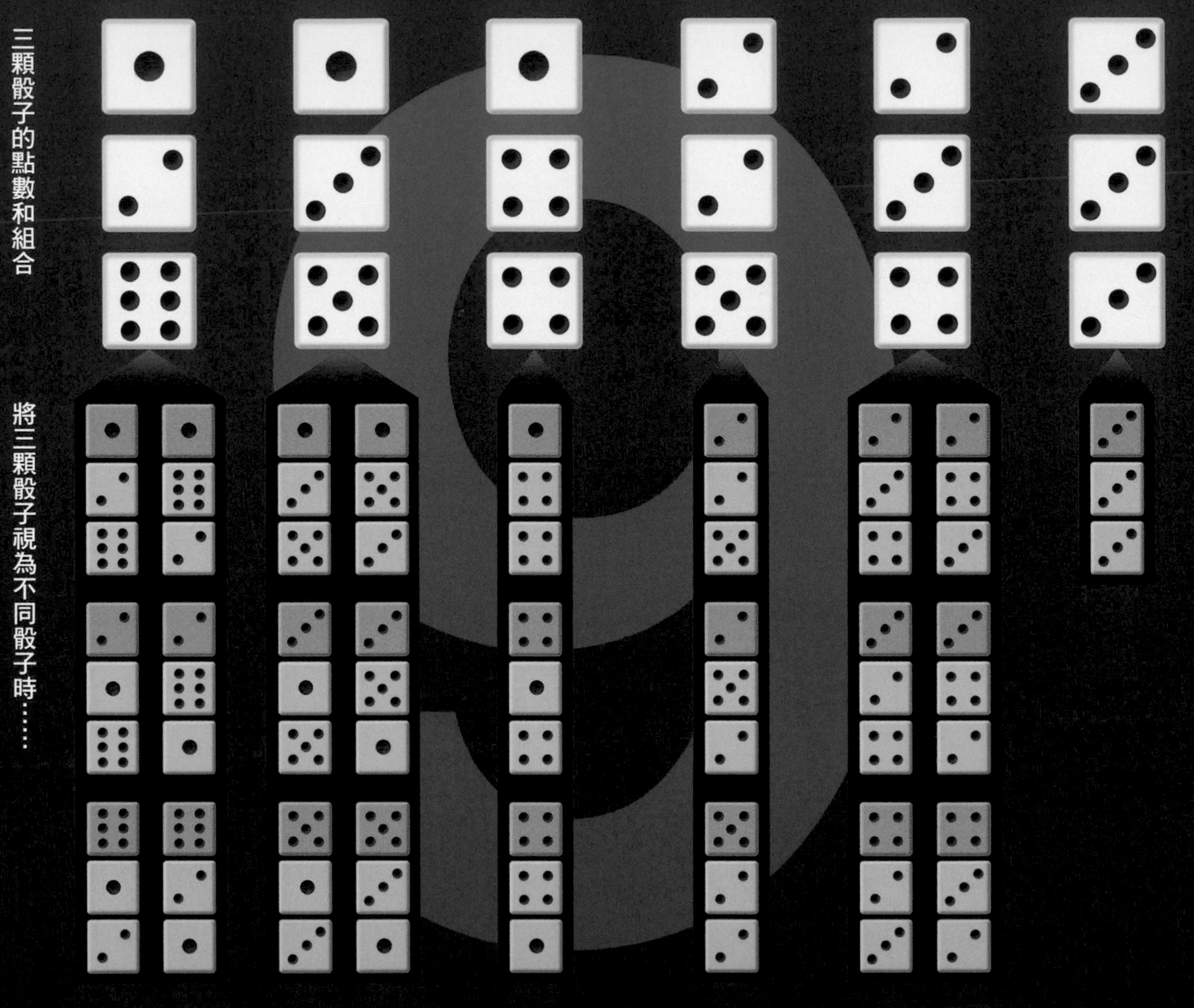

點數和為 9 點的情況有 25 種

上方為三顆骰子點數和出現 9 點的示意圖。不將上半部的三顆骰子視為不同骰子來考慮時，會認為有 6 種「組合」。但實際上，必須套用將三顆骰子視為不同骰子的「排列」觀念，這種情況共有25種排列方式。另外，骰子顏色不同可方便區別。

之間的差異。排列是指列出1、2、6等3個數字時，要考慮到它們間的順序。如伽利略的範例一樣，(1, 2, 6)跟(1, 6, 2)是不同的排列情況。而組合是指不考慮順序的思維方式。要計算機率的時候，一定要依狀況判斷並謹慎想清楚該使用排列或組合才適當。

骰子的點數和出現的機率各為多少？

考慮點數和所有的形式，從最小的3點到最大的18點，總共有216種（因為三顆骰子出現的點數各為6種，所以有6×6×6＝216種）。因此，點數和為9點的機率為$\frac{25}{216}$，10點的機率為$\frac{27}{216}$。只是伽利略並沒有詳述計算過程，僅下結論說點數和9點跟10點哪個比較常出現。另外，點數和為11點的情況也是27種，擲三顆骰子最容易出現的點數和是10點和11點。

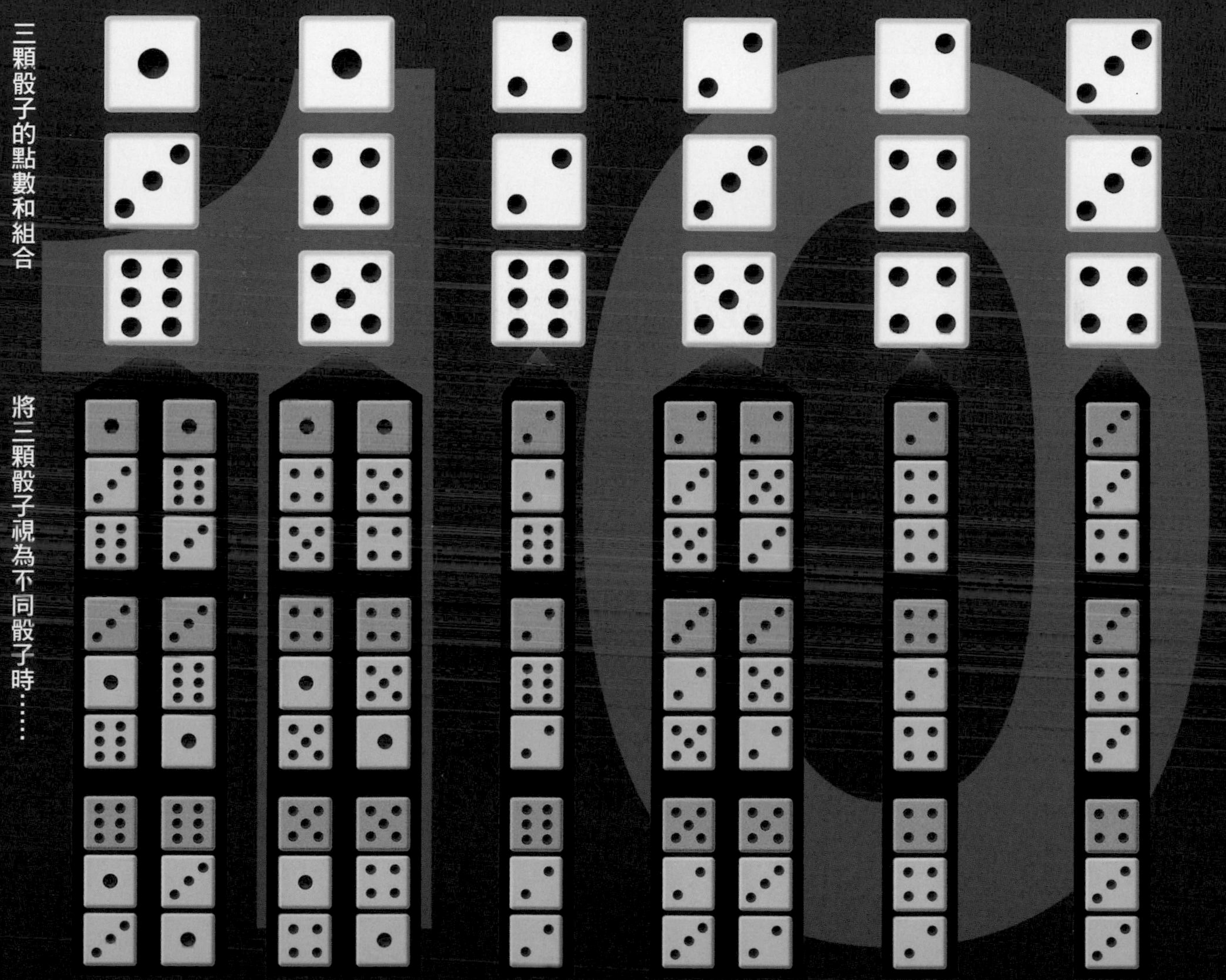

點數和為10點的情況有27種

上方為三顆骰子點數和出現10點的示意圖。如上半段所示，未將三顆骰子視為不同骰子時，點數和為10點的「組合」有6種，但將三顆骰子視為不同骰子時，如下半段所示，共有27種。各形式出現的機率應均等，所以結論是有27種形式的10點比較容易出現。

賭局中斷與賭金分配問題 ①

機率論確實因賭博而建立

伽利略研究三顆骰子的點數和，而17世紀另有二位厲害的數學家曾透過書信討論機率論。這二人就是帕斯卡與費馬。一般認為，正式的機率論就是從這二人的魚雁往返開展的。

說到這，這二人為什麼會互相交換意見，果然還是因為賭博。當時，有位好賭的貴族德梅雷（Chevalier de Méré），求教於帕斯卡一連串關於賭博的問題，於是帕斯卡跟費馬以書信討論並解決了這些問題。

賭局中斷時如何公平地歸還賭金？

德梅雷諮詢的其中一個問題是，賭局中途叫停時賭金該如何分配。

> **問題**　A跟B二人講好，先贏 3 次的人獲勝。若賭局中止在A已 2 勝、B已 1 勝的時候，則要分別歸還給A、B各多少賭金才公平？

帕斯卡與費馬的解答如下。

考慮實際上未進行的第 4 回合輸贏，A贏的機率為 $\frac{1}{2}$，在這回合決勝負就是A獲勝。此外，第 4 回合B贏而第 5 回合A贏的機率為 $\frac{1}{2}\times\frac{1}{2}=\frac{1}{4}$。因此這整場賭局A先贏 3 次的機率為上述情況相加，$\frac{1}{2}+\frac{1}{4}=\frac{3}{4}$。另一方面，B要先贏 3 次的情況只有第 4 回合B贏，第 5 回合B也贏才行，所以其機率為 $\frac{1}{2}\times\frac{1}{2}=\frac{1}{4}$。因此，結論是二人的賭金總額以3：1分配即可。

要如何公平地歸還賭金？

帕斯卡跟費馬在書信往來中研究公平分配賭金的方法。如右頁所示，賭局只進行到第 3 回合，結束於 A 獲 2 勝 1 敗的階段。只不過這裡假設 A 跟 B 每 1 次輸贏的勝率都是 $\frac{1}{2}$。另外，36～37頁也會討論到賭局中止於 A 獲 2 勝 0 敗的階段，以及 A 獲 1 勝 0 敗的情境問題。

帕斯卡
17世紀數學家。在物理和哲學等方面多有研究。在物理領域中，會在氣壓單位上看見他的名字。此外，他也以哲學家的身分說了句名言「人是會思考的蘆葦」。

費馬
17世紀數學家。除了機率論，還研究數論、幾何學等領域。「費馬最後定理」多年來無人能予證明（據說費馬自己已得證，但未經證實），後於1994年獲證成立。

在A獲2勝1敗的狀況下中止賭局

第4、5回合的輸贏實際上並沒有進行，但可求得這2回合的決勝機率。結論是假設賭局繼續進行，A獲勝的機率為$\frac{3}{4}$，B獲勝的機率為$\frac{1}{4}$，可知賭局中止時，A方比B方有利3倍。

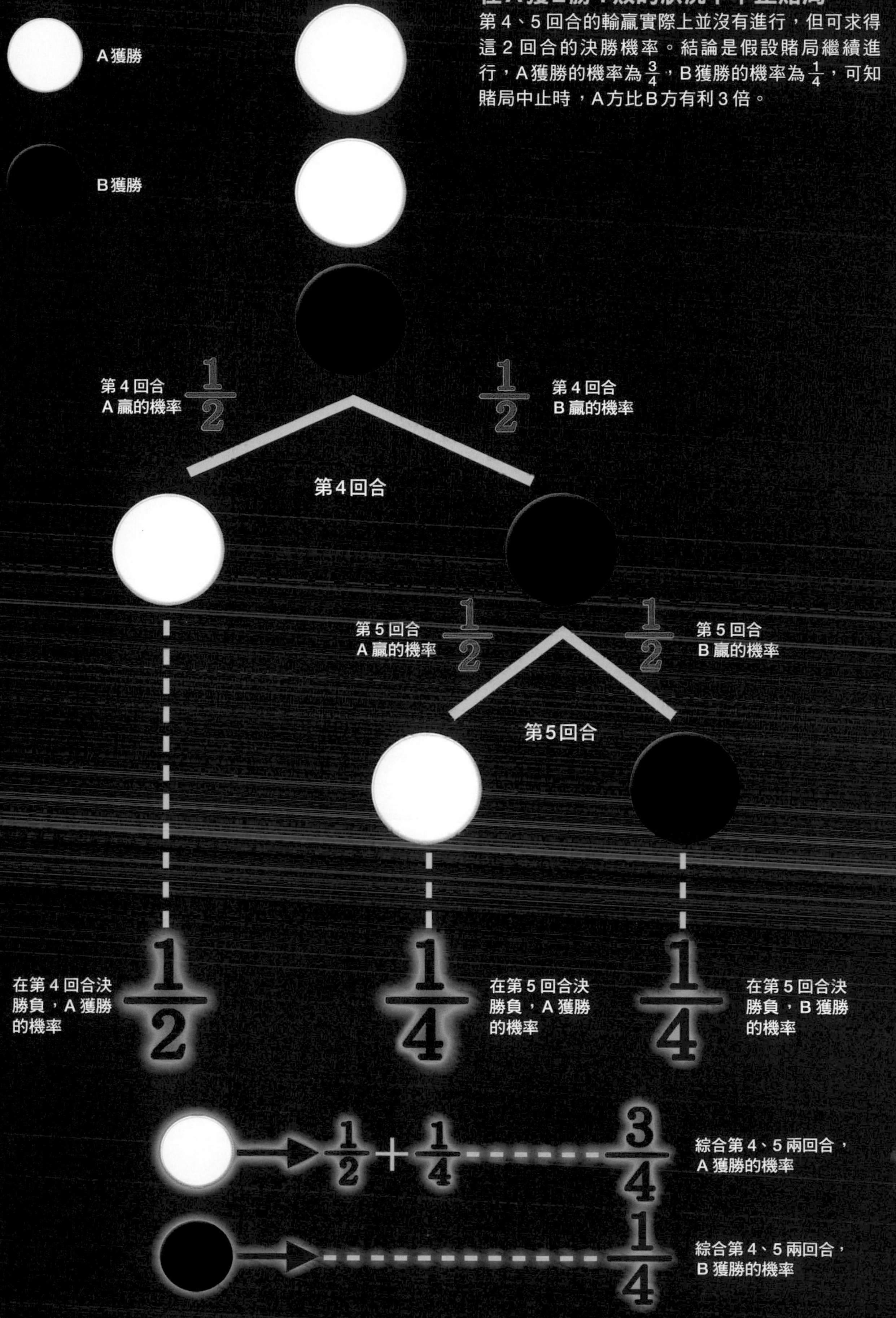

賭局中斷與賭金分配問題②

利用乘法定理與加法定理計算勝率

前頁已談過在A獲2勝1敗的階段中止賭局時，如何公平地歸還賭金的方法。這個問題中，A輸了第4回合，然後又贏了第5回合，其機率的算法用 $\frac{1}{2} \times \frac{1}{2}$ 的乘法計算，現代的機率論稱為「乘法定理」。如同擲骰1次、2次……，不斷擲下去的情況，不會影響彼此機率（獨立事件）連續發生時的機率，由各別發生的機率相乘求得。

此外，最後A為勝者的機率是依據「加法定理」，把第4回合決勝負的 $\frac{1}{2}$ 機率，跟第5回合決勝負的 $\frac{1}{4}$ 機率相加而成，也就是將不會同時發生（互斥事件）的各發生機率，單純相加求得。比如骰子不會同時出現奇數點跟6點，若要計算到底會擲出奇數點還是6點的機率，那就是 $\frac{3}{6} + \frac{1}{6} = \frac{2}{3}$。

上述的乘法定理跟加法定理都是在考慮機率時非常重要的觀念。

另外，帕斯卡在思考這道賭局中斷時如何分配賭金的問題時，曾詳細研究了現在名為「帕斯卡三角形」（Pascal triangle）的整數排列規則。利用這個三角形，就能輕鬆地解決賭金分配的問題。假設賭局中止在A再贏 r 場，或是B再贏 s 場，就能贏得整個賭局的時候。從三角形的上方第（$r+s$）列的數字分成 s 個跟 r 個，各自相加之數字和的比值，就是A跟B公平分配的比例了。

帕斯卡三角形

帕斯卡三角形中除了1以外，其他數字皆為左上與右上的數字和。我們利用這個三角形來求解賭局中止在A再贏1回合、B再贏2回合的情況。從上數來第3（＝1+2）列的數字排列為「1, 2, 1」，所以A的分配額：B的分配額＝（1+2）：1＝3：1。

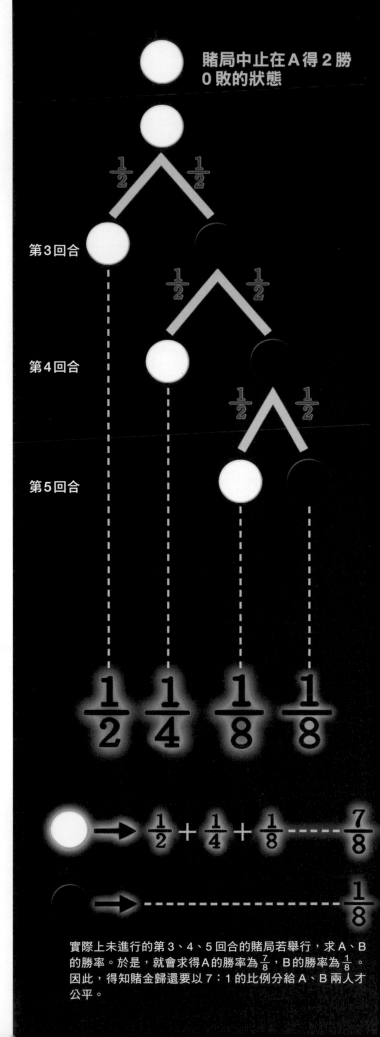

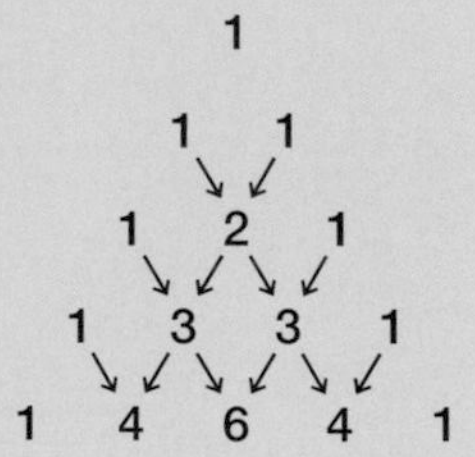

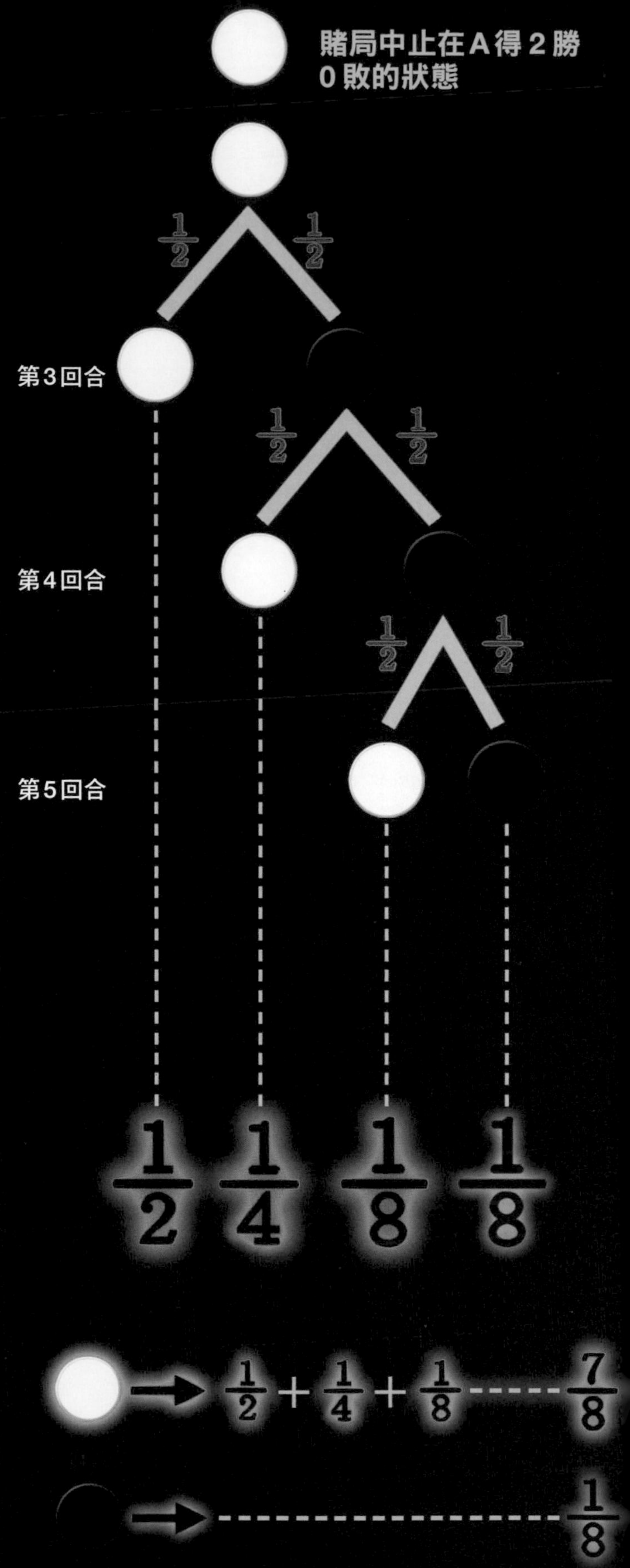

實際上未進行的第3、4、5回合的賭局若舉行，求A、B的勝率。於是，就會求得A的勝率為 $\frac{7}{8}$，B的勝率為 $\frac{1}{8}$。因此，得知賭金歸還要以7：1的比例分給A、B兩人才公平。

賭局中止在A得1勝0敗的情況

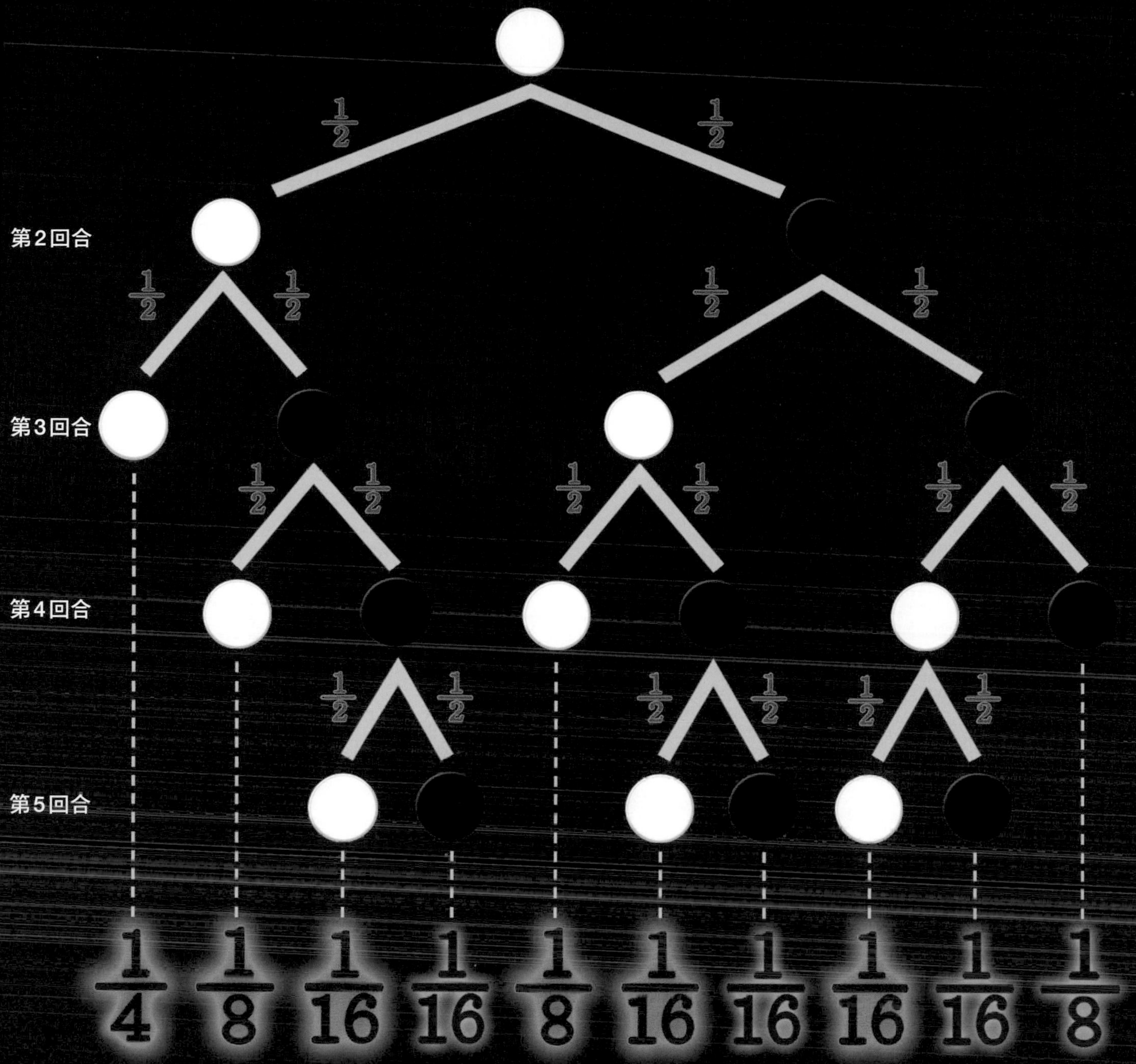

$$\frac{1}{4}+\frac{1}{8}+\frac{1}{16}+\frac{1}{8}+\frac{1}{16}+\frac{1}{16} \text{ --- } \frac{11}{16}$$

$$\frac{1}{16}+\frac{1}{16}+\frac{1}{16}+\frac{1}{8} \text{ --- } \frac{5}{16}$$

實際上第 2 回合之後的賭局並未進行，若有舉行，求A、B的勝率。答案是A的勝率為 $\frac{11}{16}$，B 的勝率為 $\frac{5}{16}$。因此，得知賭金歸還要以11：5 的比例分給A、B才公平。

解說
樣本空間與事件①

認識機率的基本用語

想要掌握正確的機率觀念，就要從了解正確的用語開始。本篇起會解釋必知的基本用語。

樣本點與樣本空間

有 1 枚硬幣。每拋擲這枚硬幣 1 次，只會得到「正面」或「反面」。像這樣可能出現的每個結果稱為「樣本點」（sample point），其整體的集合稱為「樣本空間」（sample space）。

樣本空間一般以「Ω（大寫的 omega）符號來表示。以拋擲硬幣 1 次為例，其樣本空間便為

Ω＝{ 正面，反面 }

這時，樣本點當然就是「正面」跟「反面」。

那麼若以骰子為例，擲骰 1 次時會是如何呢？此時的樣本空間會變成

何謂樣本空間

樣本空間是指包含每個可能發生的結果之集合。拋擲硬幣 1 次時的樣本空間 Ω { 正面，反面 }，擲骰 1 次時的樣本空間 Ω＝{ 1, 2, 3, 4, 5, 6 }。

拋擲硬幣 1 次時的樣本空間
樣本空間 Ω＝{ 正面，反面 }

擲骰 1 次時的樣本空間
樣本空間 Ω＝{ 1, 2, 3, 4, 5, 6 }

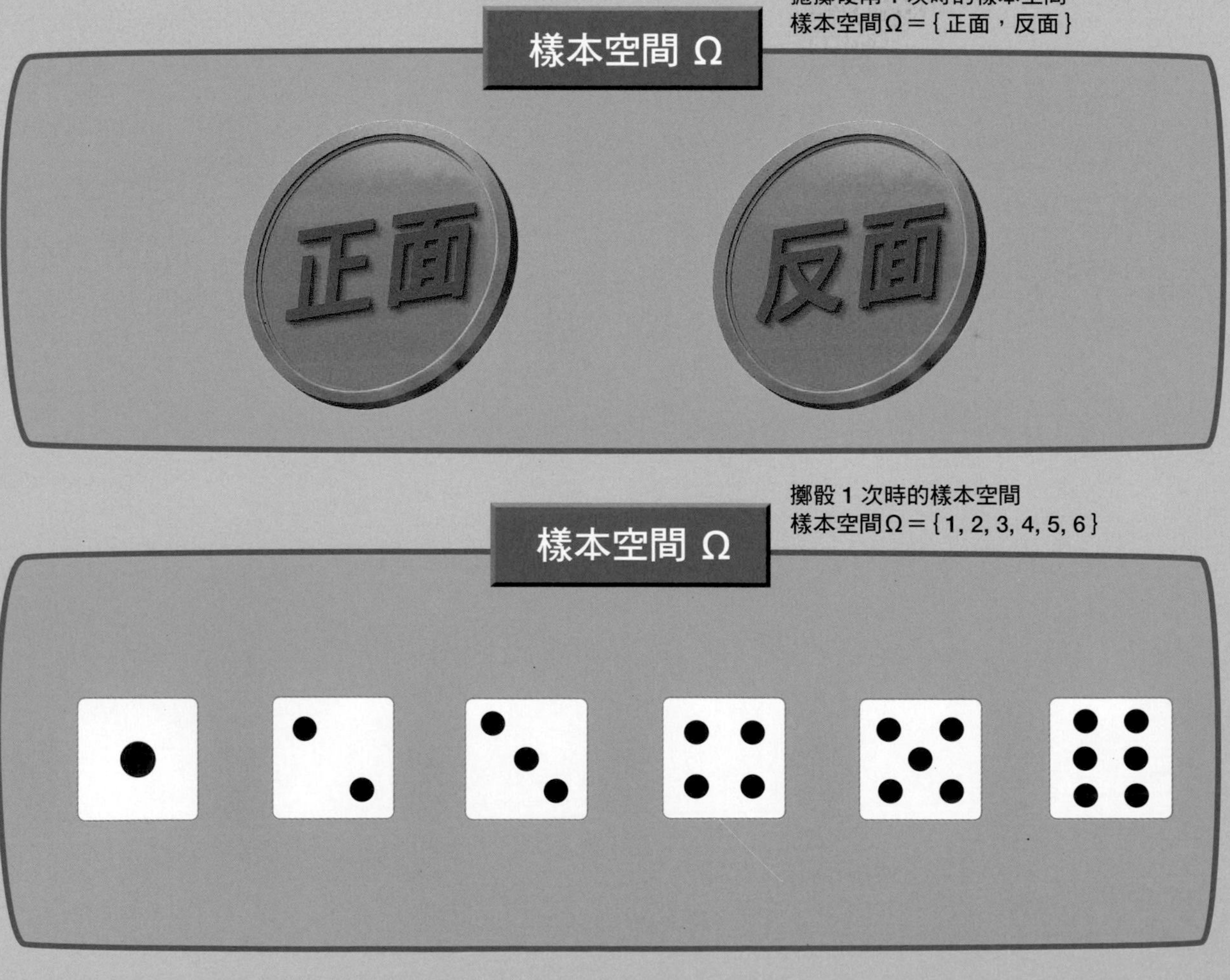

Ω＝{1, 2, 3, 4, 5, 6}

樣本點為「1」，「2」……，「6」。

事件

只有樣本點的話，以骰子來說，只能算出如「1 點出現的機率」、「2 點出現的機率」……等。想要考慮更複雜之事情發生的機率時，必須要有「事件」的概念。

機率論說的事件是指「有可能發生的事情」。舉例來說，相當於樂透「中頭獎」、「中 2 獎或 3 獎」、「銘謝惠顧」等事情。

以文章開頭的拋擲硬幣 1 次為例來說，樣本空間Ω＝{ 正面，反面 }。此時的事件會長什麼樣子呢？

一般而言，包含於樣本空間集合（部分集合）裡的就是事件。由於事件是樣本空間的部分集合，所以拋擲硬幣 1 次的例子所指的事件有以下 4 種。

ϕ、{正面}、{反面}、{正面、反面}

第 1 個出現的「ϕ」讀作「phi」，是指不含任何一個樣本點，絕不會發生結果的事件。這種事件稱為「空事件」（null event）。而且，最後的{ 正面、反面 } 和樣本空間一模一樣，所以特別稱為「必然事件」（sure event）。

何謂事件

事件是指包含於樣本空間集合（部分集合）裡的事情。不含任何一個樣本點的事件以「ϕ」表示，稱為「空事件」。和樣本空間Ω一模一樣的事件稱為「必然事件」。

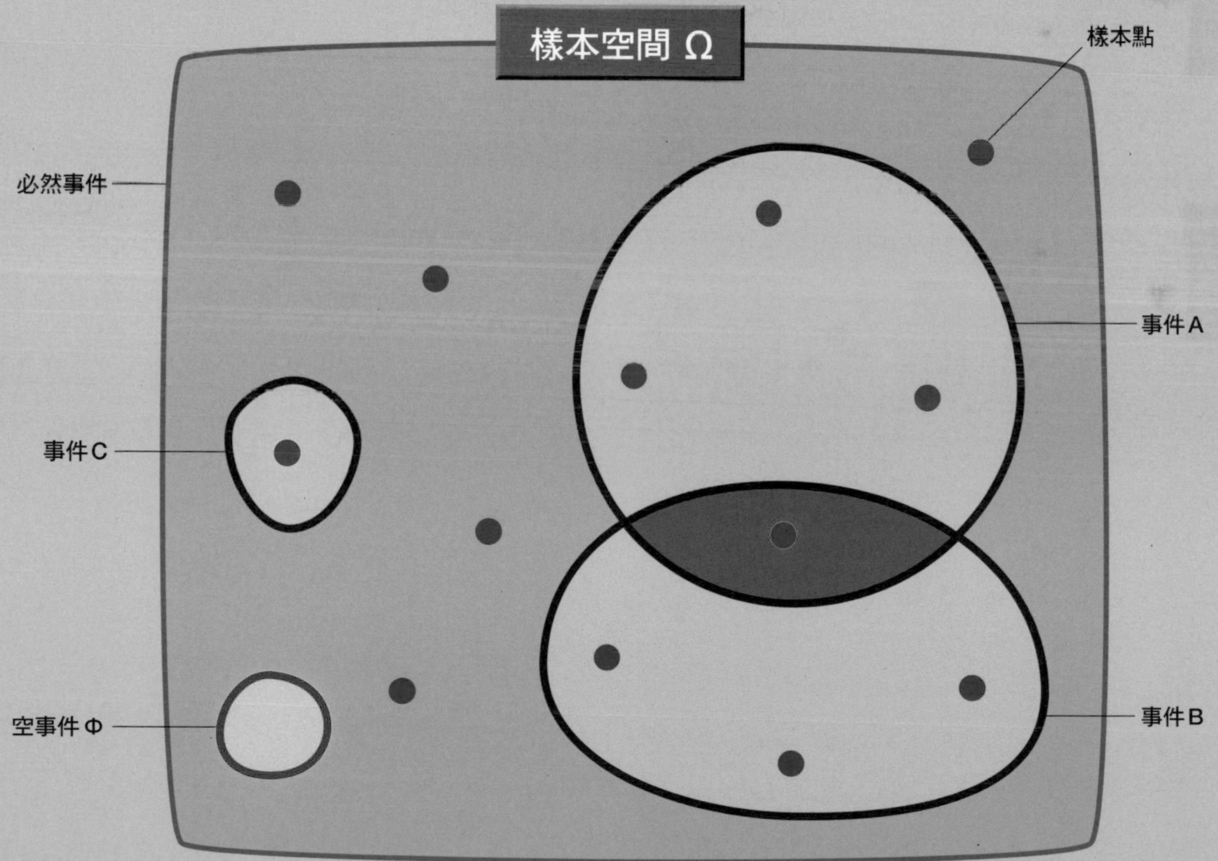

解說 樣本空間與事件②

考慮事件與事件之間的關係

接著，我們要來考慮事件之間的關係。以擲骰 1 次為例來進行解說，換句話說，其樣本空間如下。

Ω＝｛1, 2, 3, 4, 5, 6｝

和事件

事件A與事件B兩者之中至少有一個會發生的情形，稱為事件A與事件B的「和事件」（sum event）。以A∪B表示，讀作「A聯B」。例如，

A＝出現奇數點的事件 ＝｛1, 3, 5｝ B＝出現 4 點以上的事件 ＝｛4, 5, 6｝的話，

A跟B的和事件A∪B結果會如以下所示。

A∪B＝｛1, 3, 4, 5, 6｝

積事件

另一種則是事件A跟事件B兩者同時發生的情形，稱為事件A跟事件B的「積事件」（product event），以A∩B表示，讀作「A交B」。

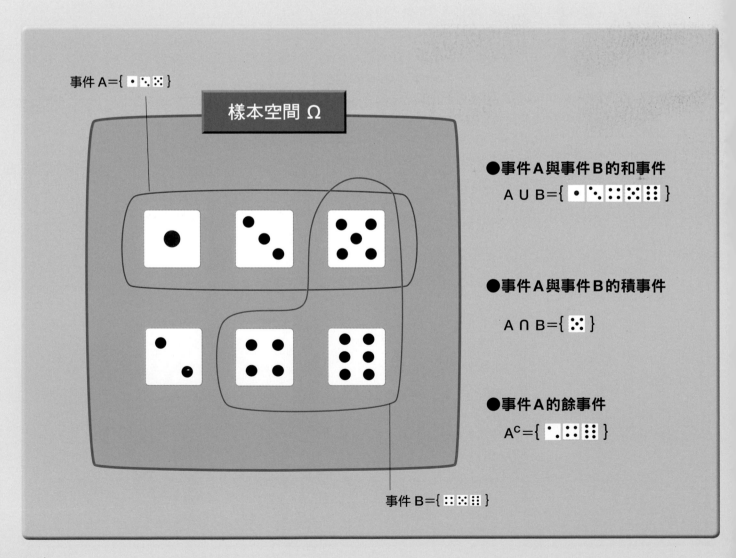

如上例，A＝｛1, 3, 5｝，B＝

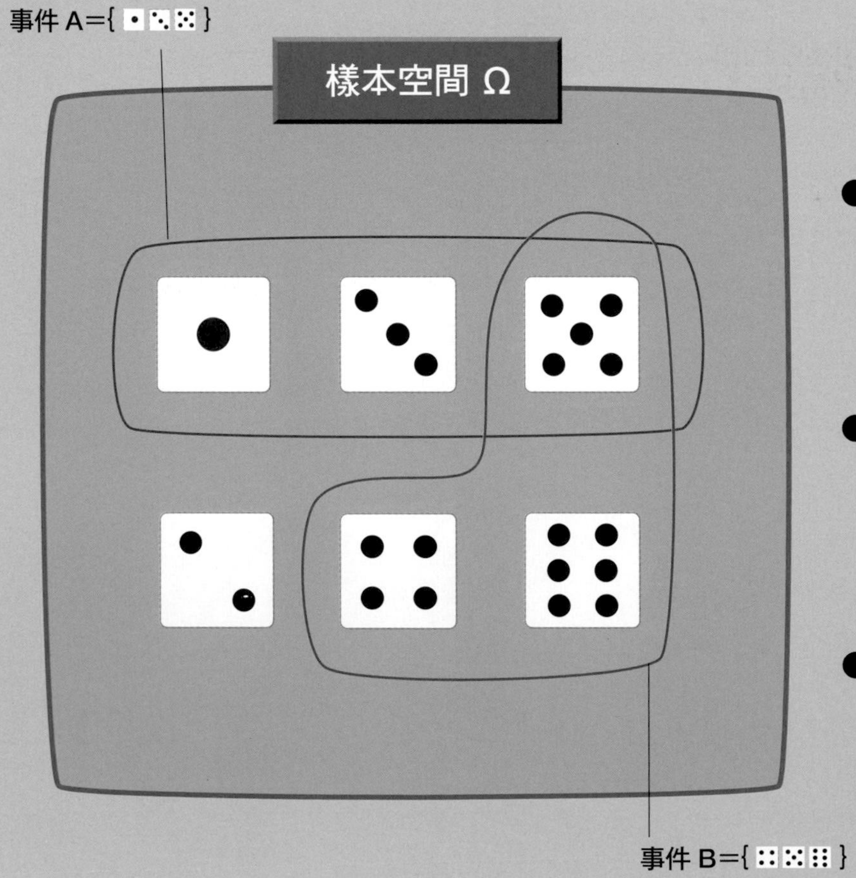

●事件A與事件B的和事件

A∪B={ }

●事件A與事件B的積事件

A∩B={ }

●事件A的餘事件

A^C={ }

$\{4, 5, 6\}$ 時，

$$A \cap B = \{5\}$$

餘事件

此外，事件A不發生的情形稱為A的「餘事件」，寫作「A^C」。高中的教科書一般寫作「$\overline{A}$」，不過在大學寫作「c」[餘事件在集合的用語上相當於「補集合」（complement set）]。因此，採補集合「complement」的英文字首較為通用，符號混淆的情況也會比較少。

使用這個符號時，例如$A = \{1, 3, 5\}$（＝出現奇數點的事件），則

$$A^C = \{2, 4, 6\}$$
（＝出現偶數點的事件）

而且$A \cup B$的餘事件$(A \cup B)^C$會等於$\{2\}$，$A \cap B$的餘事件$(A \cap B)^C$會等於$1, 2, 3, 4, 6\}$。用符號表示即為

$$(A \cup B)^C = \{2\}$$
$$(A \cap B)^C = \{1, 2, 3, 4, 6\}$$

笛摩根法則

其實一般來說，「笛摩根法則」（De Morgan's laws）的公式成立如下

$$(A \cup B)^C = A^C \cap B^C$$
$$(A \cap B)^C = A^C \cup B^C$$

和事件、積事件、餘事件示意簡圖

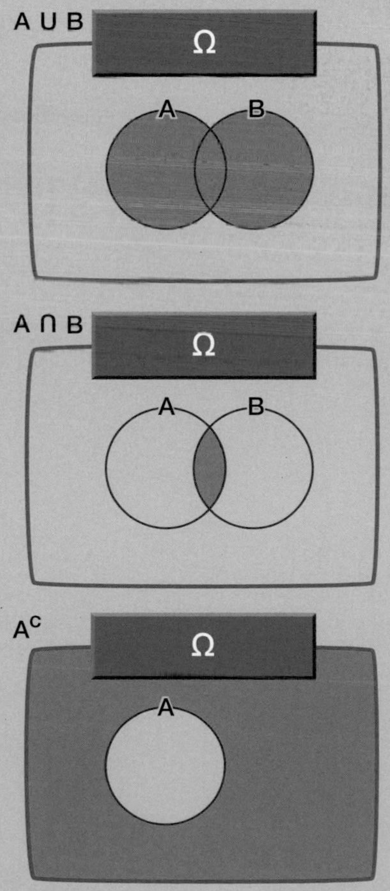

還想了解更多！

和事件與積事件並非只限於二個事件之間的關係，三個以上的事件之間也同樣能定義。

以下我們以樂透的頭獎到3獎（其餘皆銘謝惠顧）為例來說明。然後，考慮買3張樂透時的3個事件如下。

A＝中頭獎
B＝中2獎
C＝中3獎

此時，會變成

$A \cup B \cup C$
＝頭獎或2獎或3獎至少中一個的事件

$A \cap B \cap C$
＝頭獎、2獎、3獎全都中的事件

而且，$A \cup B \cup C$的餘事件為「銘謝惠顧」事件，而$A \cap B \cap C$的餘事件會等於「頭獎或2獎或3獎至少有一個沒中」事件。

若到這裡都明白，應可推知「笛摩根法則」對於有限個事件A_1、A_2、A_3、……、A_n通常會成立如下公式。

$$(A_1 \cup A_2 \cup \cdots \cup A_n)^C = A_1^C \cap A_2^C \cap \cdots \cap A_n^C$$
$$(A_1 \cap A_2 \cap \cdots \cap A_n)^C = A_1^C \cup A_2^C \cup \cdots \cup A_n^C$$

解說 機率的求法

如何求出某事件的機率？

機率正是指「事情發生」的「頻率」。事件A發生的機率寫作P（A）。讀作A的機率。機率的英語為probability，取其字首P為代表。

P（A）的範圍值會落在0跟1之間，值等於「0」時，代表事件A絕對不會發生，相反地，值等於「1」時，代表事件必定會發生※。

首先，我們來稍為考慮一下擲骰1次的情況。不過，前提是骰子沒有被動過手腳，是顆公正的骰子。

此時必然事件Ω，Ω＝｛1, 2, 3, 4, 5, 6｝。此樣本點的個數（這裡以｜Ω｜表示，讀作omega bar）有6個。

另一方面，假設事件A為「出現奇數點」，則A＝｛1, 3, 5｝。此樣本點的個數為｜A｜，｜A｜＝3。

因此，在公正骰子上，事件A的發生機率，也就是出現奇數點的機率可定義為

$$P(A)（＝出現奇數點的機率）= \frac{|A|}{|\Omega|} = \frac{出現奇數點事件的樣本點個數}{必然事件的樣本點個數} = \frac{3}{6} = \frac{1}{2}$$

這個結果等於直覺上的 $\frac{1}{2}$。

一般會假設擲骰行為上所有可能會發生的必然事件Ω的個數為N。換句話說，｜Ω｜＝N。而且不論在什麼情況下都會公平地發生（這點非常重要）。

此時，事件A之樣本點的個數若為n個，意即，若｜A｜＝n的話，事件A的機率P（A）會寫成數學式如下。

$$P(A)（＝事件A的發生機率）= \frac{|A|}{|\Omega|} = \frac{事件A的樣本點個數}{必然事件的樣本點個數} = \frac{n}{N}$$

接著我們來考慮一下拋擲公正硬幣1次的情況。

此時，所有可能發生的情況為「正面」跟「反面」，所以必然事件，

$$\Omega = \{正面，反面\}$$

｜Ω｜（＝必然事件的樣本點個數）＝2。而且因為用的是「公正的硬幣」，所以出現正面或反面的機率都相同。因此，事件A的樣本點個數寫作｜A｜，一般而言，事件A的機率，也就是P（A）會寫成

$$P(A) = \frac{|A|}{|\Omega|} = \frac{|A|}{2}$$

舉例來說，A＝｛正面｝時，｜A｜＝1，故

$$P(A)（＝出現正面的機率）= \frac{1}{2}$$

有時會寫作P（｛正面｝）＝$\frac{1}{2}$。相同的，P（｛反面｝）＝$\frac{1}{2}$。

此外，空事件ϕ沒有樣本點，所以｜ϕ｜＝0。因此

$$P(\phi) = \frac{|\phi|}{|\Omega|} = \frac{0}{2} = 0$$

其實P（ϕ）＝0的關係不限於拋擲硬幣，任何情況皆成立。這裡是為了方便說明，故以拋擲硬幣為例。

而在必然事件方面，則是

$$P(\Omega) = \frac{|\Omega|}{|\Omega|} = 1$$

這個P（Ω）＝1的公式也不限於拋擲硬幣，任何情況皆成立。

※：請注意，前提是樣本空間的元素為有限個數才成立，無限個數的情況下未必正確。

骰子事件的機率求法

骰子的必然事件 Ω 的樣本點個數

|Ω| = |{⚀, ⚁, ⚂, ⚃, ⚄, ⚅}| = 6

出現奇數點事件A的樣本點個數

|A| = |{⚀, ⚂, ⚄}| = 3

骰子出現奇數點的機率

$$P(A)=\frac{|A|}{|\Omega|}=\frac{3}{6}=\frac{1}{2}$$

普通事件的機率求法

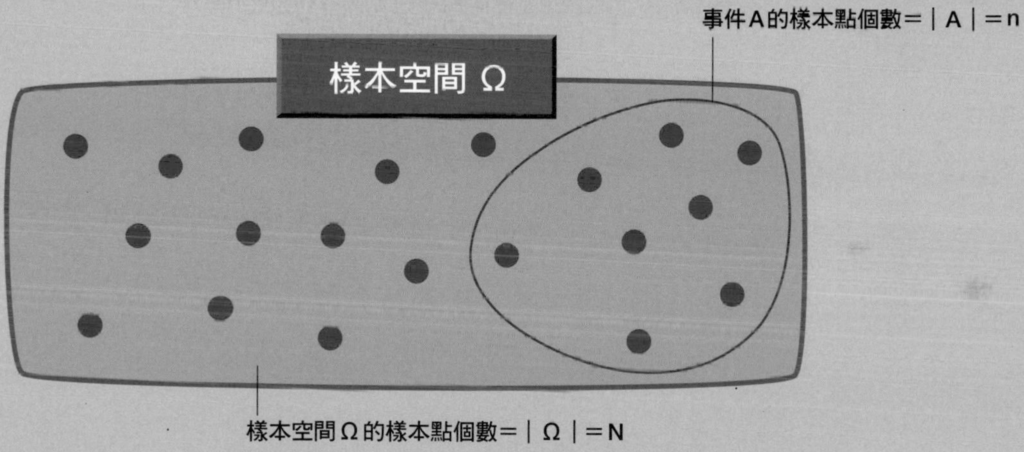

事件A的機率

$$=\frac{\text{事件A的樣本點個數}\ |A|}{\text{必然事件樣本點個數}\ |\Omega|}$$

$$=\frac{n}{N}$$

加強骰子機率問題的求解

問題 1
擲紅色跟藍色的 2 顆骰子。此時請回答下列問題。

(1) 請求出紅色跟藍色的骰子出現相同點數的機率 p。
(2) 請求出藍色骰子點數大於紅色骰子點數的機率 q。
(3) 請求出紅色骰子點數大於藍色骰子點數的機率 r。
(4) 請求出 $p+q+r$ 的值。

要求解這類問題，製作如下表格就能輕鬆解題。

擲 2 顆骰子的情況下，必然事件的樣本點個數為 $|\Omega|$，則由表列可知 $|\Omega|=6\times6=36$個。此時，

(1) 紅色跟藍色的骰子出現相同點數的事件為
{(1, 1)、(2, 2)、(3, 3)、(4, 4)、(5, 5)、(6, 6)}
故所求機率 $p=\frac{6}{36}=\frac{1}{6}$。

(2) 藍色骰子點數大於紅色骰子點數的事件，會同時出現的有
{(1, 2)、(1, 3)、(1, 4)、(1, 5)、(1, 6)、(2, 3)、(2, 4)、(2, 5)、(2, 6)、(3, 4)、(3，5)、(3, 6)、(4, 5)、(4, 6)、(5, 6)}
故所求機率 $q=\frac{15}{36}=\frac{5}{12}$。

(3) 答案同上題 (2)，求得 $r=\frac{5}{12}$。

(4) 上面 3 題的答案相加可得

紅色＼藍色	1	2	3	4	5	6
1	(1, 1)	(1, 2)	(1, 3)	(1, 4)	(1, 5)	(1, 6)
2	(2, 1)	(2, 2)	(2, 3)	(2, 4)	(2, 5)	(2, 6)
3	(3, 1)	(3, 2)	(3, 3)	(3, 4)	(3, 5)	(3, 6)
4	(4, 1)	(4, 2)	(4, 3)	(4, 4)	(4, 5)	(4, 6)
5	(5, 1)	(5, 2)	(5, 3)	(5, 4)	(5, 5)	(5, 6)
6	(6, 1)	(6, 2)	(6, 3)	(6, 4)	(6, 5)	(6, 6)

□ 紅色跟藍色骰子出現相同點數的事件

□ 藍色骰子點數大於紅色骰子點數的事件

□ 紅色骰子點數大於藍色骰子點數的事件

$p+q+r=1$。這個結果代表如果擲 2 顆骰子，（1）、（2）、（3）任 1 個事件都會發生，故可以直觀地明白為何總計會等於 1。

問題 2

擲 2 顆骰子。此時請回答下列問題。

（1）請求出 2 顆骰子點數分別都不超過「2」的機率。

（2）請求出 2 顆骰子點數分別都不超過「3」的機率。

（3）請求出 2 顆骰子點數分別都不超過「n」的機率。但令 $n=1, 2$，……6。

要求解這個問題時，也同樣製作一表如下，就能輕鬆解題。

（1）2 顆骰子點數分別都不超過「2」的事件為
{(2, 1)，(2, 2)，(1, 2)}，
故所求機率 $p=\frac{3}{36}=\frac{1}{12}$。

（2）同樣地，2 顆骰子點數分別都不超過「3」的事件為
{(3, 1)，(3, 2)，(3, 3)，(2, 3)，(1, 3)}，
故所求機率 $p=\frac{5}{36}$。

（3）使用相同的觀念解題，2 顆骰子點數分別都不超過「n」的事件為
{$(n, 1)$，$(n, 2)$，…，(n, n)，…，$(2, n)$，$(1, n)$}，
故得到所求機率為 $\frac{2n-1}{36}$。

當 $n=2$ 或 3 時，也可證實所求機率分別與（2）跟（3）的答案相同。

紅色＼藍色	1	2	3	4	5	6
1	(1, 1)	(1, 2)	(1, 3)	(1, 4)	(1, 5)	(1, 6)
2	(2, 1)	(2, 2)	(2, 3)	(2, 4)	(2, 5)	(2, 6)
3	(3, 1)	(3, 2)	(3, 3)	(3, 4)	(3, 5)	(3, 6)
4	(4, 1)	(4, 2)	(4, 3)	(4, 4)	(4, 5)	(4, 6)
5	(5, 1)	(5, 2)	(5, 3)	(5, 4)	(5, 5)	(5, 6)
6	(6, 1)	(6, 2)	(6, 3)	(6, 4)	(6, 5)	(6, 6)

□ 2顆骰子點數分別都不超過「2」的事件

□ 2顆骰子點數分別都不超過「3」的事件

□ 2顆骰子點數分別都不超過「4」的事件

□ 2顆骰子點數分別都不超過「5」的事件

□ 2顆骰子點數分別都不超過「6」的事件

解說
互斥事件與加法原理

不會同時發生的事件——互斥事件

本篇要學習的是「不會同時發生的事件」。

事件A跟事件B沒有交集時，換句話說，可以列為

$A \cap B = \phi$

因為其中一個發生的話，另一個就絕對不會發生，所以稱事件A跟事件B為「互斥事件」。

舉例來說，考慮拋擲硬幣1次的情況。事件A、B如下所述：

A＝出現正面的事件＝{正面}
B＝出現反面的事件＝{反面}

顯然事件A跟事件B不會同時發生，所以是互斥事件。而且

$A \cap B = \phi$

確實成立。

此外，擲骰1次時，假設

A＝ 出現奇數點的事件
＝{ 1, 3, 5 }
B＝ 出現偶數點的事件
＝{ 2, 4, 6 }

事件A跟事件B不會同時出現，所以

$A \cap B = \phi$

換句話說，事件A跟事件B是互斥事件。

互斥事件的加法原理

話說，一般事件A跟事件B為互斥事件時，會有個公式成立如下，稱為「加法原理」。

$P(A \cup B) = P(A) + P(B)$

因為事件A跟事件B為互斥事件時，A的樣本點個數｜A｜與B的

圖1

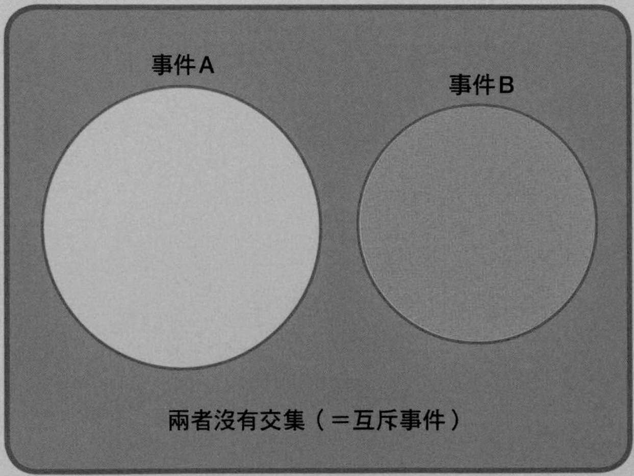

事件A跟事件B沒有交集（為互斥事件）時，$|A \cup B| = |A| + |B|$ 成立。

圖2

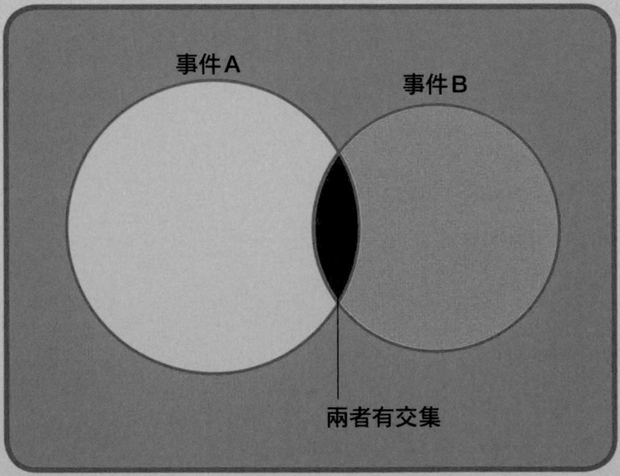

事件A跟事件B有交集（非互斥事件）時，$|A \cup B| = |A| + |B| - |A \cap B|$ 成立。

樣本點個數｜B｜相加，就會等於A∪B的樣本點個數｜A∪B｜，所以

$$|A\cup B| = |A| + |B|$$

成立。請看下方**圖 1**，會更了解這個公式。

因此，當等號兩邊皆除以必然事件的樣本點個數｜Ω｜時，

$$\frac{|A\cup B|}{|\Omega|} = \frac{|A|}{|\Omega|} + \frac{|B|}{|\Omega|}$$

使用機率的定義 $\left(P(A)=\frac{|A|}{|\Omega|}\right)$ 就可得到所求公式

$$P(A\cup B)=P(A)+P(B)$$

例如，擲骰 1 次時，假設事件 A、B 分別為

A＝出現奇數點的事件
＝{1, 3, 5}
B＝出現 4 點以上偶數點的事件
＝{4, 6}

而要出現「奇數點」且「4 點以上偶數點」是不可能的，所以滿足 $A\cap B=\phi$。因此，事件 A、B 為互斥事件。而且，$P(A)=\frac{3}{6}$，$P(B)=\frac{2}{6}$。

另一方面，A∪B＝出現「『奇數點』或『4 點以上偶數點』」的事件，所以 A∪B＝{1, 3, 4, 5, 6}。因此，$P(A\cup B)=\frac{5}{6}$。所以，說明了加法原理成立如下所示。

$$P(A\cup B)=\frac{5}{6}=\frac{3}{6}+\frac{2}{6}=P(A)+P(B)$$

一般的加法原理

一般而言，公式會成立如下。

$$|A\cup B| = |A| + |B| - |A\cap B|$$

欲更了解這個公式，請參看左頁下方**圖 2**。

因此，當等號兩邊皆除以｜Ω｜時，就可得到公式如下。

$$P(A\cup B)=P(A)+P(B)-P(A\cap B)$$

現在，請使用這條公式試著求解下列問題。

問題

某班級有70%的人訂閱 A 報紙，35%的人訂閱 B 報紙，還有20%的人 2 種報紙皆訂閱。此時，請求出訂閱 A 報紙或 B 報紙的人所占比例。

解答 設訂閱A報紙的比例為 P(A)，訂閱 B 報紙的比例為 P(B)，兩者皆訂閱的比例為 P(A∩B)，則各別的比例為

$P(A)=0.7$，$P(B)=0.35$，
$P(A\cap B)=0.2$

因此，

$$P(A\cup B)=0.7+0.35-0.2=0.85$$

換句話說，所求機率為0.85（85%）。

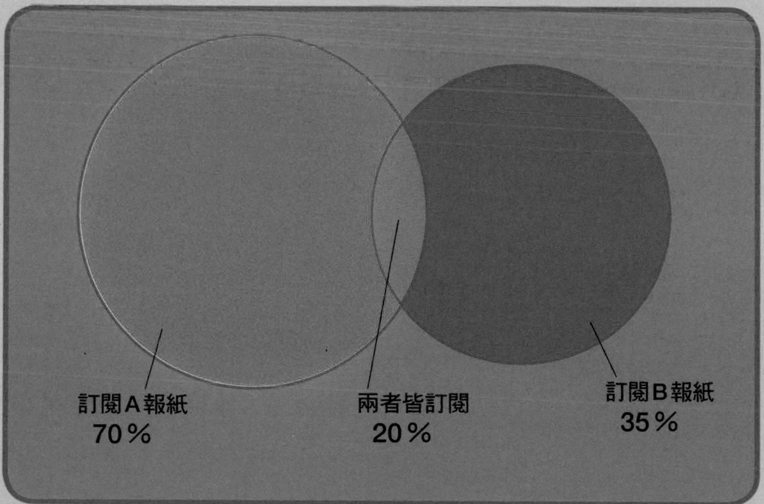

解說
餘事件的機率

事件不發生的機率——餘事件的機率

復習一下，我們曾在第40～41頁學過事件A不發生的事件稱為A的「餘事件」，並且寫作A^C。舉例來說，擲1顆骰子時，事件A為「出現奇數點」，而餘事件A^C就是「出現偶數點」。

以下為求出普通事件A的P（A）跟P（A^C）的關係，先從上述情況來考慮。很明顯地，出現奇數點的事件A的機率為P（A），$P(A)=\frac{1}{2}$。另一方面，出現偶數點的餘事件A^C的機率為P（A^C），$P(A^C)=\frac{1}{2}$。於是，將兩者相加後，會得到

$$P(A)+P(A^C)=\frac{1}{2}+\frac{1}{2}=1$$

但這個結果並非偶然。其實，不論針對哪個事件A，上述式子都會成立。因為依照定義，事件A與其餘事件A^C的關係為

$$A\cap A^C=\phi$$

因此，得知不管什麼樣的情況，A與A^C都是互斥事件。於是，利用加法原理時，會推導出以下式子

$$P(A\cap A^C)=P(A)+P(A^C)$$

又$A\cup A^C=\Omega$，故$P(A\cup A^C)=P(\Omega)=1$，

$$P(A)+P(A^C)=1$$

這條公式往往寫成如下形式

$$P(A)=1-P(A^C)$$

問題
某位考生預計要參加A、B、C、D、E、F等6所大學的入學考試。假設以這位考生的成績要考上各大學的上榜率依序為30%、30%、20%、20%、10%、10%。請問這位考生至少考上一所大學的機率有多少？

解答

這題利用「餘事件」的觀念就能輕鬆解題。餘事件是指「所關注的某事情之外的所有事情」。以此題為例來說明，問的是「至少考上一間大學的機率」，從代表整體機率的「1（＝100%）」減去「所有大學都落榜的機率」就能夠計算出答案。

當然，你要土法煉鋼地分別算出至少考上一所大學的機率，「A上榜，B、C、D、E、F落榜」……「A落榜，B上榜，C、D、E、F落榜」……等，將這些情況相加也能求出答案。但是這種計算方式太過麻煩了。

利用餘事件的計算方法如下。首先，所有大學皆落榜的機率，等於各所大學落榜的機率相乘，依照乘法定理（見第36～37頁），$\frac{7}{10}\times\frac{7}{10}\times\frac{8}{10}\times\frac{8}{10}\times\frac{9}{10}\times\frac{9}{10}$，換算成百分比大約為25.4%。至少考上一所大學的機率便為100%－25.4%≒約74.6%。

也就是說，即使每所大學的上榜率都很低，但就數學上的計算來說，多考幾所的話，上榜的可能性還是會提高的。

儘管各事件發生的機率很低，但只要組合在一起，就會提高機率。事實上，在製造精密的工業產品時即會成為一大問題。

舉例來說，假設某項產品由100個零件組成，其中只要有1個零件為瑕疵品的話，產品就不會運作。設各個零件功能正常的機率是99%時，則這項產品不運作的機率（至少有1個零件為瑕疵品的機率）可用$1-\left(\frac{99}{100}\right)^{100}$算出約為63.4%，其實也不低

某位考生考上各大學的上榜率

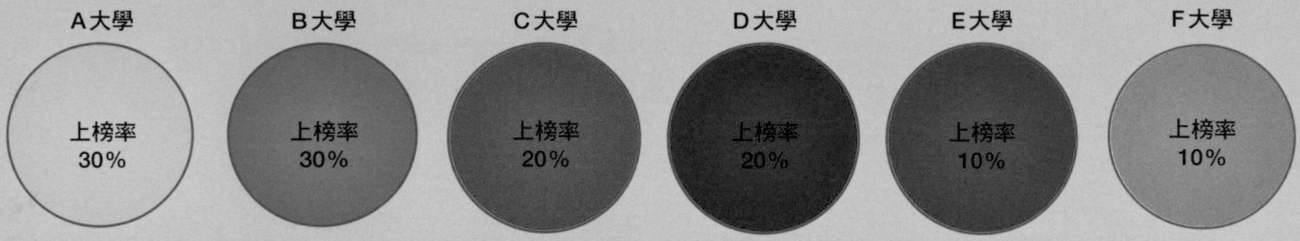

請問這位考生至少考上一所大學的機率為多少？

運用餘事件的觀念解題……

> 至少考上一所大學的機率
> ＝必然事件的機率（100%）－所有大學皆落榜的機率

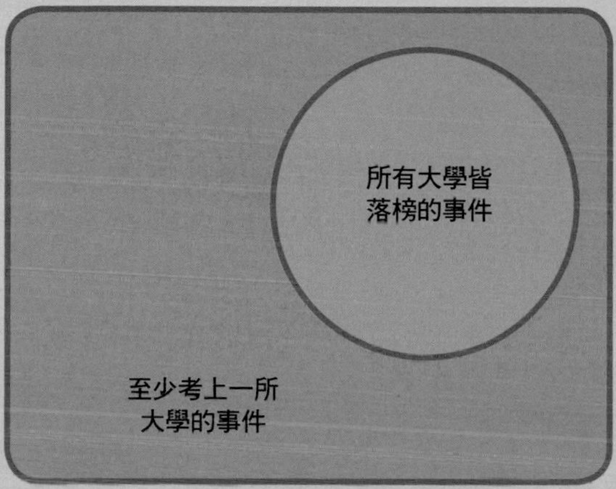

所有大學皆落榜的機率

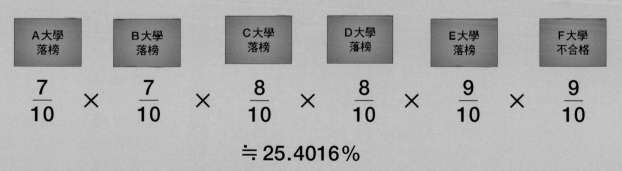

A大學落榜	B大學落榜	C大學落榜	D大學落榜	E大學落榜	F大學不合格

$$\frac{7}{10} \times \frac{7}{10} \times \frac{8}{10} \times \frac{8}{10} \times \frac{9}{10} \times \frac{9}{10}$$

$$\fallingdotseq 25.4016\%$$

這位考生至少考上一所大學的機率

100% － 25.4016% ＝ 74.5984%

column 1

真的有手氣好這回事嗎？

賭博連勝好幾局時，我們會很開心地覺得「手氣真好」。相反地，若是輸得很慘，就會很不甘心地覺得「真倒楣」。而所謂的「運氣」真的存在嗎？

從結論來說，我們稱為運氣的東西，是指結果的「偏誤」。請看下圖拋擲硬幣1000次的實驗結果。你會發現經常連續出現同樣的一面。也有發生正面連續出現9次的情況。有時候隨機發生的事情遠比我們想像的還偏誤。如果賭拋擲硬幣，連續輸9次的話，我們肯定會覺得手氣很差。但實際上，連續9次出現正面的機率為$(\frac{1}{2})^9=\frac{1}{512}$。因為擲了1000次，所以$\frac{1}{512}$的機率也是有可能會發生的。

結論就是，所謂手氣只不過是事後驗證的時候，聚焦在偏誤的結果上而感到運氣好或壞而已。以賭博為例，即使那次整場狀態絕佳，說到底也只是偶然的結果，只要在相同條件下，機率本身是不會改變的。會贏下一場賭注的機率只是呈現它原本的機率而已。

因為我們不能控制運氣，所以說在賭博的期望值低於100%時，好運贏了幾場後要「見好就收」才是聰明人。

相反地，覺得「手氣正好，再賭一次！」就一直賭下去的人，反而正中莊家下懷。莊家明白如果讓客人一直下賭注，按照大數法則機率會逼近理論值，剛才的損失就能拿回來。正因為如此，莊家會對賭贏的客人很有度量。

拋擲1000次硬幣的結果

以拋擲1000次硬幣為例，其結果繪製如右圖。順序是從上方的左邊至右邊，以黑色為正面、白色為反面來表示。綠線框起來的部分為拋擲10次的結果，紅線框起來的部分為拋擲100次的結果。

經過統計，正面有508次，反面有492次，機率各約為$\frac{1}{2}$。像這樣，某件偶發事情以相同條件重複多次時，其結果就會愈來愈接近該件事情原本的發生機率。這個現象稱為「大數法則」。以重心或形狀「公正」的硬幣來說，其機率會是$\frac{1}{2}$。

但以局部範圍來看，像反面連續出現8次，正面連續出現9次等，這種重複情況偶爾會發生，可知有時候會產生偏向某一方的極端結果。

理論上利用賭博賺錢的範例

這樣說來，要靠輪盤之類的賭博遊戲賺錢，理論上是不可能的。不過其實曾有1個人打破了莊家的預測而賺到錢。1873年，1位名為傑克茲的英國人因賭蒙地卡羅輪盤大賺一筆而聲名大噪。

其實傑克茲在幾天前曾派遣下屬到賭場，將輪盤上出現過的數字紀錄下來。他發現輪盤上某數字的出現機率偏離了理論值，於是從隔天起就在賭場一直押那容易出現的數字。

實際上骰子或輪盤的作工再怎麼精密，其數字出現的機率還是會有些微偏離理論值的機率。若其偏離的幅度小到可以忽視，且期望值小於100%以下的話，賭客就賺不了錢。但是，如果偏離幅度超過某種程度，就能搶在莊家之前押中數字。

可是，莊家發現了傑克茲那異常的「好運氣」，馬上就察覺到輪盤出現的數字偏離了理論值，故此後莊家每天都會檢修輪盤。

包牌買樂透的投資集團

第18～19頁說明了日本樂透的期望值很低。然而，澳洲的投資集團卻於1992年投入巨額的資金買樂透，並成功獲利。理性投資獲利的專業人士究竟為何會將資金投入樂透呢？

美國維吉尼亞州的樂透彩玩法是從1～44的數字選6個數字。可能的組合有 $\frac{44!}{6!38!}$ = 705萬9052種。彩券1張賣1美元，所以有700萬左右就能買下全部的彩券。而頭獎的獎金為2700萬美元，相當於每張彩券的獎金期望值約為3.8美元，大幅超過所花費的1美元。

如果能夠包牌買光所有的彩券，絕對會中獎，應該能大賺一筆。投資集團便這麼做了。雖然因為時間不夠，僅買了500萬張彩券，但當中就含了中獎的那一張。而且，一般民眾也剛好沒有買到相同號碼的組合。這樣一來，投資集團便順利得到獎金了。

職業撲克玩家為何實力堅強？

如上述二例，除非在極為特殊的條件下，否則賭博是不可能真正賺到錢的。

但撲克牌跟其他種類的賭博不一樣，有賴以維生的職業玩家，也會舉辦淘汰賽。假如撲克牌出牌的機率在理論上已經固定的話，職業玩家為什麼會那麼厲害呢？

雖說是職業撲克玩家，但他們也不知道下一張會拿到哪張牌。會事先知道的話，那就是出老千。但是職業玩家會觀察桌上已出現什麼樣的牌，來推測下次什麼牌的出現機率會比較高。他們比一般人更精通機率計算，並且還會仔細觀察對手出牌的習慣，所以才能夠保持比較高的勝率。

猜拳的習慣是常猜輸的原因

猜拳的機率不論出哪種拳都是 $\frac{1}{3}$。儘管如此，如果覺得「自己很不擅長猜拳」的話，那可能是因為對手已經看透你出拳的習慣了。

日本的統計數理研究所官網公布了一款「猜拳遊戲」，只要玩過，就能知道自己猜拳的習慣。這個遊戲的程式，最初會隨機出拳，最終會掌握你出拳的習慣，並預測你下次會出的拳，就能猜贏你了。

如果能練成隨機出拳的話，勝率理論上是50%。以跟電腦打平手為目標，認真地練習吧。

http://appli.ism.ac.jp/janken/janken_support.html

column 2

變種猜拳與卡片遊戲的勝率為何？

撰文 今野紀雄
日本橫濱國立大學教授

大家知道《賭博默示錄》這套漫畫（福本伸行作品，長鴻出版社出版）嗎？主角捲入多種賭局的情節，吸引讀者目不轉睛地看他在極限的心理狀態中如何逆境圖存，是套很有魄力的機率心理漫畫。在2009年秋季還上映了電影版《賭博默示錄── 人生逆轉遊戲》。

劇情裡有一場稱為「E牌」的博奕遊戲。卡牌只有「皇帝」、「市民」、「奴隸」3種。E牌的「E」是皇帝（emperor）的英文字首。

E牌為雙人遊戲。一方持有1張皇帝牌和4張市民牌，另一方持有1張奴隸牌和同樣的4張市民牌。意即，2人各持有5張手牌，分別為皇帝方和奴隸方。

2人同時不斷出牌（漫畫設定皇帝方先出，電影版則是奴隸方先出，是為了強調心理戰的趣味性而做的設定更動），以牌面比輸贏。規則是：皇帝贏市民但輸奴隸；市民贏奴隸卻輸皇帝；奴隸贏皇帝但輸市民。雙方都是出市民則算平手。也就是說，E牌博奕變成類似於「猜拳」的三難困境（trilemma）關係。例如，將皇帝解讀為「石頭」，市民為「剪刀」，奴隸為「布」的話就對應得上了。然後，直到決出勝負為止，每回都要出1張持有的手牌，此即這個遊戲的玩法。

皇帝方在對手出市民牌時出皇帝牌肯定會贏，相反地，奴隸方在猜測對手打皇帝牌時順利出奴隸牌的話就一定獲勝。雙方鬥智推斷出牌心理，也就是說，這是個非常考驗心理素質的博奕遊戲。

心理戰的精髓就請欣賞漫畫和電影，這裡我們要來求皇帝方贏奴隸方的勝率。首先，請看右頁表格。顯示A為皇帝方的出牌順序，B為奴隸方的出牌順序。

例如，按A的出牌方式來看，最上欄代表的是第1張打出皇帝，之後才出所有的市民。第2欄代表第2張打出皇帝，第3欄代表第3張打出皇帝⋯⋯等情況。同理，B的出牌情況也是如此。

再來，各欄位裡的○或×代表A的輸贏。最左上方的欄位代表A第1張出皇帝，B出奴隸，所以當下勝負已決，結果是A敗（B勝）。因此，會寫作「A的×」。因為第1回合的當下就已決勝負了，所以下方會寫「第一回合決勝負」。

同樣地，其右邊欄位代表A第1張出皇帝，而B出市民的情況。這種情況在當下已決勝負，因為A勝，所以會寫「○」。勝負已決的回合數同樣都是「1」。之後的其他欄位也以相同方式表示。

遊戲中，假設皇帝方出牌的情況總數跟奴隸方的情況總數

B的出牌順序 / A的出牌順序	奴隸→市民→市民→市民→市民	市民→奴隸→市民→市民→市民	市民→市民→奴隸→市民→市民	市民→市民→市民→奴隸→市民	市民→市民→市民→市民→奴隸
皇帝→市民→市民→市民→市民	A輸 第1回合決勝負	A贏 第1回合決勝負	A贏 第1回合決勝負	A贏 第1回合決勝負	A贏 第1回合決勝負
市民→皇帝→市民→市民→市民	A贏 第1回合決勝負	A輸 第2回合決勝負	A贏 第2回合決勝負	A贏 第2回合決勝負	A贏 第2回合決勝負
市民→市民→皇帝→市民→市民	A贏 第1回合決勝負	A贏 第2回合決勝負	A輸 第3回合決勝負	A贏 第3回合決勝負	A贏 第3回合決勝負
市民→市民→市民→皇帝→市民	A贏 第1回合決勝負	A贏 第2回合決勝負	A贏 第3回合決勝負	A輸 第4回合決勝負	A贏 第4回合決勝負
市民→市民→市民→市民→皇帝	A贏 第1回合決勝負	A贏 第2回合決勝負	A贏 第3回合決勝負	A贏 第4回合決勝負	A輸 第5回合決勝負

都是5種，並且出牌機率皆相等。也就是說，兩者都會隨機出牌。另外，這種出牌方法在出牌之前一定要看一下自己的牌。因此雙方必定會仔細觀察對方的表情，激發心理戰的激烈火花。

這裡我們簡單地求一下皇帝方的勝率。首先，欄位數為5×5＝25個，皇帝方（A）贏的〇數為20個。因為是沒有心理戰的隨機出牌，故所有情況發生的機率皆相等。因此，皇帝的勝率為

$$\frac{20}{25}=\frac{4}{5}=0.8\ (80\%)$$

接著，要求出沒有在第1回合決勝負時，皇帝方的勝率。這次，只要考慮排除「第1回合就決勝負」的欄位即可，所以總共為4×4＝16種。其中皇帝勝利的情況如表所示共12種。因此，勝率為

$$\frac{12}{16}=\frac{3}{4}=0.75\ (75\%)$$

皇帝方的勝率降低了一些。

接著，要求出沒有在第2回合決勝負時的勝率，同樣地扣除掉「第1回合就決勝負」與「第2回合就決勝負」的情況，會得到

$$\frac{6}{9}=\frac{2}{3}=0.666\ (66.6\cdots\%)$$

沒有在第3回合決勝負時的情況也一樣，

$$\frac{2}{4}=\frac{1}{2}=0.5\ (50\%)$$

勝率會不斷地逐漸降低，到此勢均力敵。於是，沒有在第4回合決勝負時，會變成皇帝方只剩1張皇帝牌，奴隸方只剩1張奴隸牌，皇帝方必輸。就像用蠶絲布慢慢地勒緊脖子一樣，皇帝方的勝率會逐漸降低，最後從勢均力敵一口氣掉到0。這部分也可說是E牌在設計上最有趣的地方。

在此順便也來算一下E牌決勝負前，該回合數的期望值（平均值）。

這部分請看一下表格。結束於第1回合的有9種，第2回合的有7種，第3回合的有5種，第4回合的有3種，第5回合的有1種。將所有情況相乘並相加後，得到

$$1\times9+2\times7+3\times5+4\times3+5\times1=55$$

將情況總數25除以此數值即為期望值，所以會求得

$$\frac{55}{25}=\frac{11}{5}=2.2$$

也就是說，當雙方都亂出牌時，平均每2.2回合就會決定出勝負。

3

奇妙的隨機與亂數世界

隨機（隨便）排列的數字稱為「亂數」。隨機排列數字看似隨便就能完成。但要製作「真正隨機」的數字序列，其實難如登天。亂數在現代社會各方面都有重要功能，例如電子遊戲和AI（人工智慧）的開發，以及網際網路上的資訊安全等等均屬之，且讓我們來一窺亂數的奧祕世界。

協助　田村義保

何謂亂數

源自骰子的亂數是開發電子遊戲和人工智慧必備的工具

有些數學教科書的最後一頁會印有從 0 到 9 胡亂排序的數字表。這個表格名為「亂數表」，想公平地「隨機選出」民意調查的查訪對象時，通常就會用到。

亂數是指「下一個出現的數字是個完全沒有任何規則可循的數」。換句話說，「完全不知道下一個會出現什麼數字」的這個數就可以稱為亂數。

骰子是最貼近生活的「亂數產生器」

產生亂數的裝置稱為「亂數產生器」（random number generator）。如雙六等遊戲中使用的正6面體（立方體）骰子，就是產生亂數 1 到 6 的亂數產生器。如果骰子的點數非隨機出現，而是事前就已知下

圓周率的值可用骰子求得

正20面體的骰子將數字 0 到 9 平均分占於各面，稱為亂數骰。準備 3 顆顏色各異的亂數骰，譬如設定紅色點數為小數第 1 位，黃色點數為第 2 位，藍色點數為第 3 位，就能製作出從0.000到0.999的 3 位數亂數。利用這 3 位數的亂數求出圓周率的方法如右方所示，是蒙地卡羅法最單純的應用範例。請試著運用亂數骰來求圓周率。

亂數骰
（正20面體的骰子）

步驟1

將 3 顆亂數骰各擲 2 次，製作出 2 個 3 位數的亂數。

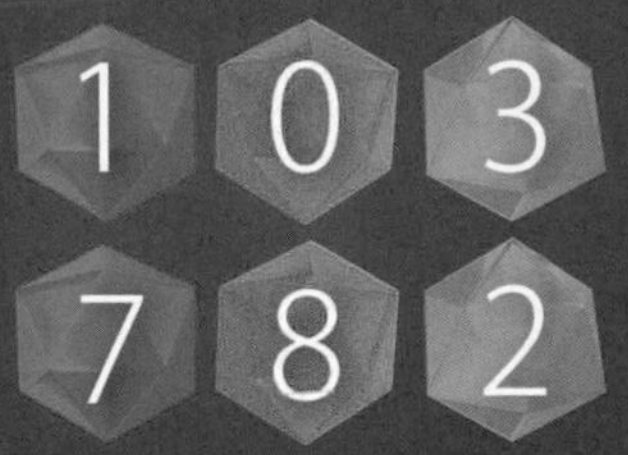

→ 0.103

→ 0.782

步驟2

將 2 個亂數標示於 xy 座標上形成 1 個點。

$(x, y) = (0.103, 0.782)$

步驟3

上述動作重複數次，於座標上標示許許多多點。

步驟4

所標示的點大多會落在邊長為 1 的正方形內。再在這個正方形上繪製一個半徑為 1 的扇形。正方形的面積為 1。半徑為 1 的圓面積為半徑×半徑×π＝1×1×π＝π，扇形面積為其 4 分之 1，所以為 $\frac{\pi}{4}$。意即，扇形面積占正方形面積的 $\frac{\pi}{4}$。

步驟5

使用亂數骰按照上述步驟將點標示於正方形上時，這些點會有 $\frac{\pi}{4}$ 的機率落在扇形中。因此，若點的數量不斷增加，並實際計算落入扇形中所有點的比例，其值會愈來愈接近 $\frac{\pi}{4}$。由此即可求出 π 值。點的數量愈多，π 就愈趨近原本的值3.14……。

次出現的點數，雙六就會變成很無聊的遊戲了。

正20面體的每個面，由0到9的數字各占2面，就會形成一個產生亂數0到9的亂數產生器。這種骰子稱為「亂數骰」，只要持續擲出，就能製作出類似數學教科書上所列印的亂數表。亂數產生器可用於電子遊戲和搖獎機的抽獎器，還有賭博中使用的輪盤等道具。而電腦遊戲為了不要讓敵方腳色的行動太單調，也會用到亂數。

亂數是科學研究和AI開發的後盾

亂數的功能不僅發揮在遊戲上。科學研究和人工智慧的開發也會使用到亂數。其中最重要的案例就是使用亂數進行數值計算和模擬的「蒙地卡羅法」(Monte Carlo method)。打敗頂尖棋士的圍棋人工智慧「AlphaGO」，也是利用蒙地卡羅法，並大量學習對局累積經驗而變強大的。下圖將說明利用蒙地卡羅法來求得圓周率 π 的方法。

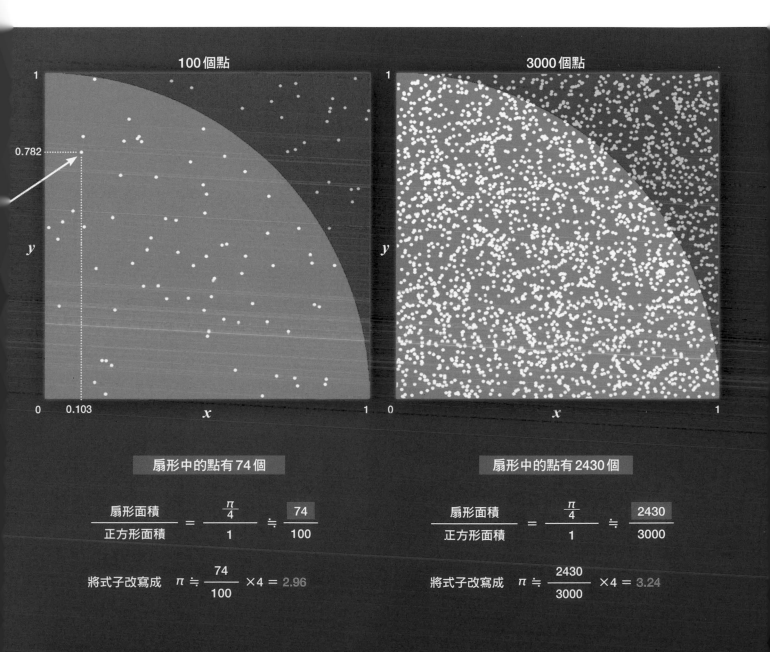

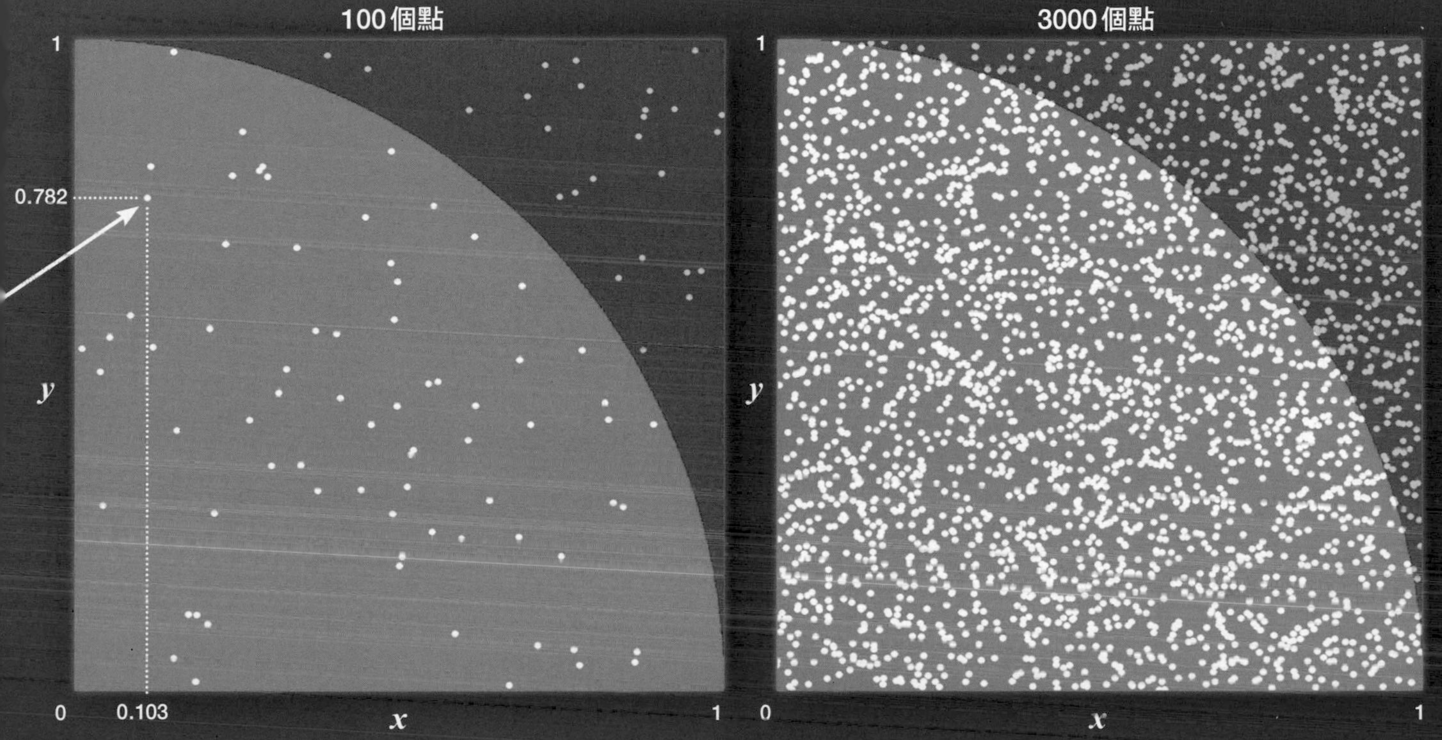

扇形中的點有74個

$$\frac{扇形面積}{正方形面積} = \frac{\frac{\pi}{4}}{1} \doteqdot \frac{74}{100}$$

將式子改寫成 $\pi \doteqdot \frac{74}{100} \times 4 = 2.96$

扇形中的點有2430個

$$\frac{扇形面積}{正方形面積} = \frac{\frac{\pi}{4}}{1} \doteqdot \frac{2430}{3000}$$

將式子改寫成 $\pi \doteqdot \frac{2430}{3000} \times 4 = 3.24$

誤判為隨機的「集群錯覺」

人傾向於從隨機中尋找「有意義的規則」

骰子連續5次出現1點，即使有人懷疑：「1點比較容易出現是不是因為動過手腳？」也無可厚非。以心理學來說，儘管實際上是隨機，但偶爾連續發生相同的事情，人們就容易有那不是隨機的錯覺。這種現象稱為「集群錯覺」（clustering illusion）。

集群錯覺最有名的案例發生在第二次世界大戰末期的英國，當時德軍以空襲飛彈攻擊倫敦。由於飛彈著地頻率看起來有地區的選擇性，所以有一部分倫敦市民覺得很恐怖：「德軍的飛彈能瞄準特定地區攻擊。」（如下圖）但是經過後來的分析發現，飛彈的著地點看起來應該是隨機投擲的。人們會因為隨機的事情一再發生，就想要找出看似有意義的

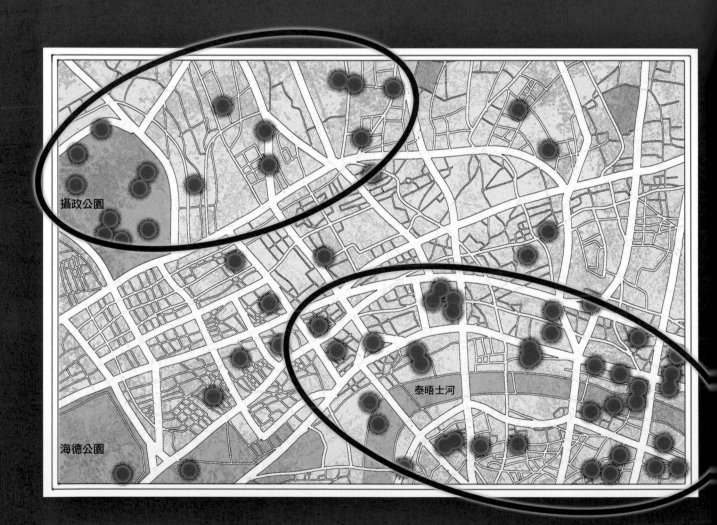

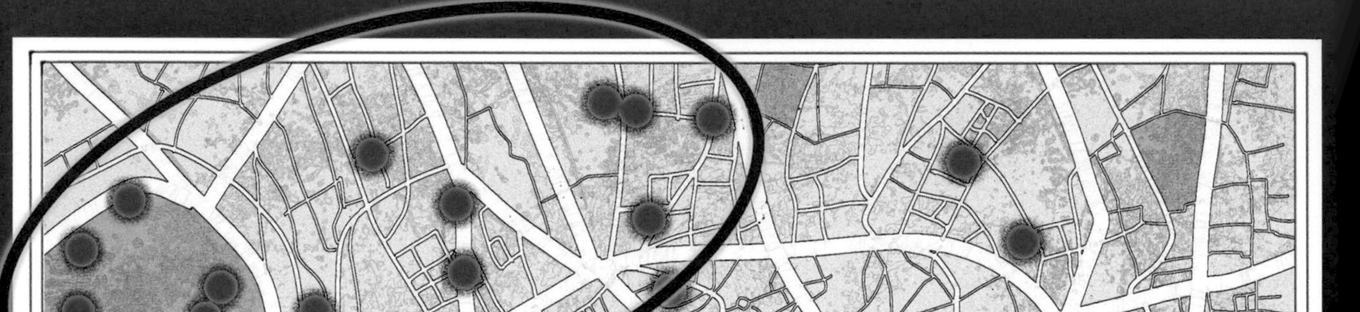

瞄準特定地區攻擊？

上圖為倫敦中心地帶的地圖，紅色標記為德軍V-1飛彈空襲後的彈著點。橢圓線框起來的地區有很多彈著點，其他地區看似相對安全。但當時的V-1飛彈沒有那麼精準，根據更廣域的分析後，發現彈著點應該是隨機投擲的。插圖引用並改編自Johnson,D.（1982）『V-1 V-2 :Hiler's vengeance on London』。

規則。

隨機分布的點為哪張圖？

再講一個集群錯覺的案例。美國的古生物學家暨科學史學家古爾德（Stephen J.Gould，1941～2002）在論文中提到了如下的問題。

當他問道：「下面兩張圖，點為隨機分布的是哪一張？」多數人都會回答：「左邊那張。」但實際上，左圖中的點是刻意不重疊地分布，而右圖才是隨機分布。由於左圖無法找出看似有意義的規則，所以更容易判斷為「隨機」了。

如果反過來利用人類直觀所容易陷入的錯覺，就能表現出「更自然的隨機」。例如我們常使用數位音樂播放器和音樂串流（streaming）服務的「亂序重播」（隨機選曲），在生活中已很普遍，不容易連續選到某個特定歌手的歌，刻意減少隨機性，這些播放工具為了讓人能感受到「更自然的隨機感」而下了不少工夫。相同的技術也應用於電腦遊戲。

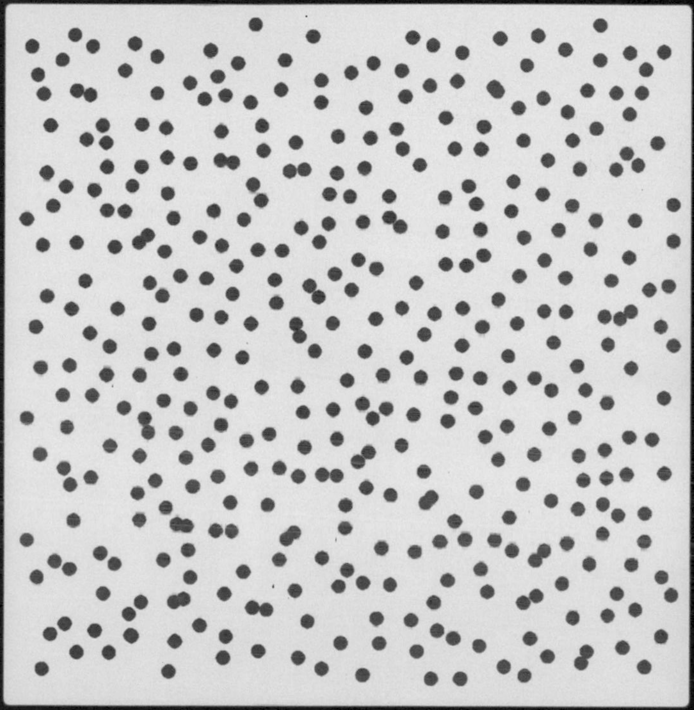

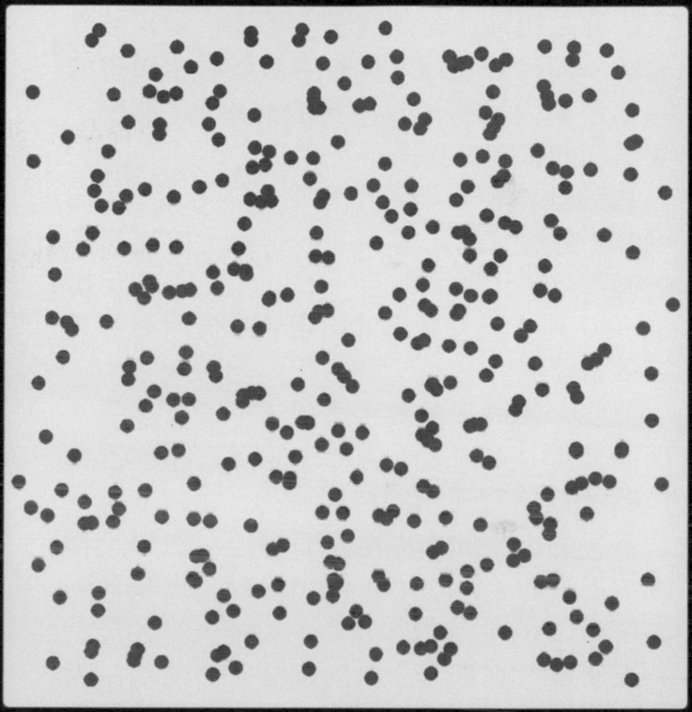

哪一張才是隨機？

左圖是為了每個點都不重疊而刻意做的分布。右圖的點是亂數決定的隨機分布。古爾德的著作《加油吧！雷龍》中提到了這種圖，他認為人傾向於對隨機分布的點感到規則性。心理學方面經常研究這類的錯覺，並應用在「行為經濟學」（behavior economics）領域，探討人類的心理傾向如何影響經濟現象。

圓周率與亂數性

圓周率是一串 $\pi=3.141592\cdots\cdots$ 的數值，它是亂數嗎？

假設您是遊戲程式設計師。為了儘量不讓玩家預測到遊戲中敵方角色的行動，您使用了亂數來決定其動向，並想到可以用圓周率讓電腦迅速產生 0 到 9 的亂數。

圓周率（$\pi=3.141592\cdots\cdots$）經計算可知，其小數點以下的數字是無窮位數，且排序完全沒有規則性可言，那麼，它所顯現的這些數字序列可稱為亂數嗎？

有易或不易出現的數字嗎？

「容易出現 1 點的骰子」不適合用來製作亂數。同樣的道理，亂數中每個數字出現的頻率都要求相等（以同樣的機率）。那麼，圓周率的數字究竟是不是呢？

右圖計算了圓周率小數點以下 5 兆位，0 到 9 十個數字的出現頻率。結果，出現最多的是「8」，最少的是「6」。但是差距極小， 0 到 9 這些數字的出現頻率似乎可看作幾乎相等。

那麼，圓周率的數字序列，不論有多長，都能肯定 0 到 9 這十個數字的出現頻率很平均嗎？以小數表示的數字序列，0 到 9 這十個數字的出現頻率完全沒有偏誤，數學上稱為「正規數」（normal number）。於是，圓周率與 2 的平方根（$\sqrt{2}=1.414\cdots\cdots$）是否為正規數，在數學上是尚未解決的問題。因此，圓周率與 2 之平方根的數字序列是否確為亂數仍是未解之謎。

將圓周率小數點以下 5 兆位的數字以顏色區分

右頁為圓周率小數點以下 5 兆位，0 到 9 十個數字以顏色區分的統計圖。每一橫列有200位數，每一縱行有250位數。小數點以下從762位起連續出現 6 個 9。諾貝爾物理學獎得主費曼（Richard Feynman，1918～1988）能將圓周率背誦到此位數，所以這 6 個 9 又稱為「費曼點」（Feynman point）。感覺這種數字的出現機率偏誤好像很普遍，不過那可當作是隨機所產生的自然性偏誤。

【數字的顏色區分】

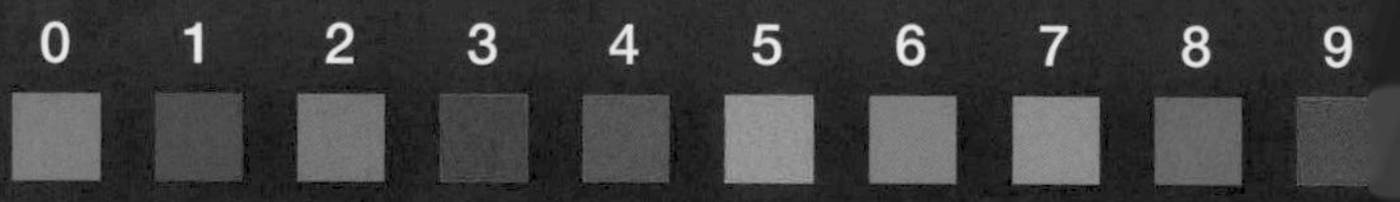

圓周率小數點以下 5 兆位
經統計數字出現的頻率幾乎相同

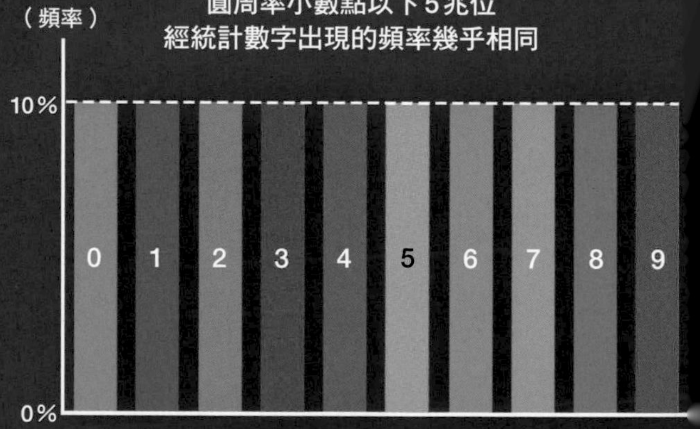

圓周率小數點以下 5 兆位
經統計數字出現的頻率差異極小

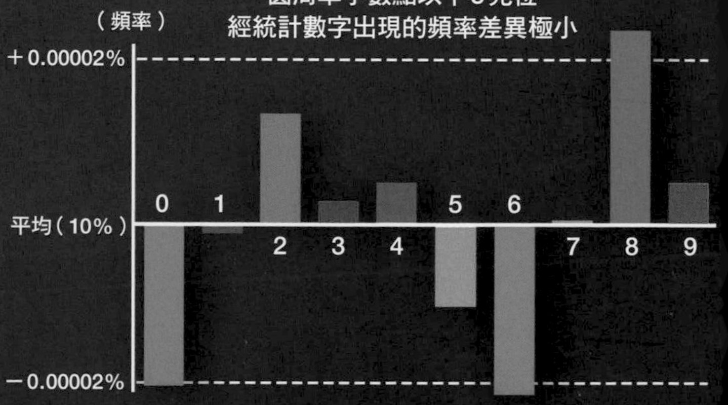

π = 3.141592……
費曼點 …999999…

何謂偽隨機數

電腦是怎麼產生出亂數的呢？

為了驅動遊戲或蒙地卡羅法的程式，電腦必須要有大量的亂數。然而電腦能夠自己創造亂數嗎？為了創造數列，電腦必須要有程式或演算法（algorithm）等規則。由於亂數「完全不存在決定下一個數為何的規則」，所以電腦依照規則產生的數列，不能稱為真正意義上的亂數。

取代真正亂數的，是看起來很像亂數的「偽隨機數」（pseudorandom numbers）。最初研究偽隨機數的，是以發明電腦聞名的匈牙利數學家諾伊曼（John von Neumann，1903～1957）。諾伊曼研究的「平方取中法」（middle square

多種偽隨機數

以下說明諾伊曼最初研究偽隨機數所採用的平方取中法，與現今還在使用的「線性同餘產生器」，以及當前最優秀的「梅森旋轉算法」。

平方取中法（4 位數的情況）

取時間數值當作種子（亂數種子）形成 4 位數（例如畫有底線的1234）。將種子平方後的 8 位數（位數不足時補上 0 代替）中取其中間的 4 位數（5227）當作第 1 個偽隨機數。從5227起進行同樣操作就會得到下一個偽隨機數（3215）。重複上述操作就會製造出一個個偽隨機數，這就是平方取中法。

1234 × 1234 ＝ 01 [5227] 56
5227 × 5227 ＝ 27 [3215] 29
3215 × 3215 ＝ 10 [3362] 25
3362 × 3362 ＝ 11 [3030] 44
⋮

匈牙利數學家諾伊曼。以科學家的身分奠定了現在電腦的原理，也是蒙地卡羅法的發想者之一。從賽局理論到原子彈的開發，影響層面相當大。

線性同餘產生器（4 位數的情況）

作為種子的數（例如畫有底線的1234）乘上事先已定的常數（例如567），然後加上另一個常數（例如89）而得一數（即699767）。這個數再除以另一個常數（例如9973）後求得餘數。取這個餘數（例如1657）當作第1個偽隨機數。從1657開始進行同樣操作，即可得到下一個偽隨機數（2146）。重複上述操作就會製造出一個個偽隨機數，這就是線性同餘產生器。用於加法的常數為 0 時稱作「相乘同餘法」（multiplicative congruential method）。

1234 × 567 ＋ 89 ＝ 699767 → 699767 除以 9973 得餘數＝ [1657]
1657 × 567 ＋ 89 ＝ 939608 → 939608 除以 9973 得餘數＝ [2146]
2146 × 567 ＋ 89 ＝ 1216871 → 1216871 除以 9973 得餘數＝ [165]
⋮

method），可以說是偽隨機數產生法的濫觴（解說如下）。

最強的偽隨機數「梅森旋轉算法」

在諾伊曼之後，以「線性同餘產生器（linear congruential generator）」為首，開發出許多種偽隨機數。偽隨機數的優劣，是以「有多近似真正的亂數」和「產生速度」等條件來決定。目前評價最好的偽隨機數，且為全世界程式工程師大量採用的，是日本廣島大學的松本真教授與山形大學的西村拓士副教授於1998年發明的「梅森旋轉算法」（Mersenne Twister）。由於要了解這個方法需要具備向量（vectro）和矩陣（matrix）等方面的數學知識，所以詳細說明在此就先省略，不過大致上是巧妙地運用了名為「梅森質數」的特殊質數（prime number）特性。

這個最佳方法所產生的亂數，說到底也是偽隨機數，並非「真正的亂數」。據聞有偽隨機數之父稱謂的諾伊曼曾說過，「用數學式創造亂數是某種犯罪行為。」

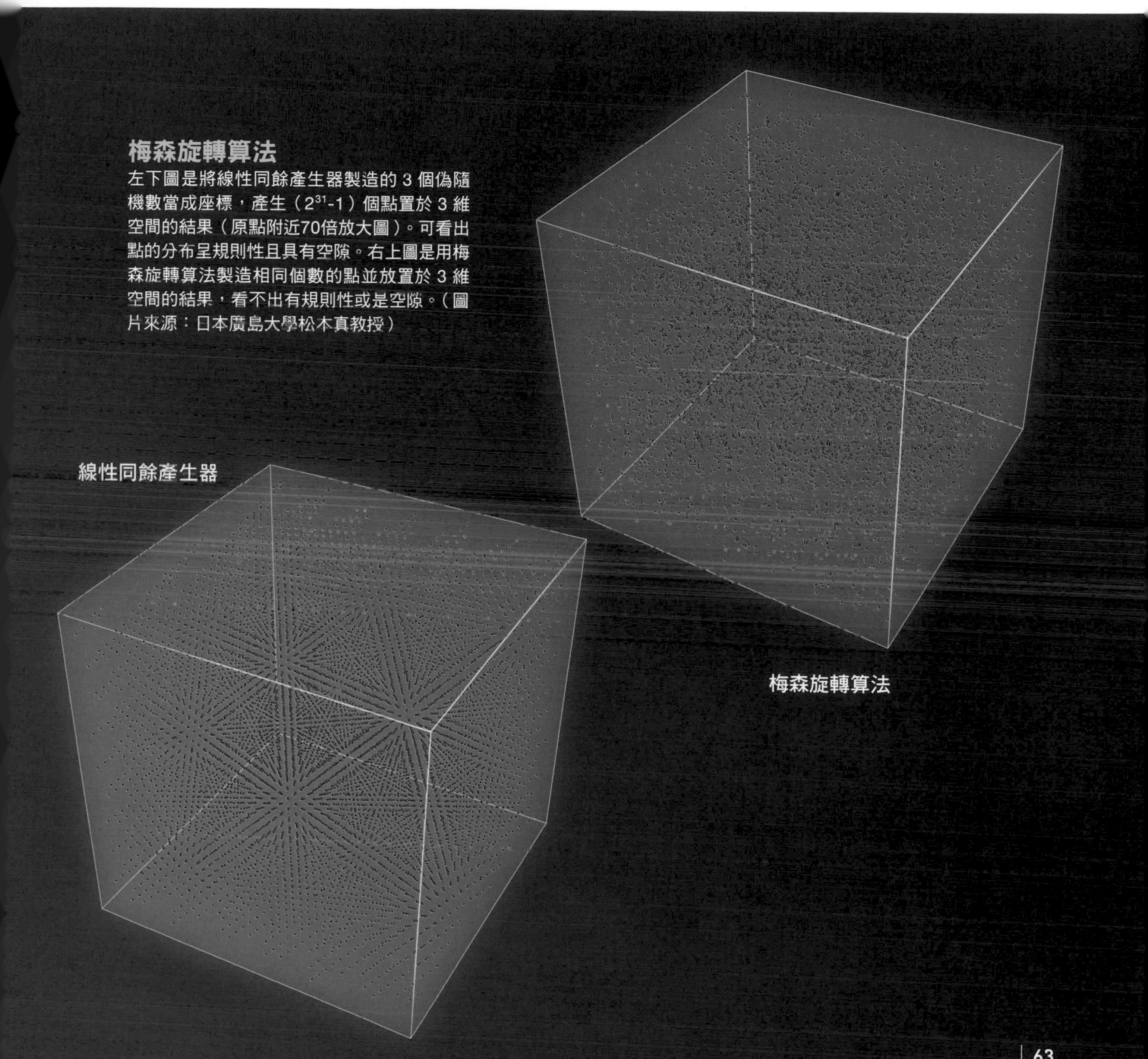

梅森旋轉算法
左下圖是將線性同餘產生器製造的 3 個偽隨機數當成座標，產生（2^{31}-1）個點置於 3 維空間的結果（原點附近70倍放大圖）。可看出點的分布呈規則性且具有空隙。右上圖是用梅森旋轉算法製造相同個數的點並放置於 3 維空間的結果，看不出有規則性或是空隙。（圖片來源：日本廣島大學松木真教授）

何謂
物理亂數

利用不規則性的物理現象就能製造「真正的亂數」

電腦產生的偽隨機數，在要實際運用亂數時非常有用，但嚴格來說這不能算是真正的亂數。那要怎麼製作出真正的亂數，也就是「不具有任何規則性的亂數」呢？

那就是利用現實世界的物理現象所發生的不規則性（irregularity），名為「物理亂數產生器」。此方法利用電路（electric circuit）產生雜訊，是實用上正在發展中的方式。即使施加於電路上的電壓保持定值，還是會產生細微的雜訊（熱雜訊，thermal noise）。由於這種雜訊完全找不到規則性，所以取此數值就可作為亂數來運用。

也有使用光和電子取代硬幣的方法

物理亂數產生器中，也有使用光的基本粒子（elementary particle），即所謂「光子」（photon）的方式。光子碰到某種特殊的單向玻璃會遵循其「偏光」（polarized light，意即振動方向偏離）的特性，有50%的機率穿透單向玻璃，50%的機率反射。如同硬幣的正、反兩面，假設光子穿透了就是「0」，反射了就是「1」，形成 2 進位的亂數。

而且，進一步利用電子「自旋」（spin）的特性產生亂數的方式也正開發中。就像地球有自轉軸一般，電子等基本粒子也具有相當於自轉軸的性質，處於不同「自旋方向」的狀態。微觀世界物理學中「量子力學」（quantum mechanics）提到，1 個電子同時具有「向上」與「向下」的自旋狀態，然處於哪一種狀態，在進行觀測前是不確定的。觀測電子時，假如自旋向上就是「0」，自旋向下就是「1」，所以還是能當作 2 進位的亂數來使用。

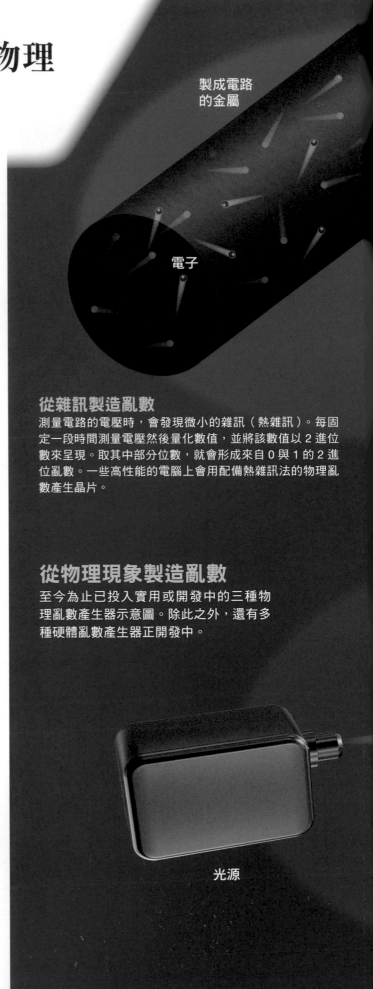

從雜訊製造亂數

測量電路的電壓時，會發現微小的雜訊（熱雜訊）。每固定一段時間測量電壓然後量化數值，並將該數值以 2 進位數來呈現。取其中部分位數，就會形成來自 0 與 1 的 2 進位亂數。一些高性能的電腦上會用配備熱雜訊法的物理亂數產生晶片。

從物理現象製造亂數

至今為止已投入實用或開發中的三種物理亂數產生器示意圖。除此之外，還有多種硬體亂數產生器正開發中。

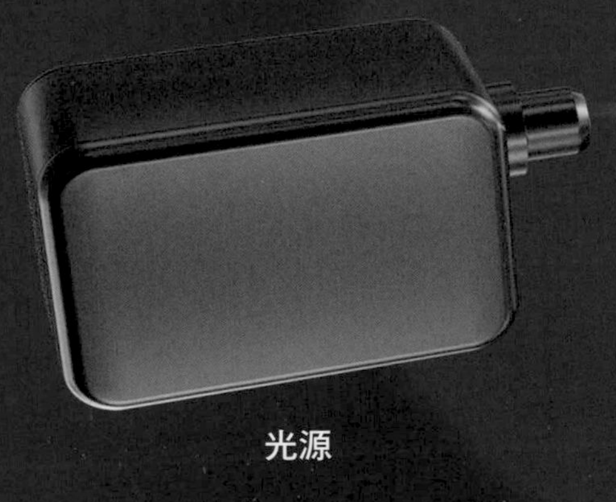

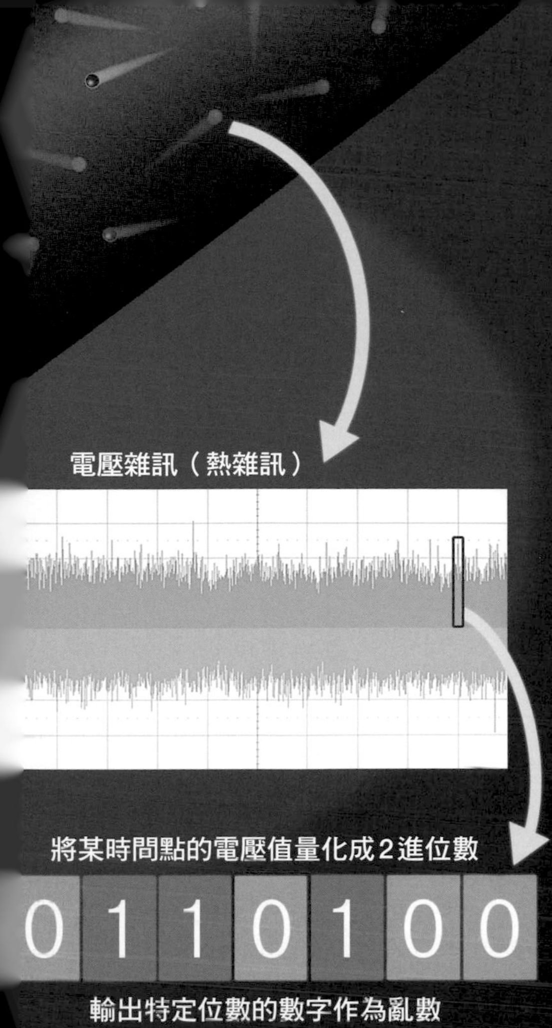

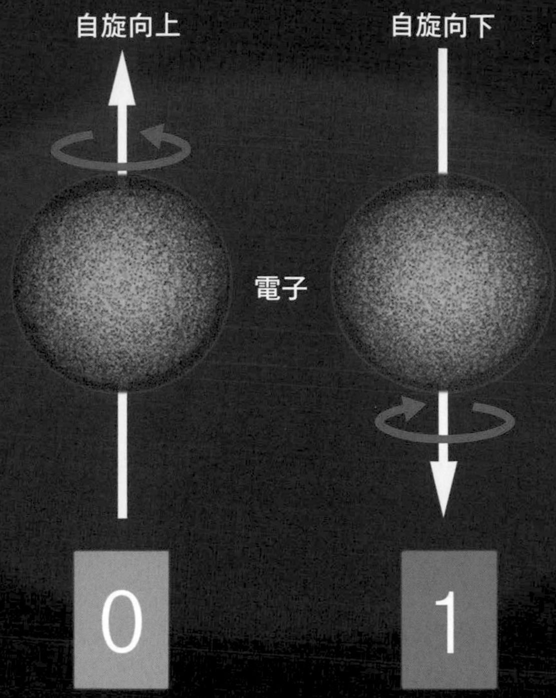

觀測電子的自旋方向來製造亂數

日本產業技術綜合研究所表示，目前正在研究將電子自旋方向應用於產生亂數的「量子骰」。讓電子自旋方向對應到 0 與 1 的方法，也應用在計算速度遠超過以往的「量子電腦」。

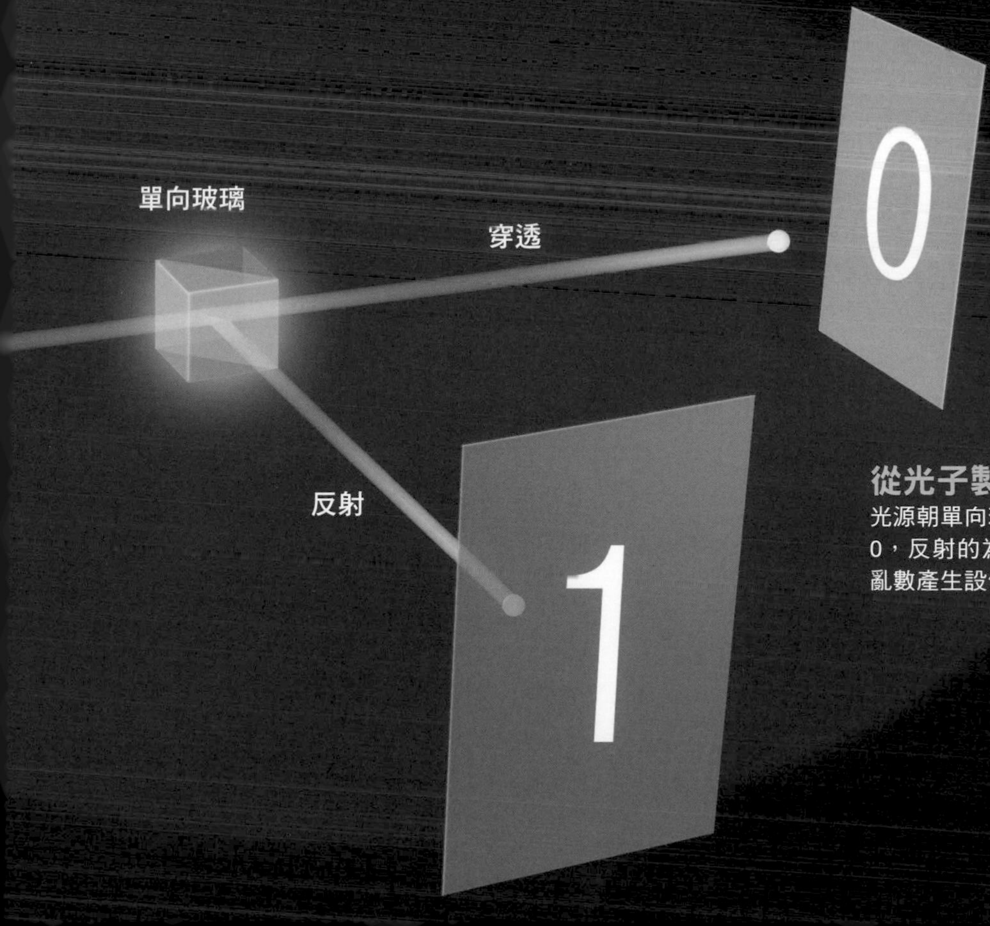

從光子製造亂數

光源朝單向玻璃一次發射 1 個光子，假設穿透的為 0，反射的為 1，就能製造出亂數。利用光方法的亂數產生設備也已經商品化了。

亂數對社會的重要性

高度進步的「骰子」支撐著我們的生活

手機和網路社會所不可或缺的亂數

偽隨機數與物理亂數是電子遊戲程式和應用蒙地卡羅法進行科學研究模擬、人工智慧開發等方面不可或缺的工具。而且，在智慧型手機（智能手機）與個人電腦、網際網路已大量普及的當今社會，亂數也發揮它非常重要的功能。

包括電子郵件與LINE等應用程式和網購上資訊通信等，經常會使用到所謂「加密」的技術。為了製作「鑰匙」來加密通信的內容，或破解已經加密的文件時，每次都會用到製造出來的亂數。

此外，例如銀行體系的網路銀行、Twitter以及Facebook等等社群網路服務（social networking services）的2階段認證，經常會用到只能使用一次的動態密碼（one time password）。發行這個動態密碼的機制也是利用亂數來運作的。當今生活的諸多方便，可說得益於手機與網際網路，亂數的確是其中一大功臣。

骰子真是隨機的嗎？

自古以來世界各地的人們已經會使用骰子占卜跟玩遊戲。硬幣出現之後，用硬幣的正反面來決定輸贏或順序的「擲硬幣」（coin toss）行為，也是古已有之，甚至現代的足球和網球比賽也採用此方式。這是因為我們寧可相信骰子的點數跟硬幣的正反面是隨機出現的，事前無法預測。

但真的無法預測嗎？假設有一台具頂級計算能力的人工智慧機器，用超強性能的攝影機觀察擲向空中的骰子，掌握了骰子以拋物線運動（parabalic motion）的瞬時路徑，包括軌跡與旋轉的模樣、空氣的流動等，並完美計算出落地剎那和滾動方式，則此人工智慧應該可以在事前說中會出現的點數吧。這樣想的話，擲骰前就已斷定會出現的點數［以「決定論」（determinism）來說］，最終也許真的能夠達成預測的目標。

首次研究這個問題的是法國科學家拉普拉斯（Pierre-Simon Laplace，1749～1827）。如上述人工智慧一般無所不能的東西就稱為「拉普拉斯的精靈」。骰子點數和硬幣正反面看似會隨機出現，也可歸因於我們人類沒有拉普拉斯的精靈所擁有的高度計算能力。儘管有些是可決定性的現象，但有些過程太過複雜以致未來難以預測，則稱為「混沌」（chaos），與隨機的情況不太一樣。

追求「終極的亂數」

統計數理研究所的田村義保博士，長年持續研究亂數的產生。他所率領的團隊目標，不

1945年（日本昭和20年代）使用於產生亂數的硬幣

1945年代，日本統計數理研究所為了製作亂數表而使用的硬幣。他們在罐子裡放入大量的硬幣，不斷重複攪拌均勻並抽出硬幣，才作成了亂數表。現在的亂數表，依日本工業規格（JIS）規定，要使用由梅森旋轉算法產生的偽隨機數，或是用物理亂數產生器製造的亂數。

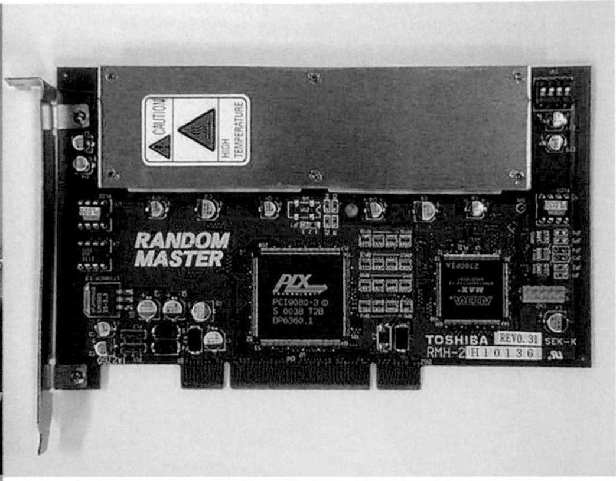

最新的物理亂數產生系統

（左）統計數理研究所的物理亂數產生系統。看起來很像超級電腦般的設備，就是亂數產生器，可說是現在性能最強的骰子之一。

（上）系統所配備採熱雜訊方式的物理亂數產生機板。1 秒可輸出640百萬位元的亂數。

是基於任何規則的偽隨機數，而是完全不具有規則性的「真正的亂數」。田村博士為此還跟民間的技術人員合作，研究使用電路雜訊（熱雜訊）的物理亂數產生器。

與核能發電相關的測量器等特殊用途電路，會追求將不必要的雜訊減至最低。從減少雜訊的研究中也學到一些可用於製造亂數的「優良雜訊」知識。透過這樣的知識運用，亂數高速產生的電路終於開發成功了（上圖）。

田村博士指出：「雜訊屬於類比資訊，為隨機的，但將它轉換成 0 或 1 的數位資訊時，只會出現少量的規則性。要如何消除那些規則性是整個研究最困難的地方。」

連「神之骰」都拿來利用

物理學家愛因斯坦（Albert Einstein，1879～1955）曾經說過一句名言：「上帝不擲骰子。」量子力學認為，1 個電子是複數的狀態（例如自旋向上或向下）互相重疊在一起。而且，它被觀測到處於哪個狀態是偶然決定的，只能從機率來預測。這彷彿是決策萬事的上帝依擲出骰子的點數來決定電子的狀態一般。愛因斯坦反對這神奇的觀念，並表示「上帝不擲骰子」。對此，量子力學創始人之一的物理學家波耳（Niels Bohr，1885～1962）反駁說：「上帝要世界該如何運作，不關我們的事。」※

科學家和數學家至今仍持續在改良源自骰子和硬幣的亂數產生器。梅森旋轉算法是最具代表性的高性能偽隨機數，至少在實用方面，它跟真正的亂數幾乎分辨不出來。於是，追求優良物理亂數產生器的研究學者們，也開始使用愛因斯坦所說的「上帝之骰」，也就是受量子力學所控制的機率現象。因此，每天產生出來無數的亂數，支持著現在的科學研究以及我們的日常生活。

※：引用自W.海森堡著作《Der Teil und Das Ganze》

4 統計的基本原理

社會上的諸多活動如媒體的民意調查、科學的成果展現，還有國家發表的各類數據等等，都和「統計」脫離不了關係。正確地解讀統計是現代生活中不可或缺的技能。然而有時候，也會懷疑「那份統計資料可信嗎？」

第 4 章將介紹對統計學基礎而言，非常重要的觀念。學會這些知識，才不會被統計的謊言所欺騙。

監修　今野紀雄／松原 望

臺灣每人平均存款177萬元，這是真的嗎？

拿自己跟平均值相比，是人之常情。若高於平均值就會覺得安心，但若低於平均值就感到遺憾，甚至覺得不安。

計算資料的「平均值」（mean value）是統計學的第一步。平均值是指「所有數值的總和除以資料個數所得到的值」。統計學上也稱作「算術平均數」。

一聽到平均值，就會覺得是「大約在中間的值」，但有時候卻不是。

要小心「平均值的誤區」

5人手持現金分別有3萬元、4萬元、5萬元、6萬元、7萬元，平均值為「5萬元」。這時，只要把1位擁有23萬元的人加進來，平均值就會躍升至「8萬元」，變成6人中有5人低於平均值了（詳見右圖）。顯示平均值很容易受到極端值的影響，必須要小心。

最典型的例子就是存款和年收入這類型的平均值了。日本2人以上的家庭平均存款（2017年）為「1812萬日圓」。對大多數人來說，會覺得這個平均值也太高了吧！實際上，高於此平均值的家庭只占整體的3分之1（約33%）而已。因為擁有高額存款的那些人，將整體的平均值拉高了。

同樣地，據我中央銀行統計，臺灣全民總儲蓄額40.7兆元，若除以2300萬人，可得出個人存款平均值約177萬元。對眾多年輕月光族來說，這個存款額簡直不可置信！這是因為總存款中9成屬1%富人所有，餘下1成才是99%民眾，也就是 2277萬人的存款。少數富人將平均值墊高了。

平均（算術平均數）的公式

$$平均=\frac{數據_1+數據_2+\cdots\cdots+最後的數據}{數據的個數}$$

蹺蹺板的平衡 支點的位置為「平均值」

數線上顯示手上持有的現金，每位持有人依其金額排成一列。將這條直線當作蹺蹺板時，使左右平衡的支點位置相當於平均值（算術平均數）（如下圖）。此時加入極端值時，蹺蹺板的平衡就會徹底遭致破壞。若要再度取得平衡，支點的位置（平均值）就要大幅度移位（如下圖）。顯示平均值很容易受到極端值的影響。

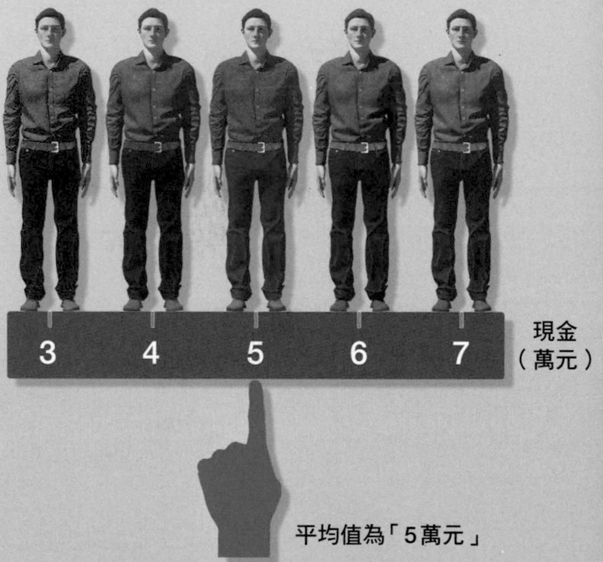

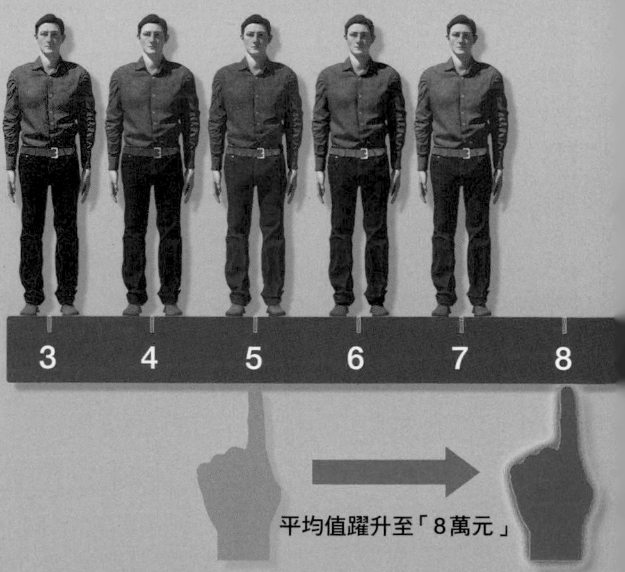

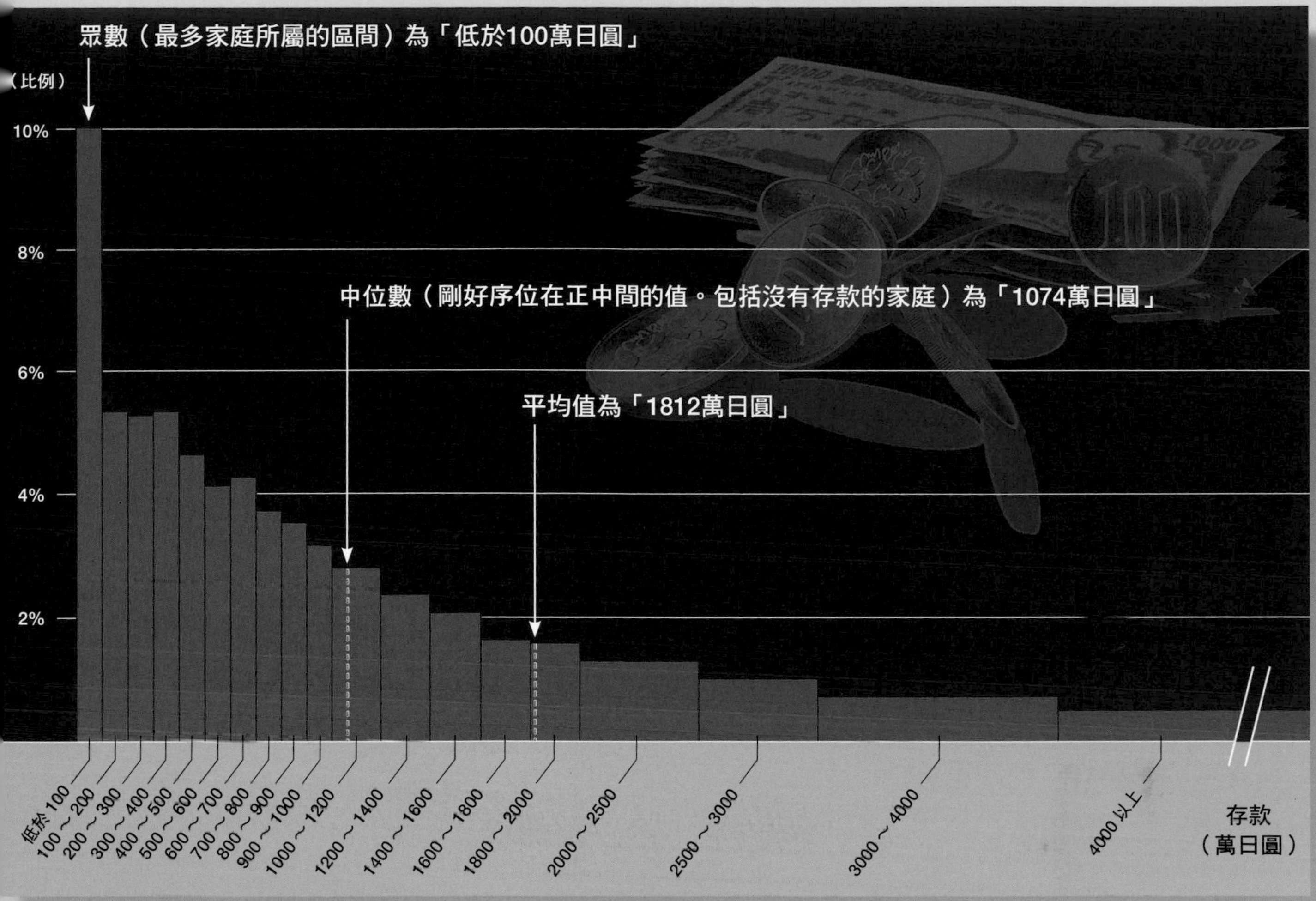

日本各家庭的平均存款為多少？

顯示２人以上家庭的存款（2017年）分布統計圖（日本總務省2018年的「家計調查報告 存款與負債篇」）。平均值雖為「1812萬日圓」，但實際上其中67%屬低於平均值的家庭。依存款多寡排序時，位於整體正中間序位的家庭存款為「1074萬日圓」，此值稱為「中位數」（median）。此外，最多家庭所屬的「低於100萬日圓」這個數值，就稱為「眾數」（mode）。平均值與中位數、眾數統稱為「代表值」（representative value）。

變異數與
標準差

計算「差異度」就能掌握資料的特徵

只看平均值的話，無法完全掌握資料的特徵。因此，算完平均值後我們應該要注意的是，資料中所蘊含的「差異度」。

某家甜甜圈連鎖店有A店跟B店，其甜甜圈的比較圖如下。A店與B店的甜甜圈重量平均值都是100公克，沒有差異。但是，卻可看出這公兩間店的甜甜圈大小有很大的差異。

為了研究A店跟B店的甜甜圈差異度，我們要注意兩者各自的「偏差」(deviates)。只不過，偏差有分「正偏差」跟「負偏差」，兩者之間的平衡點正好是平均值。因此，單

A店的甜甜圈
平均：100公克
變異數：308.5
標準差：17.56

計算甜甜圈的「變異數」與「標準差」

左頁圖為A店的甜甜圈，右頁圖為B店的甜甜圈。A、B兩店甜甜圈的平均重量都是100公克，但是重量的差異度很明顯地不同。將差異度量化就是「變異數」與「標準差」。要求出變異數，首先要計算每個甜甜圈重量的偏差（與平均值的差距）。以A店來說，左上的甜甜圈為127公克，所以跟平均值（100公克）相差「+27公克」。

求出所有甜甜圈的偏差，並取其平方後的平均值就是變異數。而且，變異數開平方就是標準差。

純地將所有偏差相加就會變成零了，但此非有意義的指標。因此，將偏差平方後再取其平均，就能夠得到顯示其差異程度的指標。這就是「變異數」（variance）。

計算變異數之後，得到A店為308.5，B店為3.8，可知A店的差異度比較大。在了解工廠產品所產生之差異度與國民所得的差距時，變異數都非常有用。

「標準差」也是差異度的指標

要表示差異度的指標，除了變異數之外，還有「標準差」（standard deviation），即變異數的平方根（使用計算機的平方根按鈕求得）。

因為A店的變異數為308.5，所以開平方後的標準差為$\sqrt{308.5} \fallingdotseq 17.56$。這表示A店約有7成的甜甜圈落在100±17.56公克的範圍內，剩下3成左右落在範圍外的意思。而B店的變異數為3.8，所以開平方後的標準差為1.96。顯示出B店約7成甜甜圈是落在100±1.96公克的狹窄範圍內。

這樣看來，標準差算是比變異數更好用的差異度指標。

B店的甜甜圈
平均：100公克
變異數：3.8
標準差：1.96

變異數的公式

$$\text{變異數} = \frac{\text{數據}_1\text{的偏差}^2 + \text{數據}_2\text{的偏差}^2 + \cdots + \text{最後數據的偏差}^2}{\text{數據的個數}}$$

標準差的公式

$$\text{標準差} = \sqrt{\text{變異數}}$$

偏差值

「偏差值200」理論上是有可能的

伴隨考試出現的就是「偏差值」(deviation value)，此乃利用前頁所學的標準差計算出來的數值。標準差是顯示整體數據（例如眾多考生的分數）的差異度指標。而偏差值是表示在差異度中，某人分數多於或少於平均多少。

且讓我們來實際計算一下偏差值。有100人參加考試，他們的分數如下方左圖所示。平均分數為59.0分，變異數（考得分數與平均分數的差距平方後再平均）約為292.5，其平方根為標準差17.1。

計算偏差值時，先將平均值定為50。接著，每高於（或低於）平均分數一個標準差就乘

若只有一人考得 100 分。其偏差值為多少？

100人參加考試A（左）跟考試B（右）的結果，以及顯示其偏差值分布的長條示意圖。考試B的平均點極端低，考得100分者的偏差值約為148。

49	26	58	39	50	57	71	33	31	55
81	57	80	64	70	59	49	59	54	51
62	61	42	95	55	61	65	37	26	37
61	92	68	64	57	87	60	51	34	49
50	67	40	21	71	90	52	78	46	60
51	41	70	76	69	63	25	74	66	78
75	75	29	71	46	58	78	31	82	55
58	74	55	77	60	65	39	69	62	53
89	68	80	41	78	84	70	43	66	100
59	45	20	59	44	65	49	74	62	47

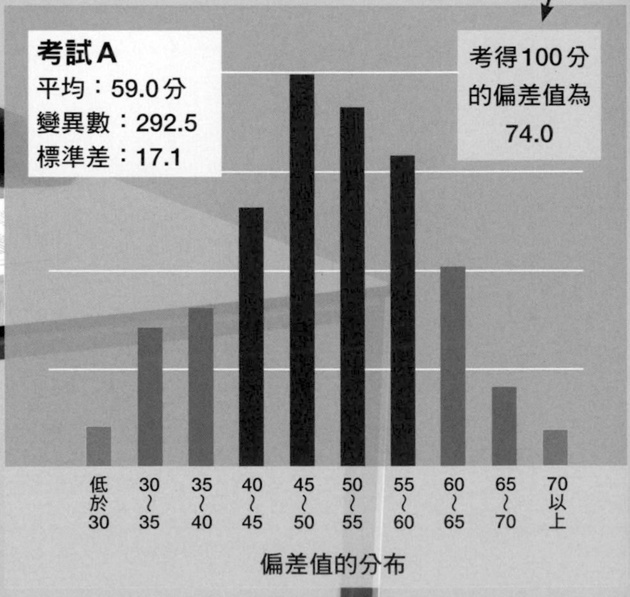

以10。這次考得100分的人，較平均分數59分高出41分，相當於標準差（17.1）的2.4倍左右，所以10×2.4=24，再加上50就是偏差值74。

落在平均點附近約有7成，偏差值不出40～60之間。偏差值70以上的表示位於整體的前2.3%內。

極端情況下，偏差值甚至超過100

某分數極端大於平均點時，有時候偏差值會超過100。如下案例，假設有100人參加考試，平均分數為6.41分，只有一個人拿到100分時，那個人的偏差值就會變成147.8。若在這樣極端的情況下，200也好，1000也好，偏差值不管多大都有可能。

只是，已知一般考試的分數分布會依循下一頁的「常態分布」（normal distribution）。因此，現實中偏差值幾乎不會超過80。

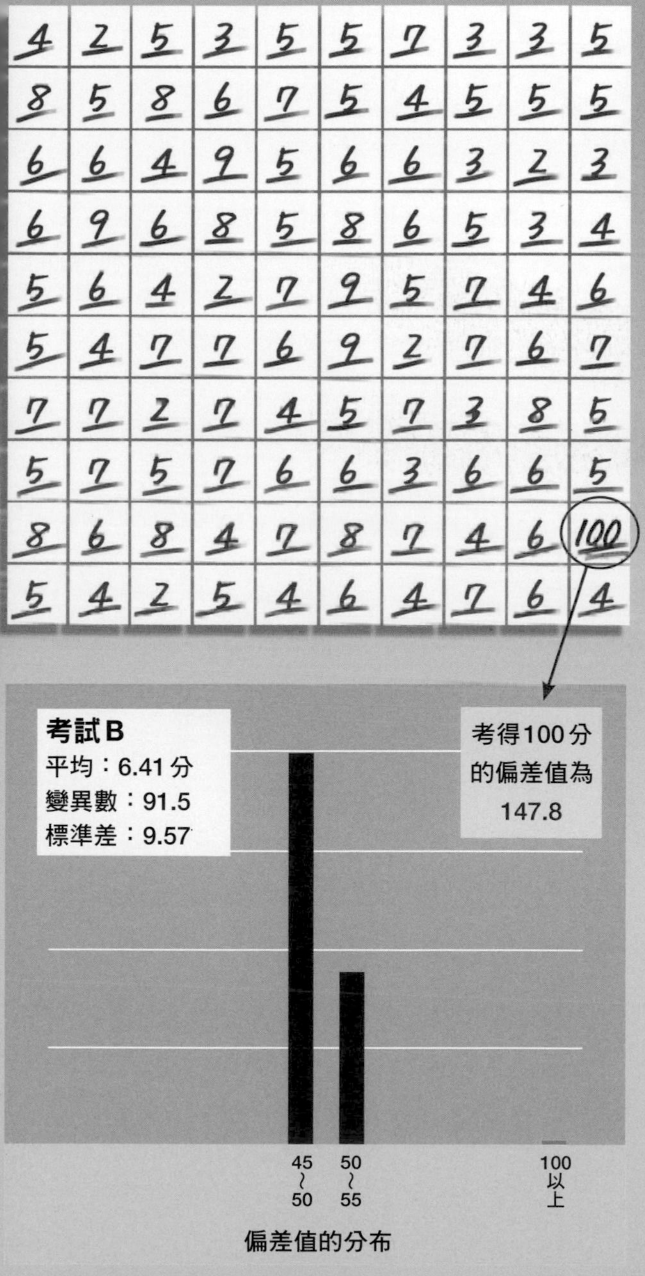

偏差值的公式

$$偏差值 = 50 + 10 \times \frac{分數 - 平均}{標準差}$$

偏差值的分布

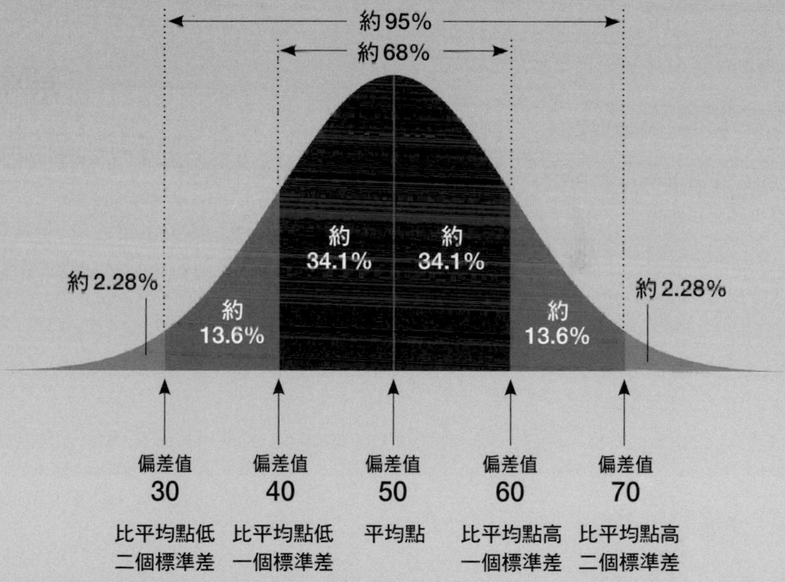

分數為「常態分布」時的偏差值分布圖如上（常態分布則請見下頁說明）。偏差值40到60的範圍約占整體的68%。偏差值30到70的範圍約占整體的95%。

何謂統計中最重要且最「普遍」的「常態分布」?

「常態分布」在統計中是非常重要的學問。為了解何謂常態分布，讓我們藉以下測驗來引導思路。

在滿分為100分的是非題考試中，以旋轉鉛筆來決定所有考題的答案。答○的機率為50%，答×的機率也為50%。如果只有1道考題的話，考得0分的機率為50%，考得100分的機率也是50%。

試想，一旦考題數增加，情況將會如何變化呢？當考題增加為2道時，考得0分的機率為25%，考得50分的機率為50%，考得100分的機率為25%。當考題數增加為10道時，各分數的機率顯示如下

常態分布的「製作方法」

是非題考試（滿分100分）中，答題隨意寫○或×，當考題數為2道或10道時，所能拿到的分數與機率顯示如下長條圖。考題數愈多，圖形就愈像平緩的山峰狀，會逐漸接近右頁所示之「常態分布」圖形。

2道考題

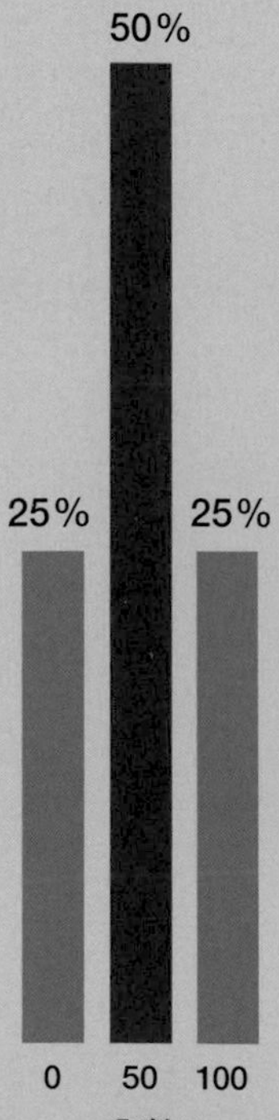

10道考題

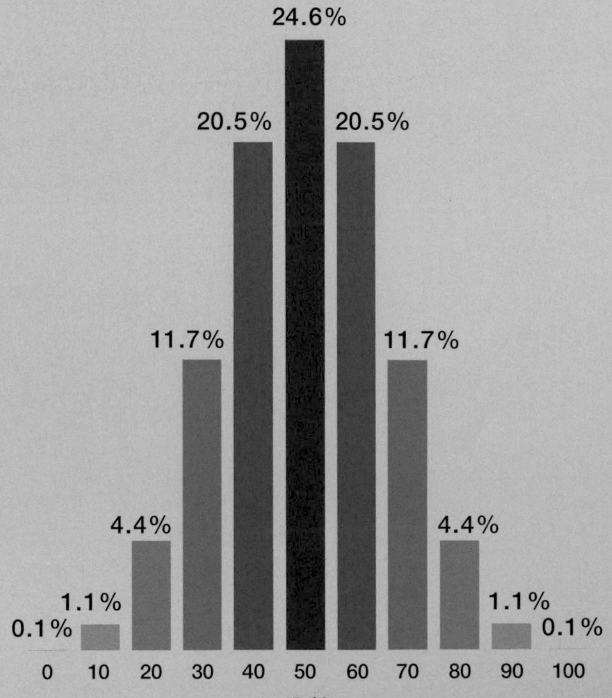

考題數更多時……

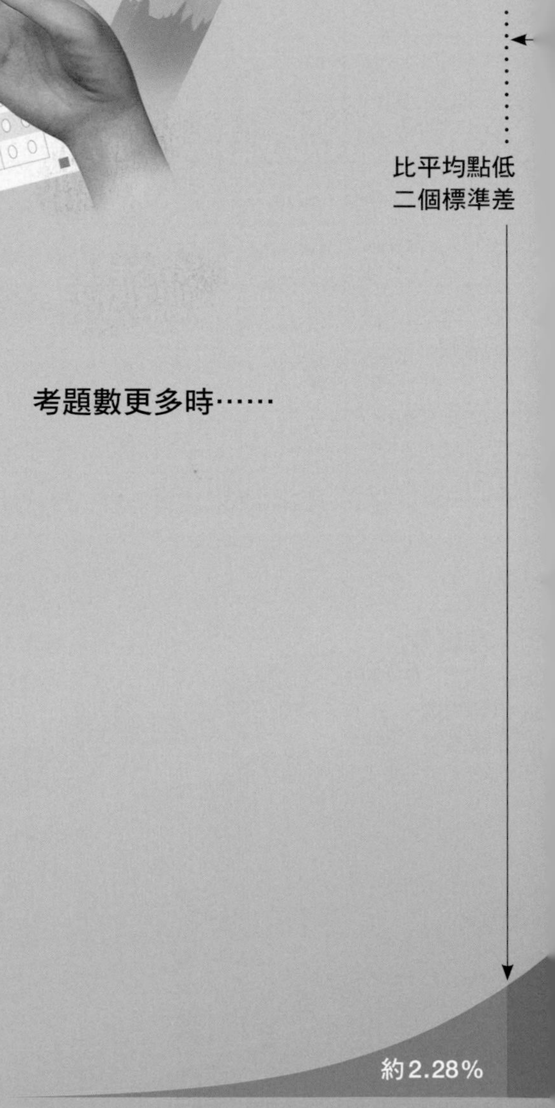

圖，呈現類似山峰的形狀。當考題數不斷增加，發現會更接近右頁所示的山峰狀曲線。這個現象稱為「常態分布」。由於它的形狀很像吊鐘（bell），所以常態分布所呈現的曲線有時也稱為「鐘形曲線」（bell-shaped curve）。常態分布的「常態」，指的不是「正確分布」，而是「最普遍」的意思。

凱特勒注意到常態分布的重要性

如前頁所述，考試的分數通常都依循常態分布。自然界和社會運作，有許多種數據也會呈現常態分布。比利時數學家暨天文學家凱特勒（Adolphe Quéelet，1796～1874）就調查了人體身高或胸圍等數值，並首度將之依循常態分布發表於世，因此被稱為近代統計學之父。

第73頁和第75頁中提到，整體的7成左右（約68%）會落在「平均值±標準差」的範圍內，其實正確來說，只有假設它是在常態分布的情況之下才會成立。

常態分布

常態分布的曲線形狀由標準差的值所決定。標準差小，圖形就會呈現較為陡峭的山峰狀，標準差愈大的話，就愈會形成較平緩的山峰狀。另外，平均為0、標準差為1的常態分布情形，特別稱為「標準常態分布」（standard normal distribution）。

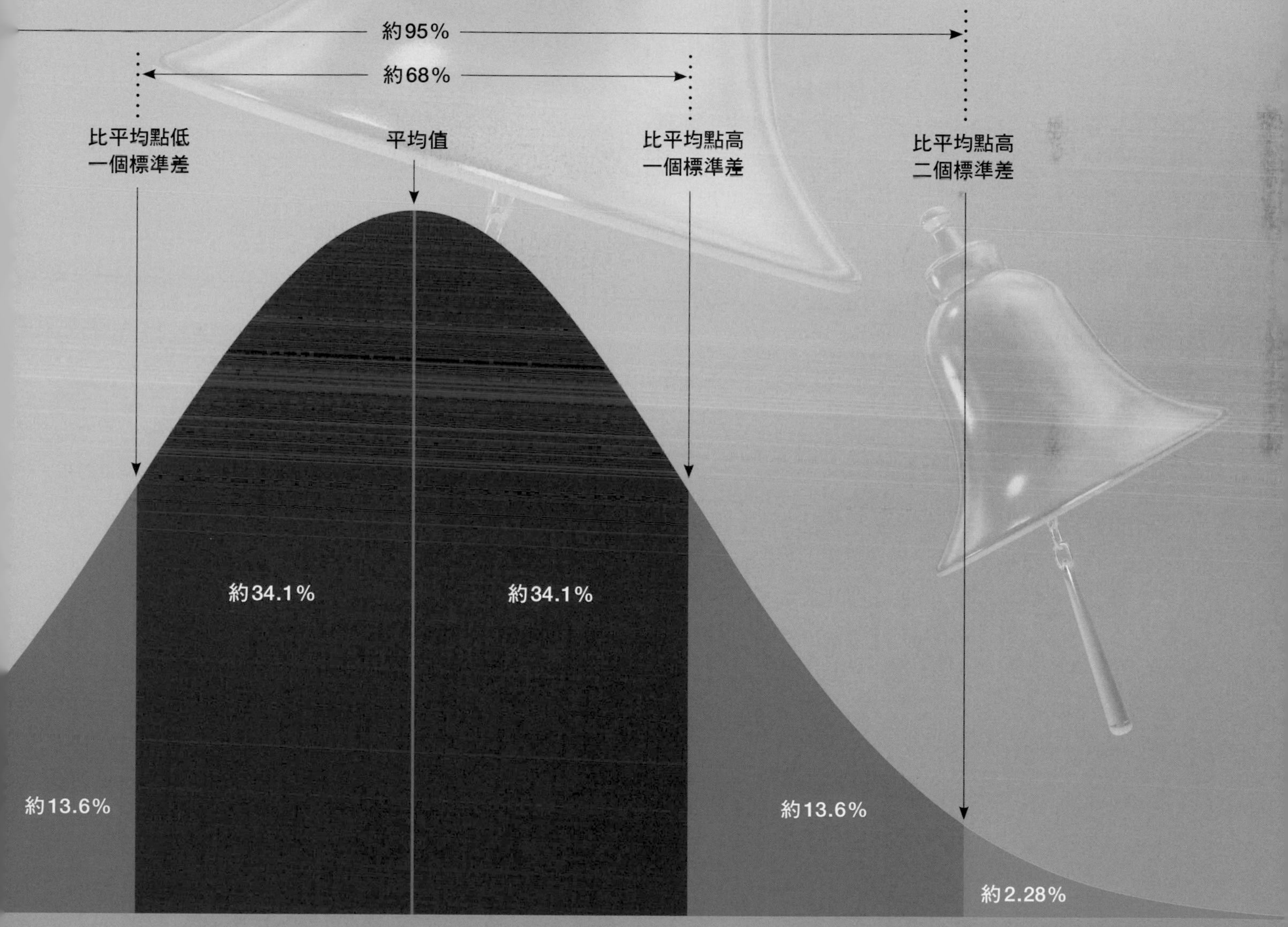

樣本調查

想要檢測不良品的比例，必須採幾個樣本數才夠？

假如您是罐頭工廠的廠長，工廠老闆要求調查庫存罐頭的品質，並檢出不符標準的劣品比例向他報告。

要完全沒有誤差地檢出這個比例的唯一方法，就是把所有倉庫中的罐頭打開做普查（census）。但若是這樣做，就完全沒有商品可賣了。於是老闆說：「只要檢視最小限度的個數即可。」那麼，到底應該要打開幾個罐頭呢？

從整體（母群體，population）抽取部分樣品（樣本）來調查就稱為「樣本調查」（sample survey）。但這絕不是要調查整體，事實上也只是調查一部分的樣本而已，所以再怎麼小心取樣，都一定會產生誤差。

樣本調查所要抽取的樣本量稱為「樣本大小」（sample size）。而且，樣本大小的規模愈大（愈接近普查），誤差就愈趨近於零。因此，若已決定「可容許誤差的程度」，就能決定樣本的大小。右頁下方的方框有說明具體的計算方法。

誤差訂在10分之1的話？

然後，你向老闆呈報調查結果，不料老闆卻說：「誤差太大了！樣本的誤差要訂在10分之1。」

其實，這不是件容易的事。因為誤差跟樣本大小的平方根成反比，如果想把誤差訂在10分之1，樣本大小就必須要擴大100倍。實際上，公司會考慮所耗費的調查成本等因素，來設定現實中的樣本大小。

何謂樣本調查

從工廠生產的部分罐頭採樣劣品比例的示意圖。就像罐頭的品質檢測般，受檢罐頭會失去商品的價值（破壞性檢查），而在母群體數量極大的情況下，普查難以施行時，也比較適合樣本調查。

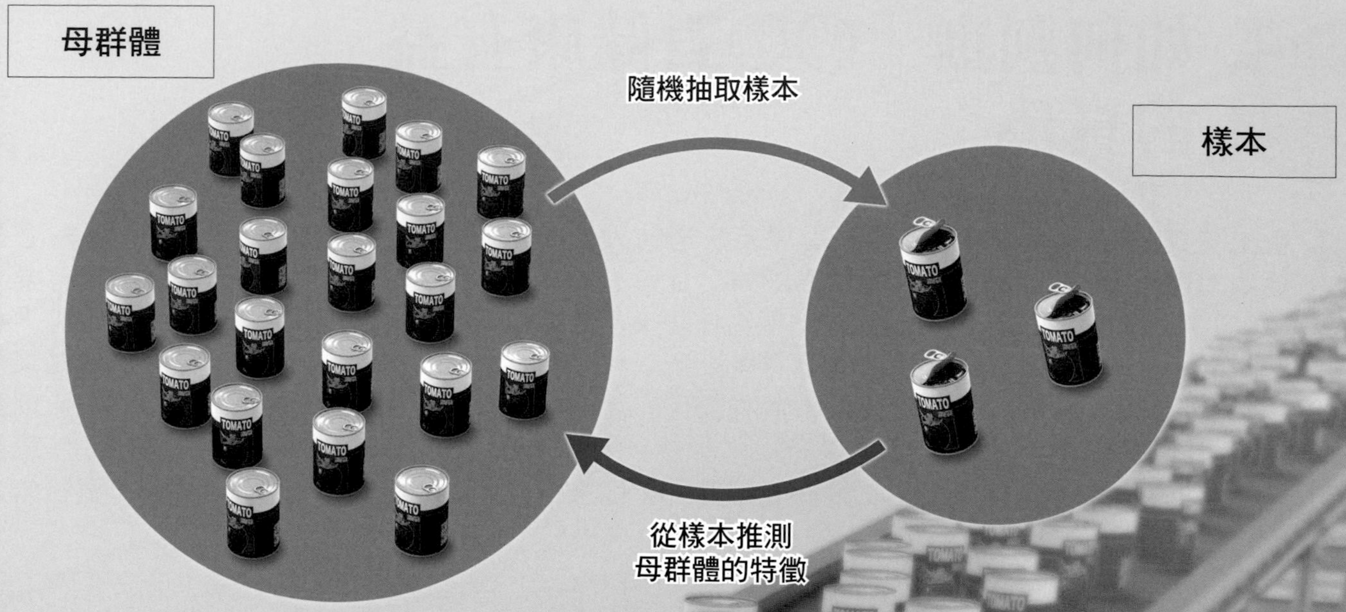

樣本大小的決定方法

由於抽取樣本可能會產生偏誤，所以樣本調查必伴隨著誤差。這個誤差稱為「抽樣誤差」（sampling error）。透過樣本調查得到的「罐頭樣本中的劣品比例」設為 p 時，推測母群體的比例（全部罐頭的劣品比例）會在 p ± 抽樣誤差的範圍內。

假設能容許的樣本誤差為2%，就讓我們來算看看樣本大小應該需要多少。p 為未知數，若有上次的調查結果可參照，就取一樣的 p 值，但假如沒有前例可循，就設為0.5。假設上次的調查結果為5%，p =0.05，則所需的樣本大小之計算方法如下。

$$\text{樣本大小} = \left(\frac{1.96 \times \sqrt{0.05 \times (1-0.05)}}{0.02} \right)^2 = 456.19$$

這樣就知道打開456個罐頭即可。

樣本大小的必須數量公式

$$\text{樣本大小} = \left(\frac{1.96 \times \sqrt{p(1-p)}}{\text{抽樣誤差}} \right)^2$$

此為信賴度（confidence）95%的情況。信賴度是指樣本調查正確反映出母群體特徵的機率。

如何判斷「○○對健康有益」的真偽

社會上充斥許多號稱「對健康有益」的食品和運動方法等訊息。要如何分辨何者才真正有意義，是訊息接收者所要具備的能力。這時，就是統計學該登場的時候了。

以下述假想的調查結果為例。「每天快走的人，BMI平均值為24.1。比沒有每天快走的人，平均值少2。因為平均值明顯有差，所以快走具有降低BMI的效果。」這個說法正確嗎？

請詳見下圖。2個族群的平均值雖然有差異，但未必是「統計上的顯著差異」。要判斷是否有意義就要用到「檢定」(test)。若檢定的結果滿足所訂定的標準，就可以說「此差異在統計上是有意義的」(有顯著差異)。要檢定二

統計上這個差異顯著嗎？

假設每天習慣快走的22人，跟沒有每天快走的26人，BMI值皆如圖所示。要判斷二個族群的平均值差異，在統計上是否有意義（有顯著差異）的方法就是採用 t 檢定。t 檢定的具體計算方法如右頁的方框所示。這個假想的例子可以得到一個結論，就是平均值的差異「在統計上不算是有意義的差異」。

族群①每天快走
BMI的平均值：24.1
變異數：15.71
人數：22人

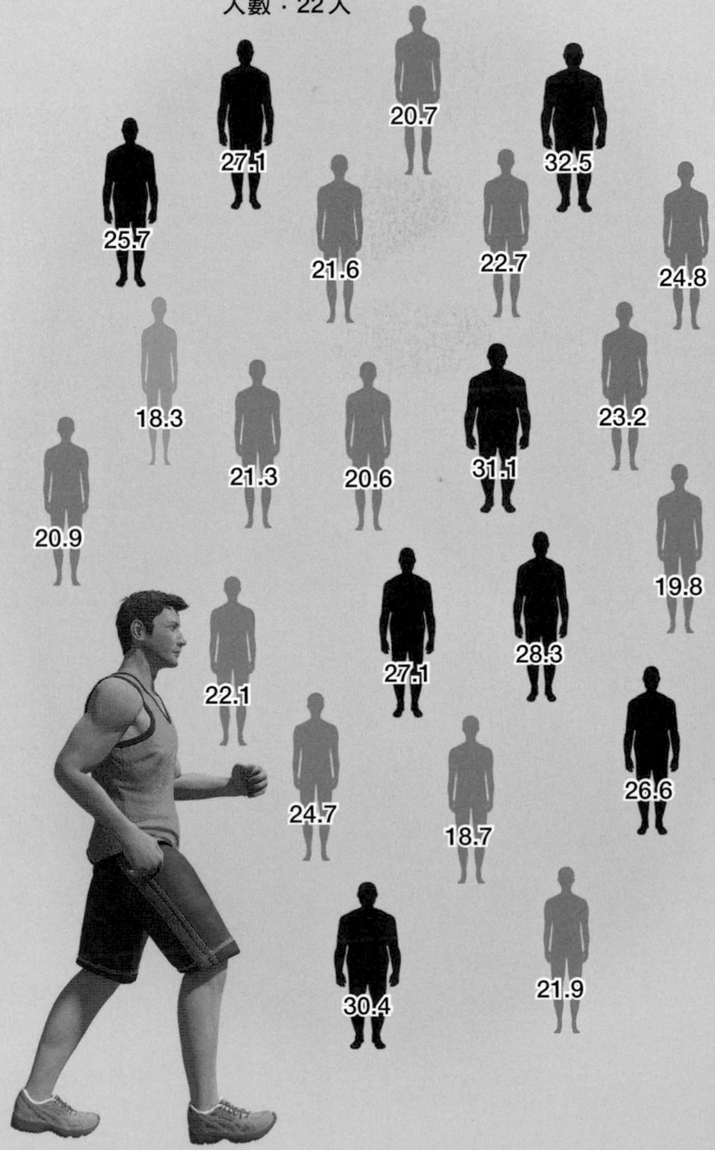

BMI：數值愈大代表愈肥胖的指標。體重（公斤）除以身高（公尺）平方所得到的數值。

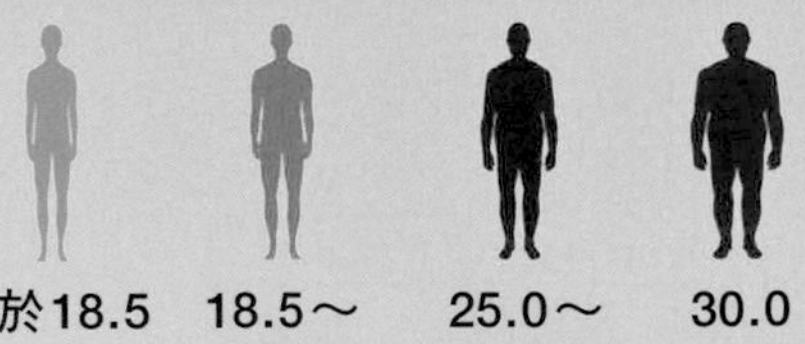

個族群的平均值差異有無顯著性（significance）時，經常會利用名為「t 檢定」的方法來檢查。

源自健力士啤酒的 t 檢定

t 檢定在科學研究跟社會調查等方面是最常用的普遍檢定方法。t 檢定中有一種名為「學生 t 檢定」(student's t-test）的方法。student是戈塞（William Gosset，1876～1937）發表 t 檢定相關論文時所用的筆名，他原是健力士公司的技師。

戈塞在研究啤酒原料與品質的關係當中，發明了 t 檢定的方法。但是，考慮到自己身為健力士公司員工的立場，所以決定使用筆名來發表。

當時，數據的數量少於50筆，所以問題在於很難看出數據的分布是否為常態分布。而戈塞所發明的 t 檢定，正好可以用在這種小族群上。t 檢定在現實社會中已成為解決問題的原動力，並且可說是統計學正逐步推進的優良案例。

族群②沒有每天快走
BMI的平均值：26.1
變異數：18.94
人數：24人

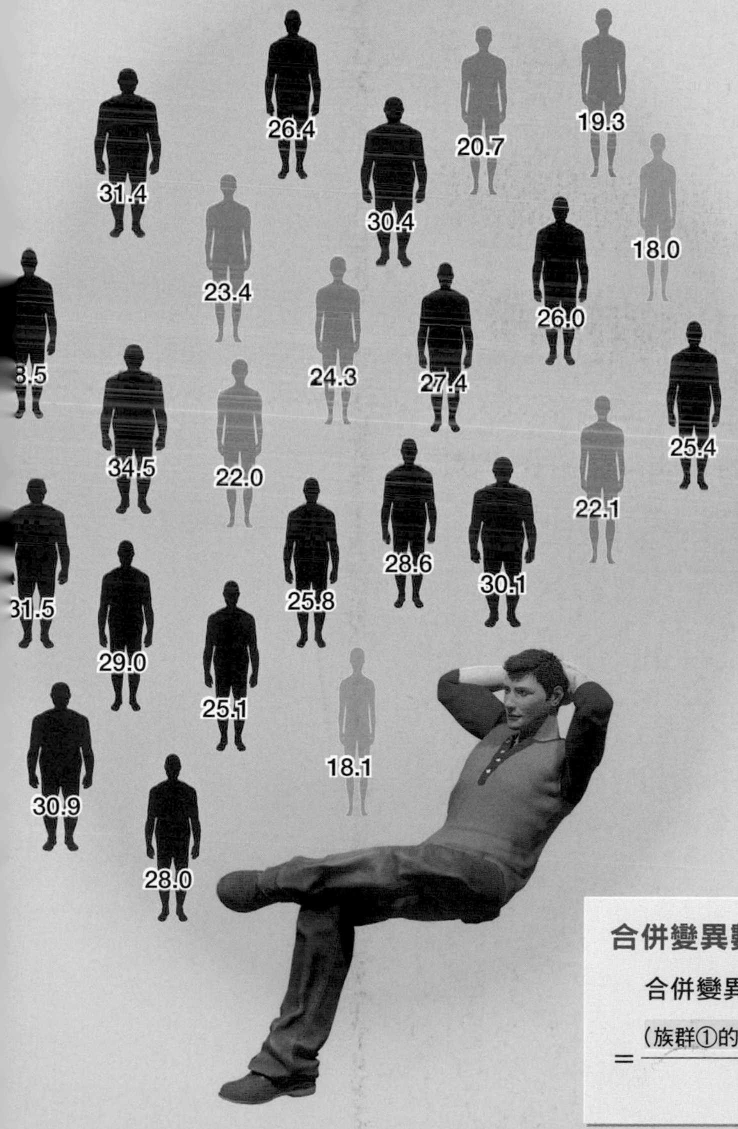

t 檢定

$$t=\frac{\text{族群①的平均值}-\text{族群②的平均值}}{\sqrt{\left(\frac{1}{\text{族群①的人數}}+\frac{1}{\text{族群②的人數}}\right)\times\text{合併變異數}}}$$

如果 t「小於-2」或「大於$+2$」，可以說平均值的差在統計上有顯著差異。

t 檢定的作法

首先，要先綜合二個族群的變異數，求出「合併變異數」（pooled variance）。這是來自二個族群的人數與變異數，以下列公式求出。

利用已求出的合併變異數來求 t 值。利用左方所示的數據，來實際計算合併變異數，就會得到，

$$\text{合併變異數}=\frac{(22-1)\times15.71+(24-1)\times18.94}{22+24-2}$$
$$\fallingdotseq 17.40$$

再利用這個合併變異數求出 t 值，

$$t=\frac{24.1-26.1}{\sqrt{\left(\frac{1}{22}+\frac{1}{24}\right)\times17.40}}$$
$$\fallingdotseq -1.62$$

求出的 t 值不在-2到$+2$的範圍內，所以統計上沒有顯著差異。因此，t 檢定結果得到的結論是「這個平均值的差異，在統計上不算有意義的差異」（沒有顯著差異）。

合併變異數的公式

合併變異數

$$=\frac{(\text{族群①的人數}-1)\times\text{族群①的變異數}+(\text{族群②的人數}-1)\times\text{族群②的變異數}}{\text{族群①的人數}+\text{族群②的人數}-2}$$

巧克力吃愈多的國家，會得到愈多諾貝爾獎？

研究數據之間有無「相關」（correlation）（相互關係）是統計學基本中的基本。

一般認為某年級的學生，身高愈高，體重也有增加的趨勢。類似這樣同時檢視二個量值，當一方的量值會隨著另一方逐漸增加時，我們會說這二個量值之間有所謂的「正相關」（positive correlation）。相反地，當一方的量值增加但另一方卻逐漸減少時，會說二者之間有「負相關」（negative correlation），若看不出明顯的關係趨勢，則會說二者「沒有相關」。

例如「卡路里的攝取與BMI」，若是想要了解這二個量值之間有無關係時，就要求出所

引用自：F. H. Messerli（2012）Chocolate Consumption, Cognitive Function, and Nobel Laureates. *N Engl J Med*

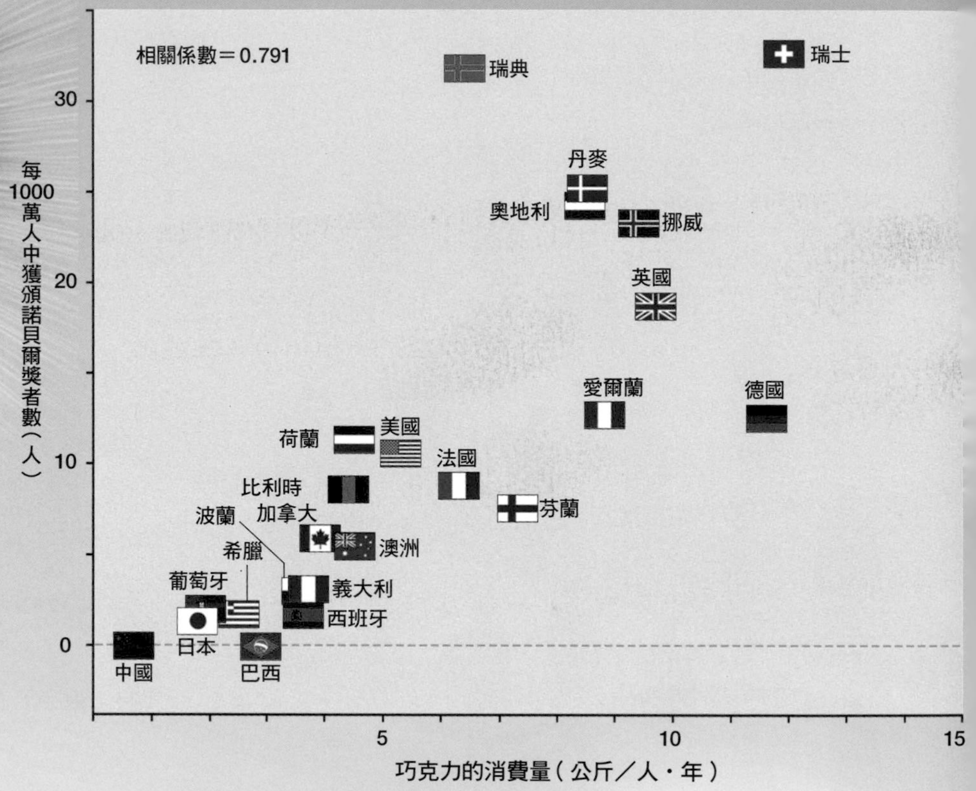

巧克力消費量與諾貝爾獎的關係

美國哥倫比亞大學的學者於2012年分析各國巧克力的消費量與與諾貝爾獎得獎者人數的關係，如上圖。乍看之下有往右上方提升的趨勢，相關係數也高達0.791，所以兩者看起來呈現正相關。但是，不能只看這個結果就判斷兩者存在因果關係。譬如，有第三個因素為「國家富裕度」，而且它可能會提高「巧克力等零食的消費」與「教育跟研究的經費與品質」這兩方因素的可能性，必須進一步探討才適當。

謂「相關係數」（correlation coefficient）的指標。相關係數的值會在 1 到－1之間。已知相關係數愈接近 1 表示有很強的正相關，愈接近－1表示有很強的負相關。愈接近 0 時則判斷為沒有相關。

要小心相關的「陷阱」！

即使「刨冰的營業額」與「溺水意外事件數」之間呈正相關，也不能妄下「刨冰造成溺水意外」的錯誤結論。雖說相關，但不見得有因果關係。在這種情況之下，應該要加入第三種因素一起考量，譬如以「溫度」和「刨冰的營業額」，以及「溺水意外事件數」這三者來探討相關的可能性。

2012年頗具權威的醫學雜誌刊登了一個研究結果，題為「國民的巧克力消費量與諾貝爾獎的得獎人數呈現正相關」，掀起了一陣熱議（如左頁的分布圖）。看到這個結果，可能會聯想到是不是巧克力所含的成分會使頭腦變聰明。但是，也可能是因為「愈富裕的國家才吃得起巧克力，而且教育水準也較高」，所以一定要小心。

何謂相關係數？

下圖為二個量值，包括小學生身高（x 公分）與體重（y 公斤）的 9 個數據分布圖。分別求出所有數據的 x 與 y 之偏差（跟平均的差），再從偏差求得相關係數為0.77。右圖分別為正相關、負相關、沒有相關的範例。

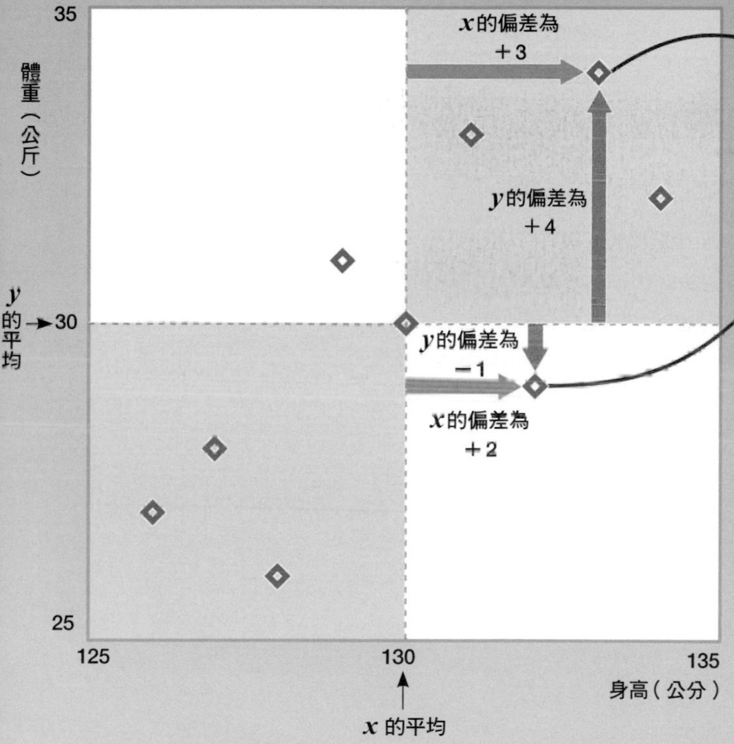

數據$_1$：$x=133$，$y=34$
x 的偏差為 133－130＝＋3
y 的偏差為 34－30＝＋4
兩者乘積為（＋3）×（＋4）＝12

數據$_2$：$x=132$，$y=29$
x 的偏差為 132－130＝＋2
y 的偏差為 29－30＝－1
兩者乘積為（＋2）×（－1）＝－2

⋮

求出所有數據的「x 偏差與 y 偏差的乘積」，取其平均即為「共變異數」（covariance）。左方數據顯示共變異數為5.1。將5.1除以 x 標準差2.58與 y 標準差2.58的乘積，所得到的0.77即為相關係數。

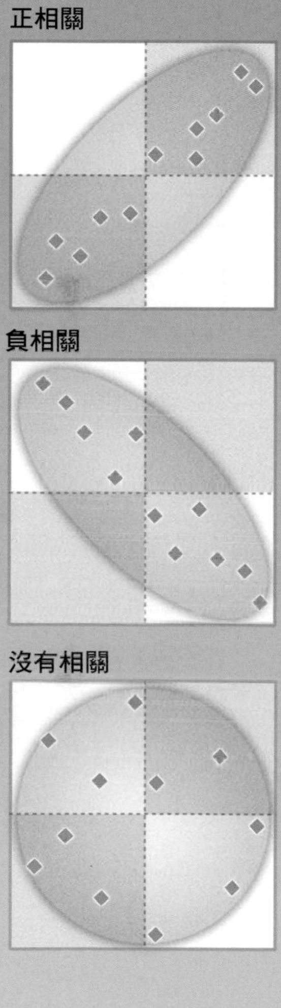

共變異數公式

共變異數＝（ 數據$_1$的 x 偏差 × 數據$_1$的 y 偏差
＋數據$_2$的 x 偏差 × 數據$_2$的 y 偏差
⋮
＋數據$_n$的 x 偏差 × 數據$_n$的 y 偏差 ）× $\frac{1}{n}$

相關係數公式

$$\text{相關係數} = \frac{\text{共變異數}}{x\ \text{標準差} \times y\ \text{標準差}}$$

辛普森悖論

男女上榜率有差異的大學。但各系分開來看有差別嗎？

假設有一所大學由理學與醫學二個學系組成。某年的招生考試顯示，男生的上榜率為53.6%，而女生的上榜率為43.0%，少於男生10%以上。這份資料似乎會引起「女生比較難考上」的聲浪。

然而神奇的是，若將每個學系的上榜率分開來看，會得到完全相反的結論。不論理學系或醫學系，女生的上榜率都高於男生。（詳見右頁下方之示意圖）。

這就是所謂「辛普森悖論」（Simpson's paradox）的現象。是英國統計學家辛普森（Edward Simpson，1922～）於1951年所提出的案例，他指出有時候實驗的結論會因關注整體或關注局部而異。

此處所說的是假想的招生考

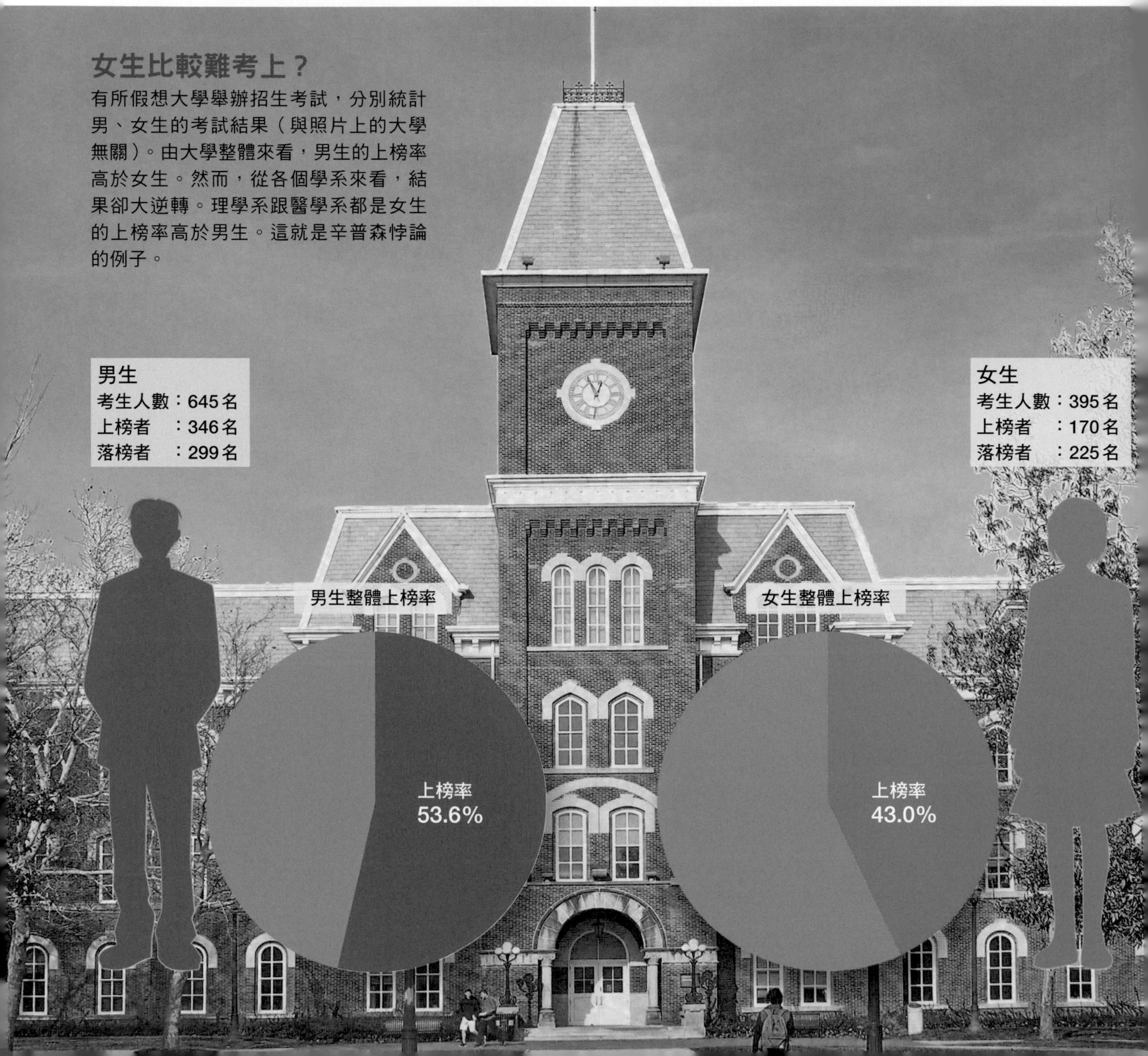

女生比較難考上？

有所假想大學舉辦招生考試，分別統計男、女生的考試結果（與照片上的大學無關）。由大學整體來看，男生的上榜率高於女生。然而，從各個學系來看，結果卻大逆轉。理學系跟醫學系都是女生的上榜率高於男生。這就是辛普森悖論的例子。

試，但其實美國加州大學柏克萊分校曾發生過一件事，似乎可算是這個悖論的實例。1973 年的研究所考試中，女生的上榜率比男生少了 9 個百分點。然而，調查每個學系時，赫然發現 6 個學系中竟有 4 個學系的女生上榜率高於男生。

如何防範統計的誤區？

這個悖論談的是只看整體或只看局部都會導致不嚴謹的錯誤結論。不論是用別的優良檢定，或是亂用辛普森悖論，只強調整體或局部的數據，都會得到先入為主的結論。

例如，有人說「明明高、低兩個所得階層的平均年收入都在增加，但整體來說平均年收入卻在減少」時，從各階層的資料來看是「景氣上升」，但從整體資料來看是「景氣下跌」，會形成完全相反的見法。為了防範統計的誤區，時刻都得牢記著辛普森悖論。

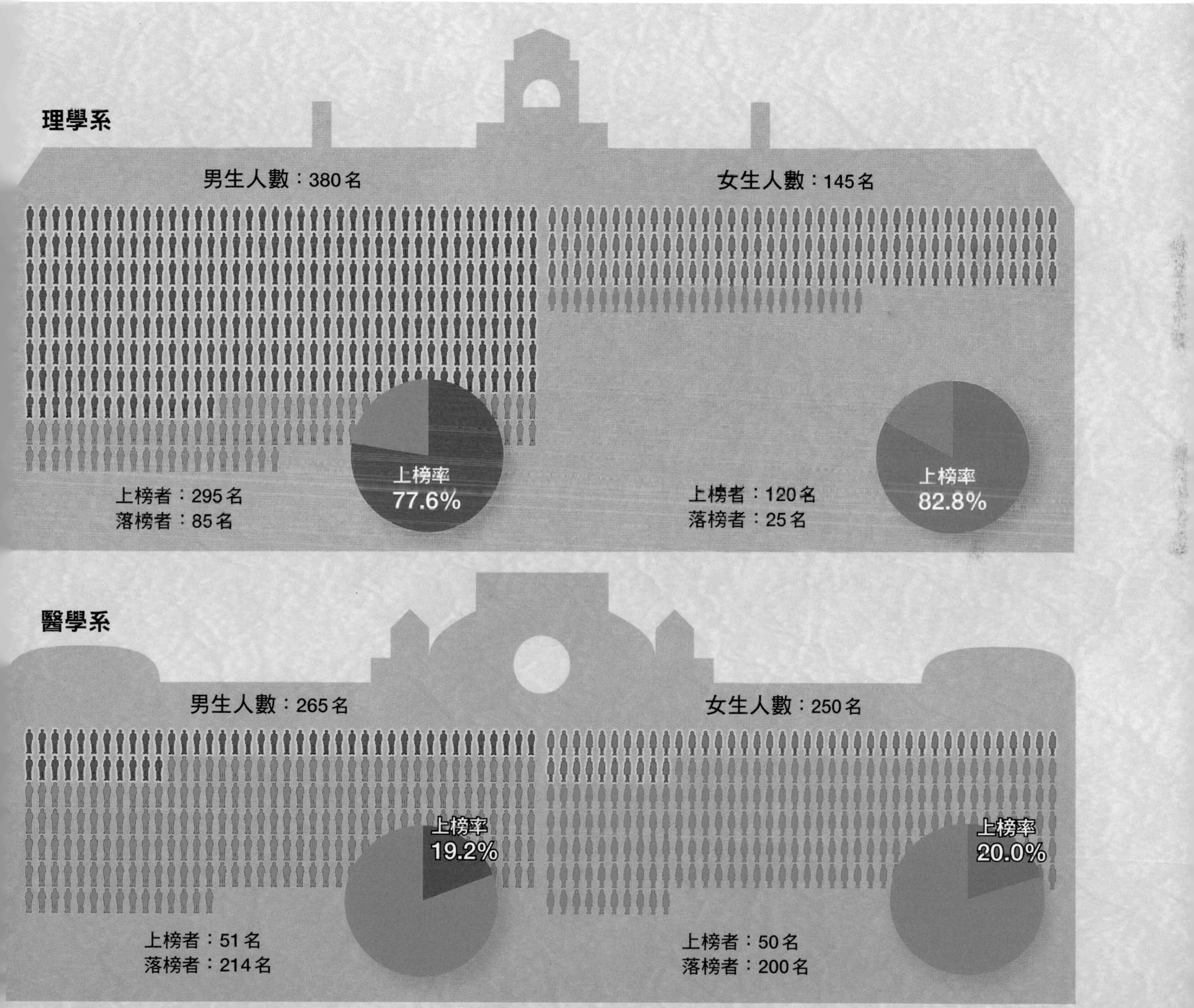

班佛定律

識破不法行為！要注意「排頭的第一個數字」

本章最後要帶讀者認識藏在統計資料中非常有意思的「班佛定律」（Benford's law）。

世界各國領土面積數值的「第一個數字」，從1到9排序的結果如右頁圖①所示。例如日本領土面積約為38萬平方公里，所以會是3。我們臺澎金馬及附屬島嶼面積總共大約3萬6千多平方公里，故也是3。檢視大約200個國家後，發現1占28.6%為最多，接著是2，再來是3。225家公司股票的日經平均股價，調查結果如圖②所示，結果最多的也是1。調查出現在報紙上的數字並統計如圖③所示，1為最多，這些統計圖的趨勢皆相同。

大家會覺得來自各方數值的「第一個數字」，1到9不論哪個數字出現的頻率似乎都一樣。但是，許多統計資料顯示，1出現最多，8和9為第一個數字的機率較小。

有助於識破會計與選舉的不法行為

美國物理學家班佛（Frank Benford，1883～1948）著力於研究河川流域面積、物理常數，以及報紙新聞中出現的數字，檢視實達2萬個樣本後，發表了這個定律。因此，這個神奇的定律就稱為「班佛定律」。

這個定律不只是有趣而已，對現實社會也很有幫助。因為在檢查公司的會計和選舉結果時，其值有無遵循這個定律就會成為有無不法行為的推測指標。

並非所有數值都遵循班佛定律。像電話號碼與樂透等已決定好位數的值就不適用這個定律，這點必須要留意。

何謂班佛定律？

右頁圖①～③是統計生活上的各種數值，並將其頭位數字（1～9）的出現頻率繪成長條圖。不論哪張圖，看起來最多的都是1，接著是2、3……有隨著數字變大，出現頻率漸減的趨勢（班佛定律）。

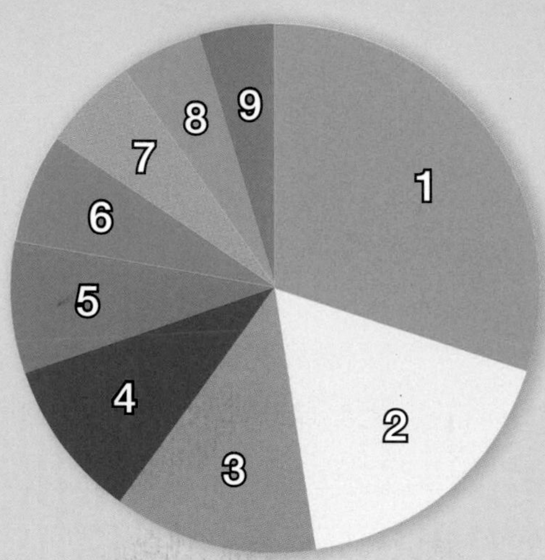

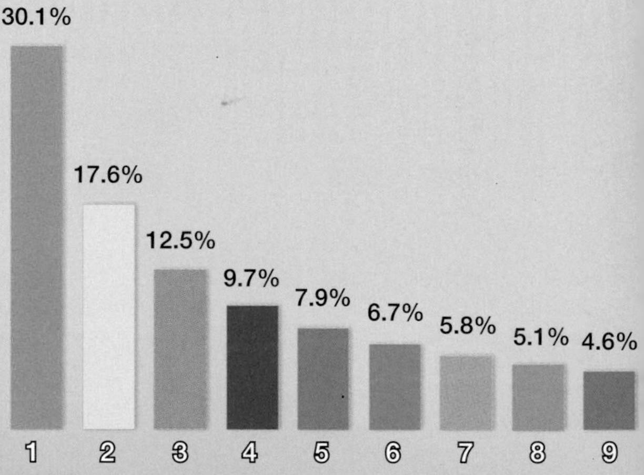

詳細的解釋在此省略，不過班佛定律與數學的重要概念「對數」（logarithm）有很密切的關係。對數所顯示的是次方數，常使用log符號代替，舉例來說，譬如「2的幾次方會等於16」，即寫作$\log_2 16=4$。上方的長條圖，是從1到9的數中抽出開頭為n的值，並將n值的出現機率$\log_{10}\left(\frac{n+1}{n}\right)$以%表示的結果。見右頁圖①～③，會發現每個長條圖都很相似。上圖是將長條圖改以圓餅圖來呈現。

①領土面積

約200個國家領土面積（平方公里）的調查結果（由日本牛頓編輯部調查）。

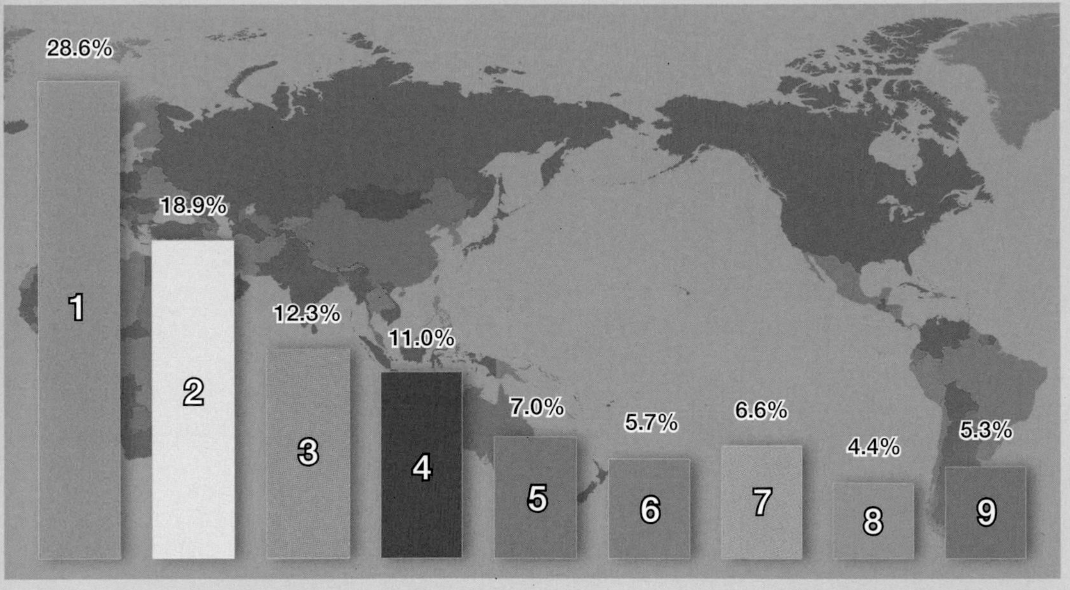

②股價

2019年1月某日某刻，日本225家公司股票的日經平均股價（日圓）調查結果（由日本牛頓編輯部調查）。

③出現在報紙上的數字

班佛親自檢視出現於報紙上的100個數字所計算的結果。

重點總整理！

平均值

有 n 個數據（x_1～x_n），將它們相加總和除以 n 所得到的值稱為「平均值」（也稱作算術平均數）。將收集來的資料特徵以一個值當代表時，該值稱為「代表值」。平均值是統計上最常使用的代表值。

$$\text{平均值} = \frac{x_1 + x_2 + \cdots + x_n}{n}$$

變異數與標準差

有 n 個數據（x_1～x_n），將每個數據的偏差（與平均值的差值）平方和，再除以 n 所得的值稱為「變異數」。變異數是代表數據分布情形的代表值。統計學上經常使用希臘文字 σ（sigma）符號的平方，即 σ^2 來代表變異數。

$$\text{變異數}\,\sigma^2 = \frac{x_1\text{的偏差}^2 + x_2\text{的偏差}^2 + \cdots + x_n\text{的偏差}^2}{n}$$

此外，變異數 σ^2 的正平方根 σ，稱為「標準差」。標準差也經常作為數據分布情形的代表值來使用。

$$\text{標準差}\,\sigma = \sqrt{\text{變異數}\,\sigma^2}$$

常態分布

彈珠會從上方落下的裝置如右圖。每次彈珠撞到針腳時，會往針腳的右邊或左邊落下。假設往左的機率為50%，往右的機率為50%，則彈珠每撞擊一次針腳就會擇右或左落下。假設有大量的彈珠落於這個裝置底部，其累積狀態會以底部中央為中心點形成山峰形狀，如右圖所示。

當針腳與彈珠的數量不斷增加時，最後會形成平緩的山峰型（鐘形）曲線，這就是「常態分布」。已知自然界和生活上所見的數據，大多會照此分布，所以常態分布是統計學最重要的一項基礎。

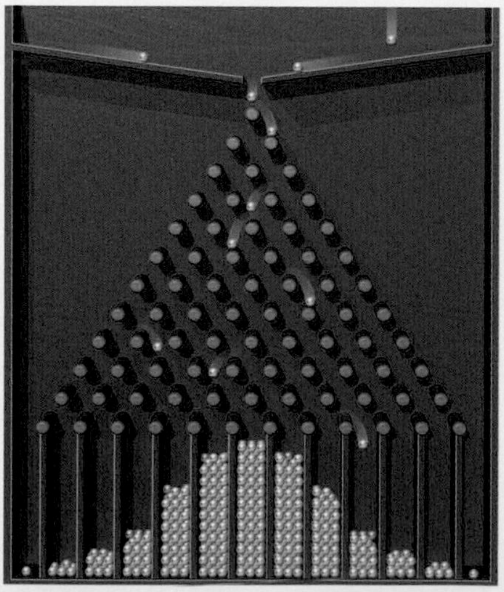

＊：就像彈珠台「往右或不往右落（亦即往左落）」，或是擲骰時「會出現 1 點或不會出現」等例子，反覆操作幾次某機率下，事件A會不會發生，並將事件A的發生次數以機率表示時，其分布稱為「二項分布」（binomial distribution）。最初發現常態分布的是法國數學家棣美弗（Abraham de Moivre，1667～1754），他從二項分布的研究中發現了常態分布。而且，除了棣美弗外，還有其他著名的數學家也一直在研究常態分布。最具代表性的人物就是高斯（Carl Friedrich Gauss，1777～1855）。高斯注意到觀測的誤差會形成常態分布，因此他成功地計算出更精確的矮行星（dwarf planet）軌道。

樣本調查與統計估計

將局部的數據隨機抽出來調查整體（母群體）的特徵就稱為「樣本調查」。抽出來的數據稱為「樣本」（樣品），隨機抽出樣本稱為「隨機抽樣」（random sampling）。樣本的數量稱為「樣本大小」。

從樣本的分析找出母群體的特徵稱為「統計估計」（statistical estimation）。樣本調查認為，「樣本誤差」與樣本大小的平方根成反比，只有誤差範圍會保留並再透過統計估計，來標示可信賴的範圍。

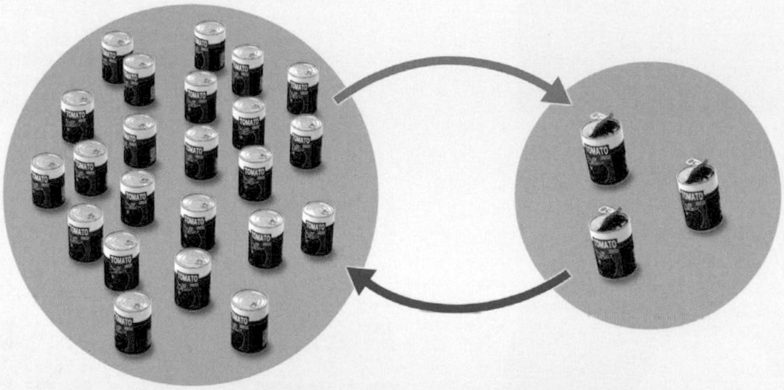

檢定

二個族群的數據（例如，二個班級的考試平均點、投予新藥之族群和沒有投予之族群的療效等）有差異時，調查其在統計上有無顯著差異的操作稱為「檢定」。檢定是指先提出一個「二個族群沒有顯著差異」的假說（虛無假說，null hypothesis），以這個假說為基準來考慮結果的機率分布。在這個分布中，數據的差異若落在某範圍內，則採用這個假說，並得到「二個族群沒有顯著差異」的結論。數據的差異若落在某範圍外，則拒絕虛無假說，並判斷「二個族群有顯著差異」。

除第80頁所談的 t 檢定之外，還有其他許多不同的檢定方法，端視待檢定的資料規模和種類，選出適當的方法。

相關係數

當 x 增加時 y 也跟著增加，或是當 x 增加時 y 跟著減少，具有這種關係的現象即稱為「相關」。前者稱為「正相關」，後者稱為「負相關」。相關的指標是「相關係數」。各數據的 x 偏差與 y 偏差之乘積平均 σ_{xy} 稱為「共變異數」，共變異數除以 x 的標準差 σ_x 與 y 的標準差 σ_y 所得之值為相關係數。

$$\text{相關係數 } r = \frac{\text{共變異數 } \sigma_{xy}}{x \text{ 的標準差 } \sigma_x \times y \text{ 的標準差 } \sigma_y}$$

相關係數經常使用 r 符號來表示。r 是 -1 到 $+1$ 之間的值，一般認為 r 愈接近 1 則正相關性愈強，愈接近 -1 則負相關性愈強。視為有相關的閾值不是數學上的規定，而是因其討論情況跟研究領域而異。此外，雖說二個量值之間有強烈的相關，但也不見得有因果關係，這點必須要特別留意。

5 進階統計

「哪一種設計款式較受顧客青睞？」「一般人會如何思考這個問題？」世上有太多問題無法直觀判斷。這時，統計就可以派上用場，發揮它的功能了。第 5 章帶您見識統計的作用，能在人生或是實際社會上遭遇種種難解的情境時展現它的威力。

協助　藪 友良／高橋 啓／深谷肇一／田村 秀／今野紀雄／松原 望

資料探勘

從數據探討商品暢銷度

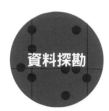

近年來，隨著電腦跟感應器的普及，可以收集到許多種類的資料。因此，我們生活中的各種情境遂成為統計分析的對象。

假設您是超市的店長。如果事先知道「經常會一起售出的商品組合」，那就將那些商品相鄰陳列，當顧客將其中一項商品放入購物車時，便可推薦他同時購買另一件商品，如此可以預期營業額必定提升。

在此，**整理出來店消費者發票上「常與其他商品一起售出的商品」。**

就算將發票一字排開來看，也很難找出哪些商品組合是經常一起賣出的（**1**），因此，首先將售出的商品列於下表（**2**）。接著鎖定常賣出的 4 種商品（**3**），再計算這些商品一起售出的機率（**4**）。於是，便可預測購買零食的客人一定會買果汁，以及購買炸雞塊的客人有75%的機率會買啤酒。

像這樣，**只要細心整理顧客消費的明細數據，還是能找出有用訊息的。**既龐雜又難解的大量訊息要用什麼樣的標準檢索，就要看統計師的功力了。

有一種方法可將上述類似的分析再接續深入研究，稱為「資料探勘」（data mining）。「探勘」即意謂著深掘。近年來，已經用電腦去分析數十萬消費群所購買的數萬種商品數據。

美國超市「Target」會從售出的商品預測顧客下次可能購買的品項，並贈送優惠券。此外，「Walmart」已引進天氣分析，在颶風到來之前調查出比較好賣的零食。

大家是否有過度消費的經驗？逛超市或賣場，卻因受到優惠券或一些折扣的吸引而不小心買太多，說不定那就是商家精心分析消費者行為而促成的效果。

找出顧客不為人知的喜好

從顧客的發票中，搜尋會常連帶一起購買的物品。

1. 7 位消費者的發票。很難直接看出個人購物的喜好。消費者與商品統整如下表。

	零食	茶飲	報紙	三角飯團	麵包	啤酒	果汁	炸雞塊	便當
10 來歲女	1						1	1	
20 來歲男						1		1	
60 來歲男		1	1						1
20 來歲女		1			1				
20 來歲男				1		1		1	
30 來歲男	1			1		1	1	1	
10 來歲男	1						1		
總計	3	2	1	2	1	3	3	4	1

2. 7 位消費者購物一覽表。常購買的如炸雞塊，跟不常購買的如報紙，兩者間的差異很清楚。

還想了解更多！

檢索資料的「次數分布」與「條件機率」

為什麼要預測「常售出的商品組合」，就一定要製作表 **3** 和表 **4** 呢？

例如，表 **2** 顯示買報紙跟便當的只有 1 人。因此很容易推導出「買報紙又買便當的機率為100%」。但是，只憑 1 個人的行為來預測整體行為是不準確的。因此，表 **3** 鎖定了「3 個人都買的東西」。代表「有幾位客人購買這組商品」的指標稱為「次數分布」(frequency distribution)。

表 **4** 顯示「買炸雞塊的人也會買果汁的機率（A）」，與「買果汁的人也會買炸雞塊的機率（B）」的差異。雖然覺得是同一件事，但（A）是 4 人中有 2 人，所以預測機率是50%；而（B）是 3 人中有 2 人，故為67%。像這種情況，二個商品之間以哪個當基準，會影響到推薦購買商品的成功機率。像這樣「賣這個又連帶賣出另一個商品的機率」屬於「條件機率」的一種。

另外，這頁是從發票上整理出資料，不過實際的店家將賣出的商品輸入收銀機時，當場就已經自動在集算資料了。這種會自動集算賣出商品的機制稱為「銷售點※系統」(point of sales system，POS system)。

※: Point Of Sales（在販賣地點之意）

	零食	啤酒	果汁	炸雞塊
10 來歲女	1		1	1
20 來歲男		1		1
60 來歲男				
20 來歲女				
20 來歲男		1		1
30 來歲男	1	1	1	1
10 來歲男	1		1	
總計	3	3	3	4

3. 彙整表 **2** 中售出 3 個以上的商品。

	零食	啤酒	果汁	炸雞塊
零食		33	100	67
啤酒	33		33	100
果汁	100	33		67
炸雞塊	50	75	50	

4. 利用表 **3** 求出購買某商品的消費者（左方），也會連帶購買其他商品（上方）的條件機率（conditional probability），並假設此比例在未來也成立，藉以進行預測。表中顯示，如購買零食的 3 人中，有 2 人也會買炸雞塊，比例為67%，所以零食那行與炸雞塊那列相交的格子內填入67%的機率。相反地，買炸雞塊的人中，也買零食的機率為50%。從這個表可知，如果客人買了啤酒時，推薦他買炸雞塊成功的可能性很高。

什麼因素可決定葡萄酒的價值

葡萄酒的價格，有1瓶數百到數千台幣，甚至數萬的都有。這個差距決定在其「味道」。葡萄酒的味道因生產年份而有很大的差異，並且會隨著時間流逝而逐漸變化。因此，剛釀好的葡萄酒雖味道不佳，但10年後可能會變得很好喝，且價格上漲。至今，要買剛釀好的葡萄酒時，只能參考評論家試喝的意見，然而他們的預測常常不準。

因此，身為葡萄酒愛好者的經濟學家阿逑菲爾特（Orley Ashenfelter，1942～）教授就挑戰其價格變化，運用統計方法預測未來葡萄酒的價值。阿逑菲爾特教授首先調查幾個跟

決定葡萄酒價格的四個因素

四張分布圖（**A**～**D**）如下，阿逑菲爾特教授發現了決定葡萄酒價格的四個因素（「收穫前一年10月～當年３月的降雨量」、「8、9月的降雨量」、「4～9月的平均溫度」、「葡萄酒的年齡」），其與葡萄酒價格的關係表如下圖所示。縱軸為代表葡萄酒價格的指標※，縱軸愈往上方表示愈高價。橫軸分別是四種因素。例如圖Ｃ代表夏季的溫度愈高，那年的葡萄酒價格愈會有漲價的趨勢。

（分布圖、方程式參考http://www.liquidasset.com/orley.htm資料製成）

A.「收穫前一年10月～當年３月的降雨量」與價格分布圖

葡萄收穫前一年冬季降雨量愈多，葡萄酒愈會有漲價的趨勢（正相關）。

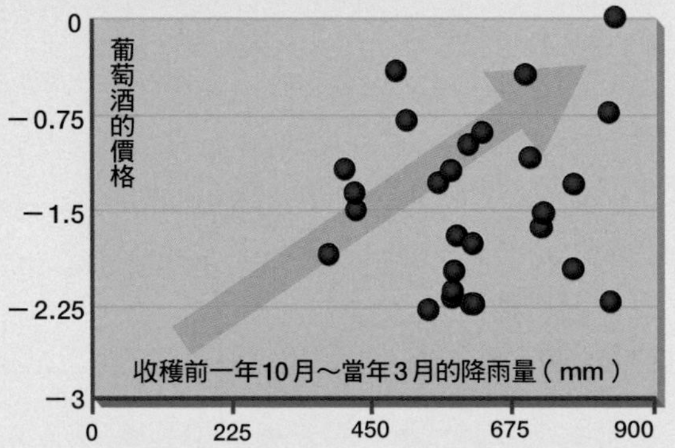

B.「8、9月的降雨量」與價格分布圖

葡萄生長的夏季降雨量愈多，葡萄酒愈會有跌價的趨勢（負相關）。

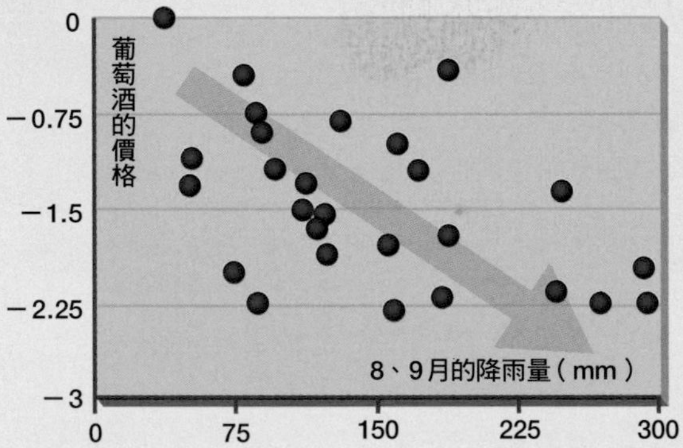

C.「4～9月的平均溫度」與價格分布圖

葡萄生長的夏季溫度愈高，葡萄酒愈會有漲價的趨勢（正相關）。

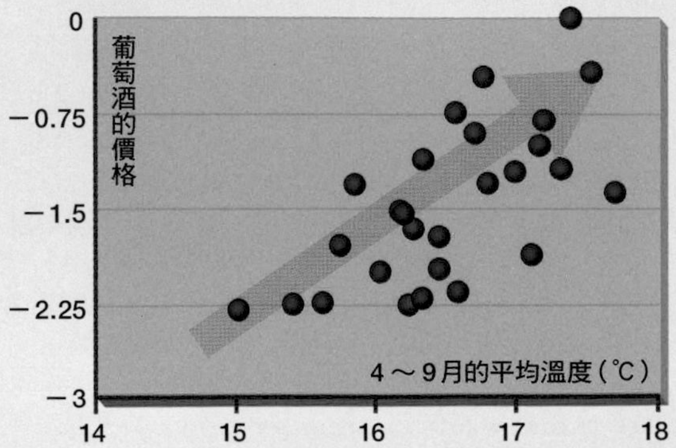

D. 葡萄酒的年齡與價格分布圖

葡萄酒釀好後所保存的時間愈長，愈有漲價的趨勢（正相關）。

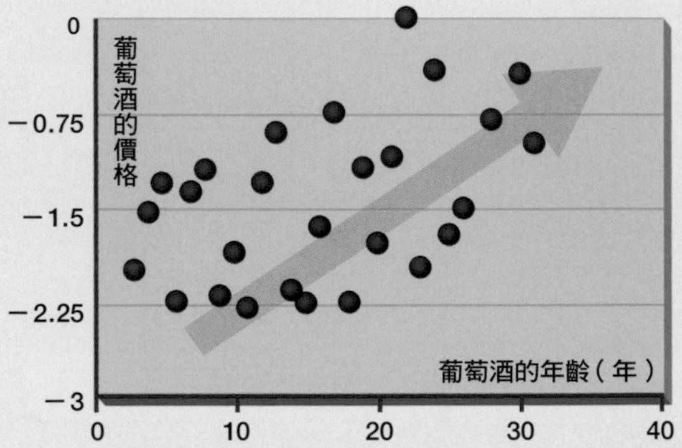

葡萄酒相關的影響，並發現會大幅影響價格的四大因素。那就是原料葡萄結果當年的「4～9月平均溫度」與「8、9月的降雨量」，還有「收穫前一年10月～當年3月的降雨量」，及「葡萄酒的年齡」（釀好後的存放年數）。

取這些因素（量值）為橫軸，葡萄酒的價格※為縱軸，分別放上不同組合的資料時，就會形成如左頁般數據散亂的分布圖。例如，可看出左頁的分布圖A顯示葡萄收穫前一年冬季的降雨量愈多，葡萄酒的價格就愈會增值。相反地，B圖顯示葡萄收穫當年8到9月的降雨量愈多，葡萄酒的價格就愈會下跌。類似這樣，**分析二個量值的關係，並研究兩者關係的統計方法稱為「相關分析」（correlation analysis）。**

接著阿述菲爾特教授從這些分布圖導出葡萄酒價格方程式（price equation）。像這樣，**導出代表分布圖上數據之方程式的統計方法稱為「迴歸分析」（regression analysis）。**

就這樣，阿述菲爾特教授即使不依靠行家，也能預測出葡萄酒未來是否會增值。

預測葡萄酒價格的方程式

將左頁的四種相關關係加權並組合，便能導出「葡萄酒價格方程式」。阿述菲爾特教授導出的算式如下。不過，價格是以1961年當標準。

　　收穫前一年10月～隔年3月的降雨量 ×0.00117
－ 8、9月的降雨量 ×0.00386
＋ 4～9月的平均溫度 ×0.616
＋ 葡萄酒的年齡 ×0.02358
－ 12.145
＝ 葡萄酒的價格※

計算葡萄酒的價格

依據阿述菲爾特教授所發表的論文計算葡萄酒的價格。題目是「1971年份葡萄酒在1983年的價格」。將以下1970～1971年氣象與葡萄酒年齡等數據代入方程式。

・前一年10月～當年3月的降雨量：551mm
・8、9月的降雨量：112mm
・4～9月的平均溫度：16.7667℃
・葡萄酒的年齡：12年（1983年－1971年＝12年）

將這四個數值代入左邊的方程式，就會得到
551×0.00117－112×0.00386＋16.7667×0.616＋12×0.02358－12.145＝－1.3214
從當時葡萄酒的實際價格求出指標為「－1.3」。

※：葡萄酒的價格在本頁的分布圖和方程式是以「釀好後起算第t年的拍賣價格」除以「1961年份的葡萄酒拍賣價格」，並取其對數的數值來表示。當此指標為0時，表示其與1961年份的葡萄酒拍賣價格等高，指標值愈小於0，意謂價格愈便宜。

還想了解更多！

「迴歸分析」會從分布圖導出方程式

分布圖上，「一方數據（x）增加『1』時，不容易知道另一方數據（y）會如何變化」。因此，迴歸分析會在分布圖上放置一個代表二個數據的關係方程式「$y=bx+a$」。

以下就用圖說明方程式是如何決定的。右邊的分布圖上有5個點。首先，畫一條直線並儘可能地接近這5個點。然後，從直線分別連線到5個點。再將這5條線的長度平方後相加，數值總計最小的那條線，就是用迴歸分析導出的方程式。這樣的方法稱為「最小平方法」（least squares method）。另外，阿述菲爾特教授使用的是「複迴歸分析」（multiple regression analysis），是導出3個因素以上之方程式的方法。

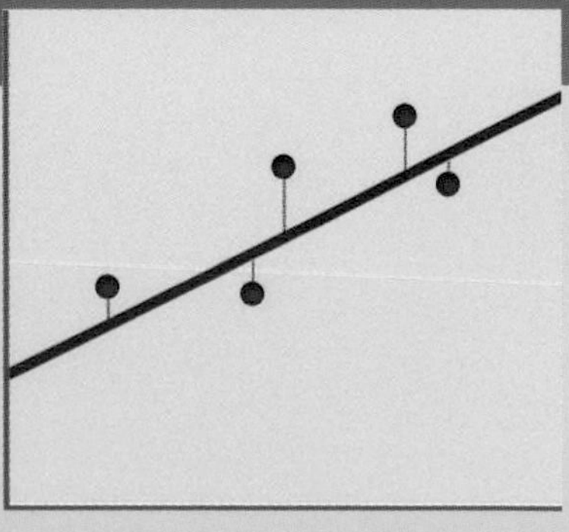

相關分析的陷阱①

大考並非毫無意義，為什麼呢？

某大學甄試成績與入學後學科考試成績的相關情形如分布圖**A**。一般預測甄試成績優秀的學生，入學後的成績也會很優異。意即，這二個考試的成績令人感覺會相關。

然而，圖A中的分數分布卻相當分散。例如學科考試分數最低的學生，在甄試時考了71分（學生a）。然後，學科考試得最高分的學生也在甄試時拿了71分（學生b）。甄試與學科考試的分數之間不太有關係，代表入學後能否拿到好成績是不能從甄試的成績來推測的。既然如此，以甄試成績當學生上榜的標準，是否也是沒有意義的事情呢？

正相關會變成沒有相關!?

這張相關圖本身沒有錯誤。但是，從圖中導出「甄試沒有意義」的結論是錯的。

要判斷甄試有無意義，必須連落榜的考生一起考量。如果落榜的考生參加相同的學科考試，應該會呈現如圖**B**的情況。雖然數據有點散亂，但可看出甄試成績較好的學生，其學科考試的成績也會比較好。圖**A**只包括此分布圖中甄試65分以上的上榜者數據而已。因

A. 新生甄試分數與學科考試成績的相關圖

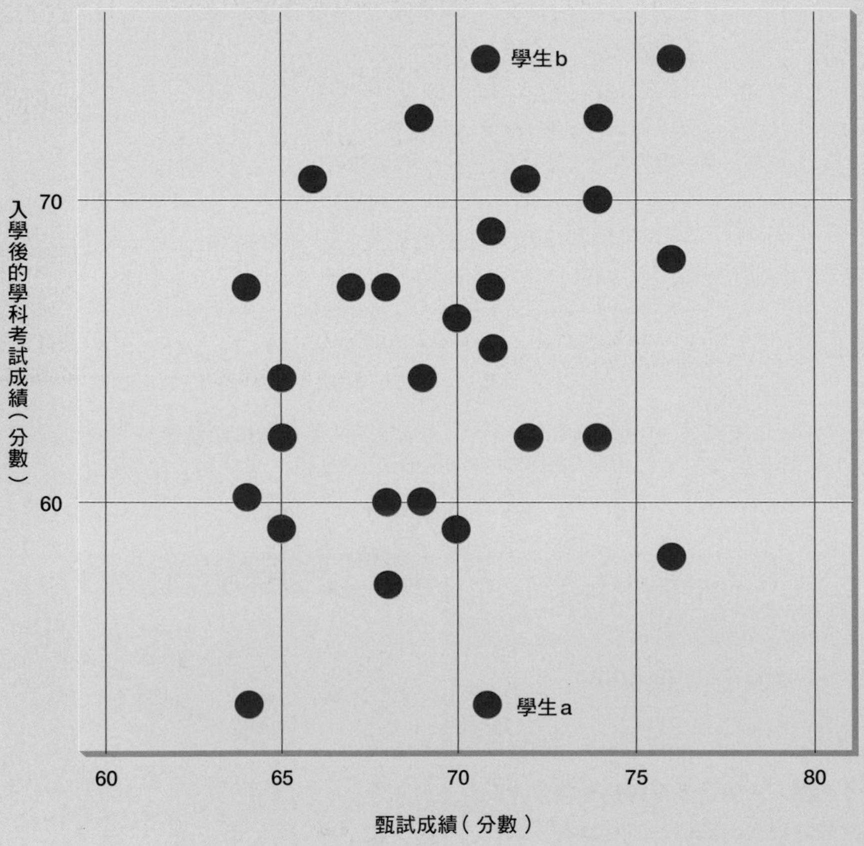

甄試成績優秀，卻跟入學後的成績沒有關係？

左圖是以甄試成績為橫軸，入學後學科考試成績為縱軸，繪製成的相關圖。數據的分布非常地分散。不論原本甄試高分上榜的學生，或勉強考上的學生，他們學科考試成績差異都很大。不能只鎖定甄試成績優秀的學生來檢視就好嗎？

若只依甄試分數來判斷學生學科考試的優劣，不能只看上榜考生，連落榜考生都必須要一起考量。如果落榜的考生來參加學科考試，其數據分布應該會如下圖。這次很明顯呈現正相關。像這樣，太過侷限數據範圍而使相關性變弱的現象稱為「選擇效應」。

B. 全體考生的甄試分數與學科考試成績的相關圖

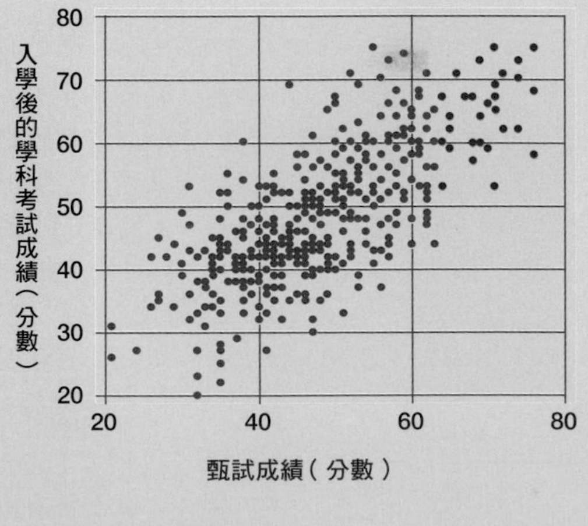

此甄試與學科考試之間看起來才會沒有相關。但是，由於圖B連圖A中分數最低的學生也包括了，所以從全體考生來看圖A的學生是屬於非常優秀的族群。

像這樣，**太過侷限數據範圍而使相關性變弱的現象稱之為「選擇效應」(selection effect)**。分析資料的取樣方式不對，會發展成錯誤的結論。

正相關會變成負相關!?

還有一例也是因為資料的處理方式有問題而導致相反的結論。此例由英國統計學家費雪（Ronald Fisher，1890～1962）所提出，比較鳶尾花花萼長度與寬度的著名數據相關圖，如下C圖所示。

這張分布圖看起來數據相當分散。用試算表計算相關係數的結果是－0.2。看起來可能有「花萼愈長，寬度會愈窄」的弱負相關關係……，這樣的觀念其實是不對的。這張分布圖本身雖然沒有犯左頁一樣的錯誤，但從此圖導出「花萼愈長，寬度會愈窄」的結論卻是錯誤的。

其實，這些數據裡混雜了二個種類相似的鳶尾花。將數據以顏色區分來看時（圖D），發現分別都是正相關。儘管實際趨勢明明是花萼愈長寬度也會愈長，但原本的結論卻是相反的負相關。

類似這樣，分布圖會因資料取樣方法不同而輕易地改變趨勢。在繪製相關圖時，**請必須注意不要像甄試的案例般太侷限數據範圍，或是像鳶尾花的案例般取樣太廣。**

C. 鳶尾花花萼之長度與寬度的相關圖

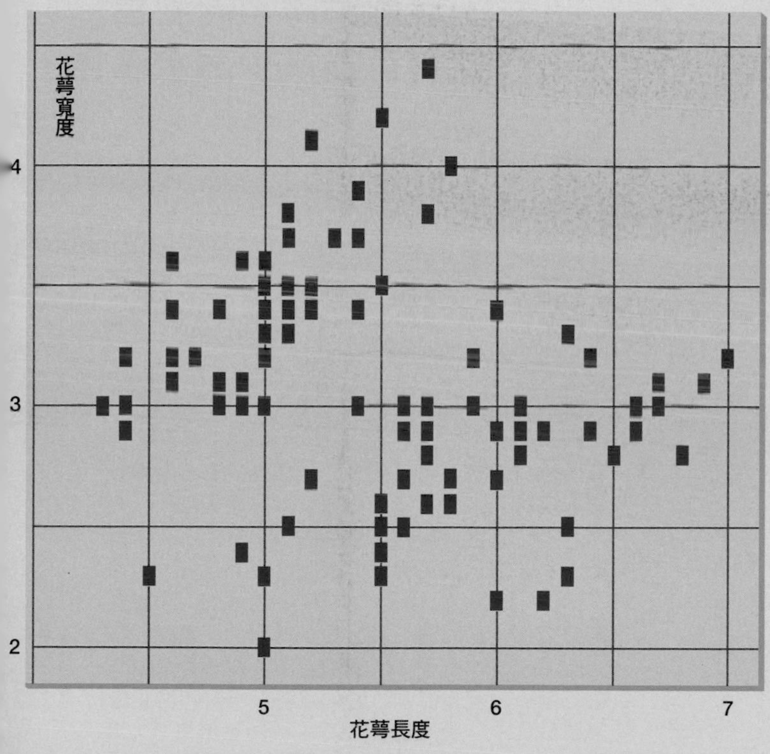

正相關變成負相關!?
左圖為鳶尾花花萼之長度與寬度的相關圖。看似呈現弱的負相關性，但其實這張圖還包括另外二種鳶尾花的數據。以顏色區分各個種類，就會如下方圖D出現正相關的情形。

D. 2個種類分開來看時……

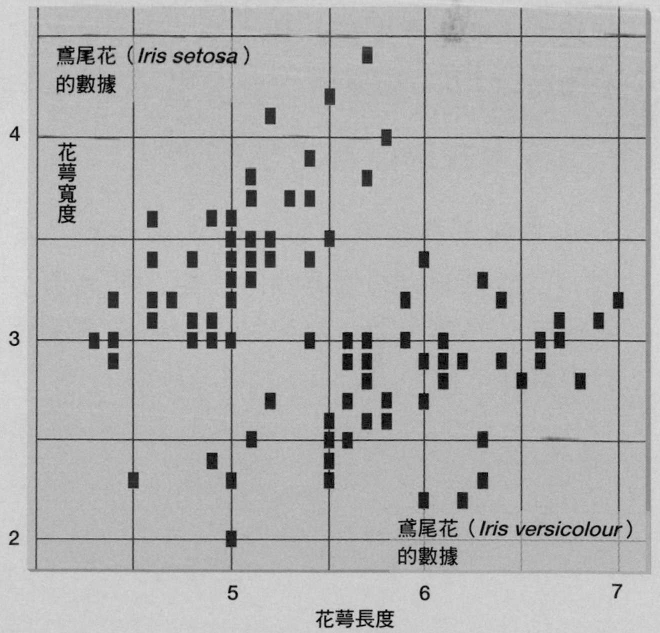

相關分析的陷阱②

乍看之下好像有關係的「偽相關」

「讀理科或讀文科，與 2 根手指之間的長度有相關關係。理科人的食指大多比無名指短，而文科人則是差不多等長。」

這篇文章犯了很嚴重的錯誤。的確，理科人也許有食指比無名指短的傾向。但如果手指長得不是前述的情形，那也並不是肇因於非理科型，恐怕是因為身為男性。

這篇文章並沒有說謊。普遍來說，理科大學的男生比例會高於文科大學。因此，在研究學生的手指長度時，才會出現「理科學生食指比無名指短的比例較高」的結果。這意味著「讀理科或讀文科」跟「手指長度的差異」這二個量值之間，可以說有相關關係。但是，**這二個量值之間有所謂「男性」這第 3 方量值（潛在變數，latent variable），所以沒有直接的關係（因果關係）。這種情況稱為「偽相關」(spurious correlation)。**簡單講，就是「假性相關」。

雖說二個量值之間有相關關係，但也未必有因果關係。在看相關圖時，要經常留心這個觀念，必須考慮是否有讓這二個量值具相關關係的「第 3 個量值」。

有無潛在變數看得出來嗎？

右方列出許多不同類型的「偽相關」案例，您能推測出每個案例的「第 3 個量值」為何嗎？且讓我們一起來挑戰。答案就倒置於本頁右下角。

第3個因素為何？

對話框裡全都是根據偽相關而設計出來易遭誤解的內容。請動腦找出隱藏於每篇文章的變數。解答倒置於下方。

C

啤酒的銷售額與溺水意外的件數兩者間有相關關係。若限制啤酒的販售，就有可能減少溺水事件。

A～F的潛在變數如下。
A：年紀。男性有隨年紀增長而體重增加的趨勢。而且，年紀愈大年收入會有愈高的趨勢。
B：性別。男性的無名指有比食指長的趨勢。女性則是這2指差不多長的人較多。而且，男性會較女性傾向選擇理科學系。
C：季節（溫度）。溺水意外多發生於夏季。而且啤酒在夏季很暢銷。
D：父母患有近視。父母近視的話，小孩會有患得近視的趨勢。而且，研究結果顯示，近視父母的小孩會有開燈睡覺的趨勢。
E：健康。40歲能生產代表身體健康，所以才會長壽。
F：年紀。隨著小孩長大，鞋子的尺碼也需跟著換大，對文章的理解力會有變強的趨勢。
G：人口密度。在人口愈多的地區，檢舉犯罪的件數會愈多。而且，人口多的街道圖書館等公共設施也會比較多。

A

日本男性的年收入與體重之間有相關關係。體重愈重的人，其年收入有愈高的趨勢。

B

讀理科或文科，其實跟 2 根手指之間的長度有相關關係。理科人的食指大多比無名指短，而大部分文科人則差不多等長。

D

有開燈睡覺習慣的年輕人，以後得近視的可能性較高，應該要關燈睡覺。

（改編自 1999 年 Nature 論文）

E

40幾歲才生產的女性有長壽的趨勢。100歲以上的女性與73歲死亡的女性相比，高齡產婦長壽的比例較高

（改編自1997年Nature論文）

F

鞋子尺碼大的小孩，理解文章的能力較佳。所以看腳的大小就知道小孩理解能力的差異。

G

街道上圖書館愈多，檢舉使用非法藥物的案件愈多。如果街上再蓋一座圖書館，使用非法藥物的犯罪會增加也不一定……。

標識再捕法

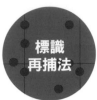

如何計算棲息於廣闊深邃之湖泊裡的魚隻數量

「有多少百分比的國民支持執政黨？」「這個地區有幾隻野生的熊？」「工廠生產的精密零件中，不良品大約有多少？」針對這些問題所採取的對策，若是對全國人民進行問卷調查，或是逐隻數熊或零件，就太沒效率了！

若使用統計學上的手法，只需根據少量資訊就能推估出這些問題的答案。例如，美國黃石公園內黃石湖的案例，採取「標識再捕法」（capture-recapture method、mark-recapture method），計畫要來推估外來種魚類──突吻紅點鮭（lake trout）的個體數量。

黃石湖原本棲息著一種名為殺手鱒（cutthroat trout）的魚類。1994年，有人發覺湖中出現外來種魚類突吻紅點鮭。推

捕捉再捕捉法的機制

依照1～3的順序，即可省力有效地估算棲息於廣闊湖泊中的魚隻數量。

1.
活捉部分魚隻
捕捉10隻突吻紅點鮭，切下一小部分背鰭或裝上小標籤做「記號」。

2.
將標記魚隻放回湖中
將帶有記號的個體再放回湖中，等待一段時日，讓標記魚隻均勻散布於族群裡。

則是釣客擅自帶來公園放生的。之後，這種外來魚種迅速繁殖，殺手鱒成為牠的食物，於是數量銳減。

園方自1994年發現突吻紅點鮭之後，立刻持續進行移除的作業。10年來大約移除了100萬隻。即使如此，還是無法根絕突吻紅點鮭。因此移除團隊決定利用統計學來估算湖中外來魚種殘存的數量，再根據推估出來的個體數重新檢討移除方法。

捕捉魚隻標記後再放回湖中

突吻紅點鮭棲息於廣闊深邃的湖泊裡，根本不可能逐隻數清全部的數量。因此，**團隊決定採用「標識再捕法」，藉捕捉部分個體，以推估整體族群的數量。**

首先，捕捉數隻突吻紅點鮭，並切下一小部分背鰭當作辨認的「記號」。然後**團隊將帶有記號的個體放回湖中，等牠們跟其他魚群均勻混合後，再度捕捉部分個體。這時計算其中帶有標記的個體占比，就能估測全部個體數量。**

捕捉欲移除的突吻紅點鮭再放回湖中，感覺很諷刺。但是，為了找出更有效率的移除方法，這卻是不得不然的調查步驟。

3. 捕捉部分魚隻，推估整體個數

帶有記號的魚跟其他魚群均勻混合後，再次從族群中隨機捕捉10隻魚。這時，假設帶記號的魚有1隻，且從標記到再次捕獲前，魚群個體數沒有太大變化，如出生或死亡等，若這10隻是隨機取樣（請見第110頁的說明），那麼，推算帶有記號的魚占全體10%是很合理的。做過記號的個體有10隻，於整體個數的占比為10%，所以推估整體個數（100%）為100隻。像這樣，使用標識再捕法，就能只捕捉部分魚隻而估出整體的數量。

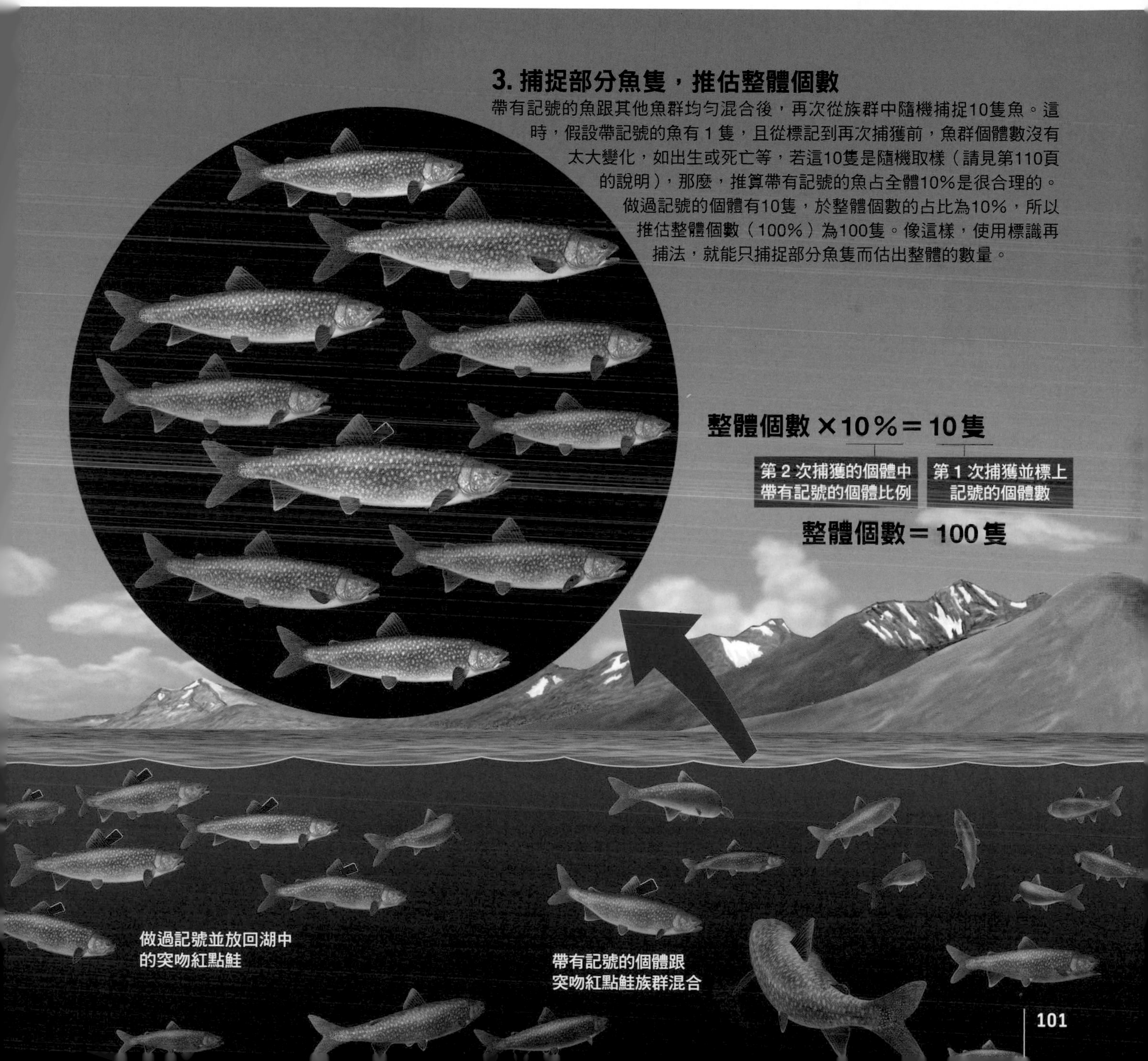

保險 ①

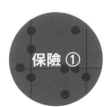

靠統計與機率設定保險的保費

壽險和非壽險等保險制度，是民眾向保險公司支付保費，而在「萬一」發生的時候，保險公司會按契約向投保人給付保險金。此時，若給付的保險金總額超過投保人支付的保費總額，保險公司就會發生虧損。實際上，保險公司為了要支應意外的利息變動和所需的經費等開銷，必須要儲備更多的資金。因此，保費與保險金的平衡是基於過去的統計資料而設定的，以防保險公司出現虧損。

此處就以壽險為例來說明。公益社團法人日本精算師協會表示，他們會依各家保險公司過去提供的統計資料，計算不同年齡層 1 年內的死亡率，並已將結果對外發表。內容大概

保險金額的設定機制

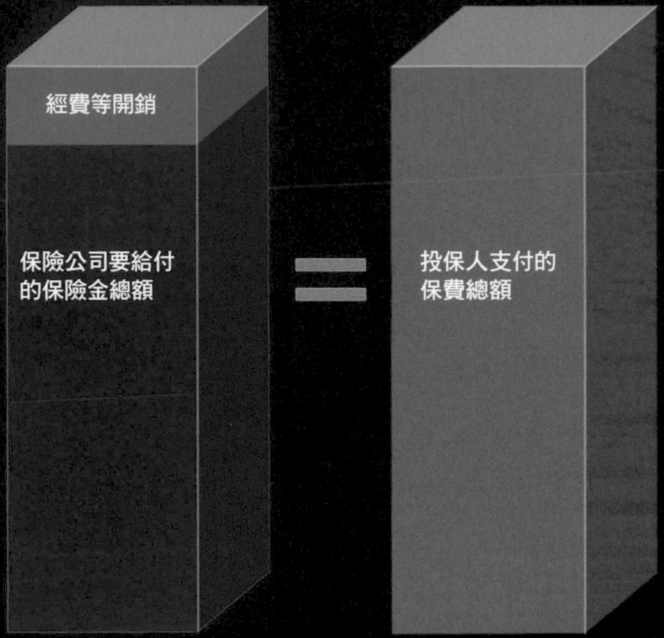

對保險公司來說，保險制度的運作，必須要基本開銷與投保人支付的保費總額達到平衡。就公司經營而言，必要的基本開銷分別是指給付投保人的保險金與公司運作的經費，以及利息變動的支應。投保人的保費將負擔這些項目開銷的總額。

另外，從投保人整體來看，保險金的給付總額會小於100%的保費總額（因為保險公司要扣掉經費等開銷）。也就是說，只考慮金額的話，期望值是虧損的。但是投保的話，一旦發生什麼萬一的時候可以規避風險，所以多數人認為投保是有意義的事。

地震保險的機制

地震保險會評估日本都道府縣各地區單位地震的發生風險，並根據評估結果來設定保費。藍色區域設定為風險低的地區，隨著顏色愈紅，風險評估就愈高。評估為高風險的地區，不用說，保費一定會比較貴。而且，建築物是否為木造、屋齡等因素都會考慮進去，最後再決定保費金額。

還想了解更多！
投保人愈多，愈正中保險公司下懷

保險在某種意義上，也可視之如賭博。從保險公司的角度看來，給付小額保險金就解決的話，公司經營會相對輕鬆。另一方面，就投保人的角度看來，雖然支付了保費，但（幸運地）沒出什麼事，不能申請理賠保險金的話，已繳納的保費就形同浪費了。

那麼，是否會給付保險金給每位被保人，屬於隨機的現象。但依保險公司的判斷，投保人數夠多，所以會如當初所設定的機率給付保險金。保險公司要穩定經營也是拜「大數法則」（第20頁）所賜。

是這樣：例如，20歲男性１年內的死亡率為0.059%，40歲男性為0.118%，60歲男性為0.653%。各家保險公司即以這些死亡率為標準，來設定保險的金額。

為簡化說明，我們以一個簡單的壽險保單來解釋。假如在１年期的保險契約期間內死亡的話，就會得到1000萬日圓的理賠。

假設每個年齡層有10萬人投保。以20歲男性來說，１年內的死亡率為0.059%，所以預測會有59個人死亡。保險公司要給付的保險金總額為59人×1000萬日圓＝５億9000萬日圓。排除利息和保險公司的經費等開銷，等於這5億9000萬日圓要由投保的10萬人來負擔。計算結果就是每位投保人的保費要5900日圓。因為死亡率會隨著年紀增長而上升，所以，年紀愈大保費也會愈貴。

非壽險基本上也是跟壽險同樣的思維。**會根據過去的統計資料算出給付保險金的機率，設定出能承受風險的保費。**

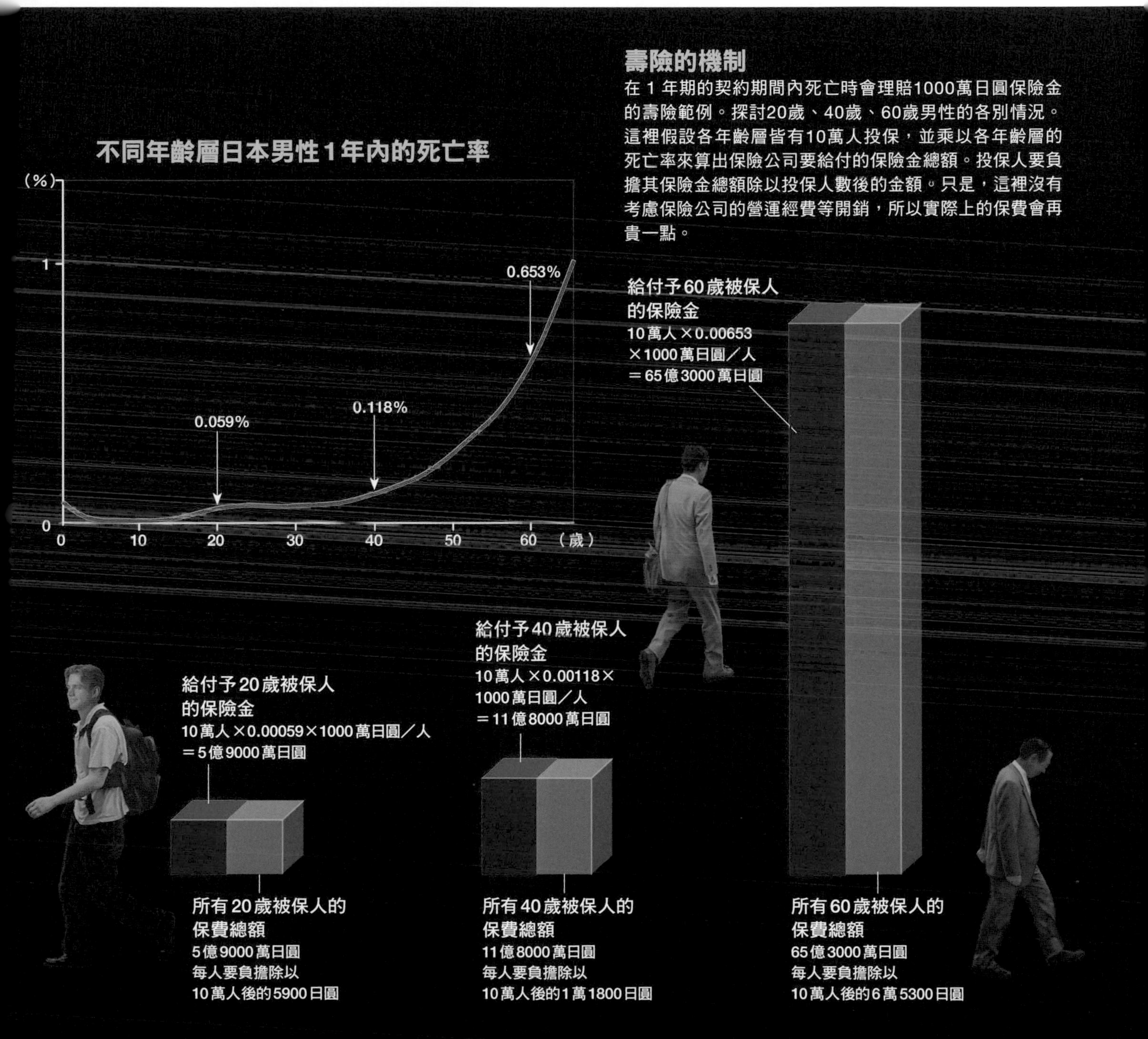

壽險的機制
在１年期的契約期間內死亡時會理賠1000萬日圓保險金的壽險範例。探討20歲、40歲、60歲男性的各別情況。這裡假設各年齡層皆有10萬人投保，並乘以各年齡層的死亡率來算出保險公司要給付的保險金總額。投保人要負擔其保險金總額除以投保人數後的金額。只是，這裡沒有考慮保險公司的營運經費等開銷，所以實際上的保費會再貴一點。
不同年齡層日本男性１年內的死亡率
(%)
1
0
0
10
20
30
40
50
60
(歲)
0.059%
0.118%
0.653%
給付予60歲被保人的保險金
10萬人×0.00653×1000萬日圓／人＝65億3000萬日圓
給付予40歲被保人的保險金
10萬人×0.00118×1000萬日圓／人＝11億8000萬日圓
給付予20歲被保人的保險金
10萬人×0.00059×1000萬日圓／人＝5億9000萬日圓
所有20歲被保人的保費總額
5億9000萬日圓
每人要負擔除以10萬人後的5900日圓
所有40歲被保人的保費總額
11億8000萬日圓
每人要負擔除以10萬人後的1萬1800日圓
所有60歲被保人的保費總額
65億3000萬日圓
每人要負擔除以10萬人後的6萬5300日圓

保險②

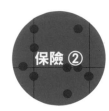

10年期儲蓄險的保費設定方法

壽險分很多種。最單純的是定期支付保費，直到保障期結束時便順其自然終止契約的「不還本型」保險。其他還有部分保費可以儲蓄的儲蓄險，跟定期還本型的保險等。

前文論及「1年內死亡」有1000萬日圓保額的「1年期保障型」不還本壽險。這裡我們要一起來探討的是，近年來很多人投保的「10年內死亡」有1000萬日圓保額的「10年期保障型」不還本壽險。

右頁以10萬名30歲日本男性為例，推導這份10年期保險商品的銷售情況。

因為30歲男性1年內死亡的人數預估為68人，所以第1年保險公司要給付的保險金總額等於68人×1000萬日圓＝6億8000萬日圓，跟1年期的保險總額相同。但是從隔年起，每年的預估死亡**人數會增加（死亡率增加），在給付保險金增加的同時，負擔保費的投保人也會跟著減少。**

最終，10年內保險公司預估要給付的保險金總額等於81億1000萬日圓（＝6億8000萬日圓＋……＋10億6000萬日圓）。而且，10年來的投保人總計99萬9298人（＝10萬人＋......＋9萬9901人）。不考慮保險公司的經費等開銷時，等於這些人數要負擔81億1000萬日圓。計算的結果，每位投保人的保費約為8116日圓。比1年期6800日圓的保費還要貴。

像這樣，**契約年期較長的壽險，因為未來多領的保險金也算在保費裡面，所以會比1年期壽險的保費還貴。**因此，和1年保障型的保險相比，雖然保額同樣是1000萬日圓，但保費卻貴多了！

保費依契約年期而異

主打30歲男性的10年期契約有10萬人投保，販賣保險金1000萬日圓的壽險時，保費最低支付金額的算法如右圖。另外，假設投保人每年會繳定額的保費。保險公司給付的保險金總額與投保人支付的保費總額算起來要儘量相等，就能求出保費要付的金額。此外，1年期保障型的保費算法如下圖。

如圖所示，各年齡層的死亡人數是按日本「生保標準生命表2018」（公益社團法人日本精算師協會）整理出的死亡率來計算。

還想了解更多！
壽險源自發現「死亡率」

最原始的保險自統計學誕生前就已經存在。幾個人組成互助會一起累積會錢，並將累積的會錢撥給有急用的人或其家人，這種互助會在各地廣為流行。

只是，這種運作方式有問題。經驗上已知年紀大的人遇到生病或死亡的風險較高。如果互助會成員的年紀有差異時，大家都出一樣金額的會錢並不公平。但是，沒有人知道該如何算出大家都能接受的金額。

哈雷

1693年，留名於哈雷彗星的英國天文學家哈雷（Edmond Halley，1656～1742）自德國的某一地區的死亡紀錄製作成各年齡層的死亡率一覽表，並公開發表，名為「生命表」。根據生命表，許多人才了解到，大群體的死亡率在各年齡層是固定的。保險能以統計為基礎設計出這套制度，即源於哈雷的發明。

1年期保障型壽險的計算方法

68人×1000萬日圓
＝6億8000萬日圓＝**100000人×？日圓**

現在投保1年期保險的投保人要付的保費

？＝6800日圓

10年期保障型壽險的計算方法

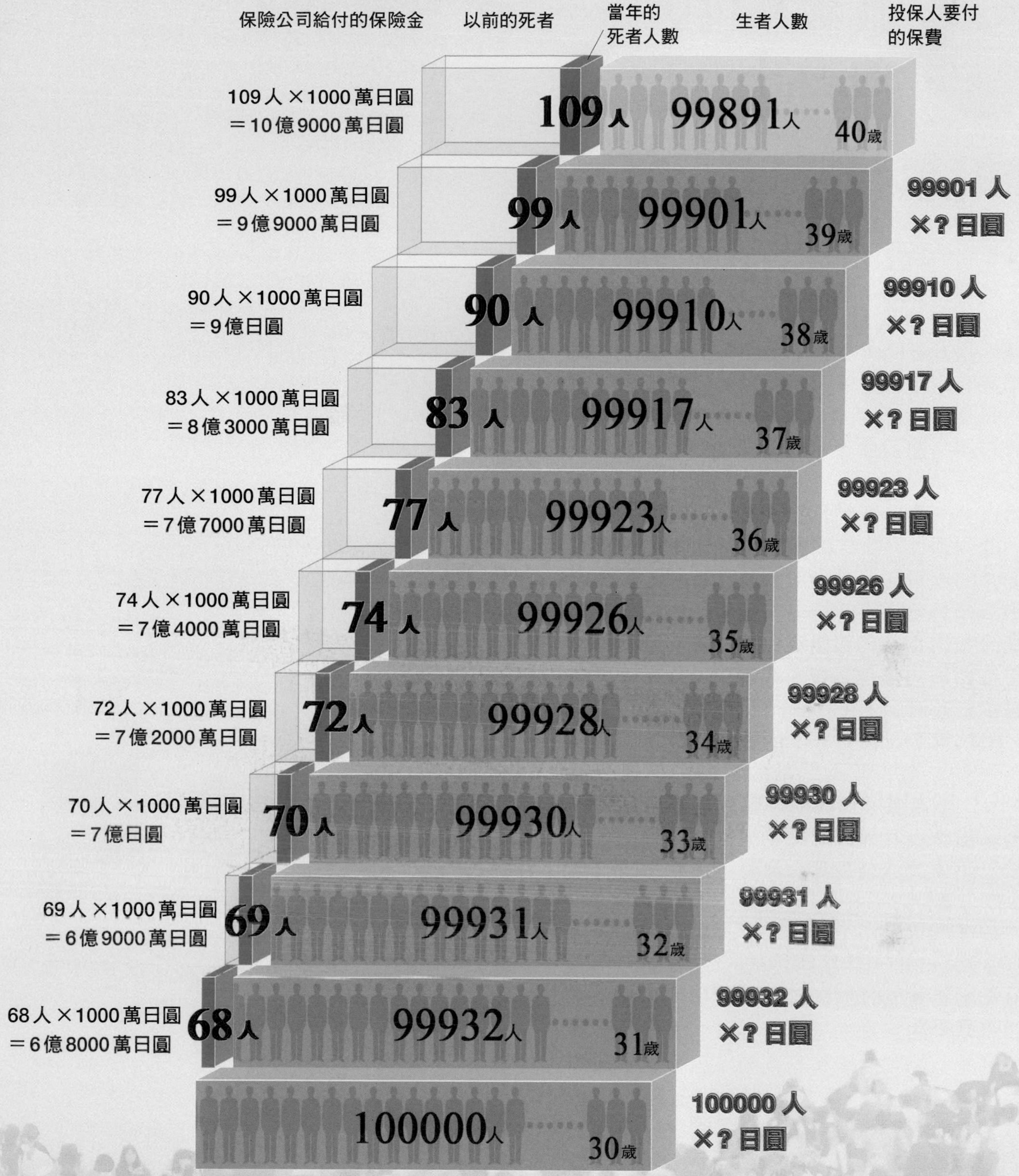

811人×1000萬日圓
＝81億1000萬日圓 ＝ **999298人×？日圓**

10年來保險公司要給付的保險金總額　　10年來所有投保人要付的保費總額

現在投保
10年期保險的投保人
每年要付的保費

？＝ 8116日圓

常態分布的偏離

識破麵包店的詭計

麵包店是否謊稱麵包的重量？據傳法國數學家龐加萊（Henri Poincaré，1854～1912）曾應用常態分布的特性識破麵包店的謊言。

這則趣聞說，龐加萊經常光顧的一家麵包店，販賣號稱「1 公斤的麵包」。但其實重量都稍有不同，並非十足精確的 1 公斤。龐加萊每天都會去買這個麵包，便決定要仔細檢視麵包的斤兩。**1 年後，他繪出麵包重量分布圖，並且發現常態分布的頂點位在950公克**（如右頁上圖）。麵包店偷工減料了50公克，一直以950公克為標準烘烤麵包。

遭到龐加萊警告的麵包店，改賣給龐加萊較大的麵包。但是龐加萊並沒有因此罷休，仍持續稱量買來的麵包。結果如他所料，**重量分布的頂點仍然落在950公克，且不再是左右對稱的常態分布。因為950公克以下的麵包已經減少了**（如右頁下圖）。

龐加萊馬上就看穿其中技倆。麵包店並沒有反省，製作實足斤兩的售品，**仍繼續以950公克為標準烤麵包，當龐加萊來店時，再拿當時店裡較大的麵包賣給他而已。**聽說麵包店再度遭龐加萊指責時，還相當訝異地大吃一驚。

如這個案例所示，已知某現象製圖後會呈現常態分布，但圖形卻偏離了該有的分布形狀，當可推論獲取的資料必定發生異常。例如，當今製造業的工廠內要檢測零件的品質時，會利用常態分布來判斷。工廠正常運作時，抽檢數個零件取其大小和重量的平均值，就能繪製類似麵包重量的常態分布圖。如果圖形開始偏離常態分布的話，就代表設備或其他方面可能正發生異常。

透過數據調查分析，再度識破麵包店的詭計

右頁上圖是龐加萊搜集 1 年來每天所買麵包的重量數據，以其重量為橫軸，個數為縱軸。麵包店號稱販賣的是「1 公斤重的麵包」，但龐加萊已畫出常態分布圖，發現950公克左右的麵包占比最高。於是識破了麵包店的謊言，揭發該店並非以「1 公斤」為標準，而是以「950公克」為標準烘烤麵包的真相。

下圖是龐加萊指責麵包店重量不實之後，他繼續買的麵包重量分布圖。圖形偏離原本的常態分布（虛線），比950公克重的麵包增加，而比950公克輕的麵包減少。結果顯示，麵包的平均重量落在950公克以上。但是，比例最高的是950公克左右的麵包。龐加萊從這個結果看穿了麵包店的詭計，該店仍繼續以950公克為標準做麵包，只是會儘量拿比較大一點的麵包給自己而已。

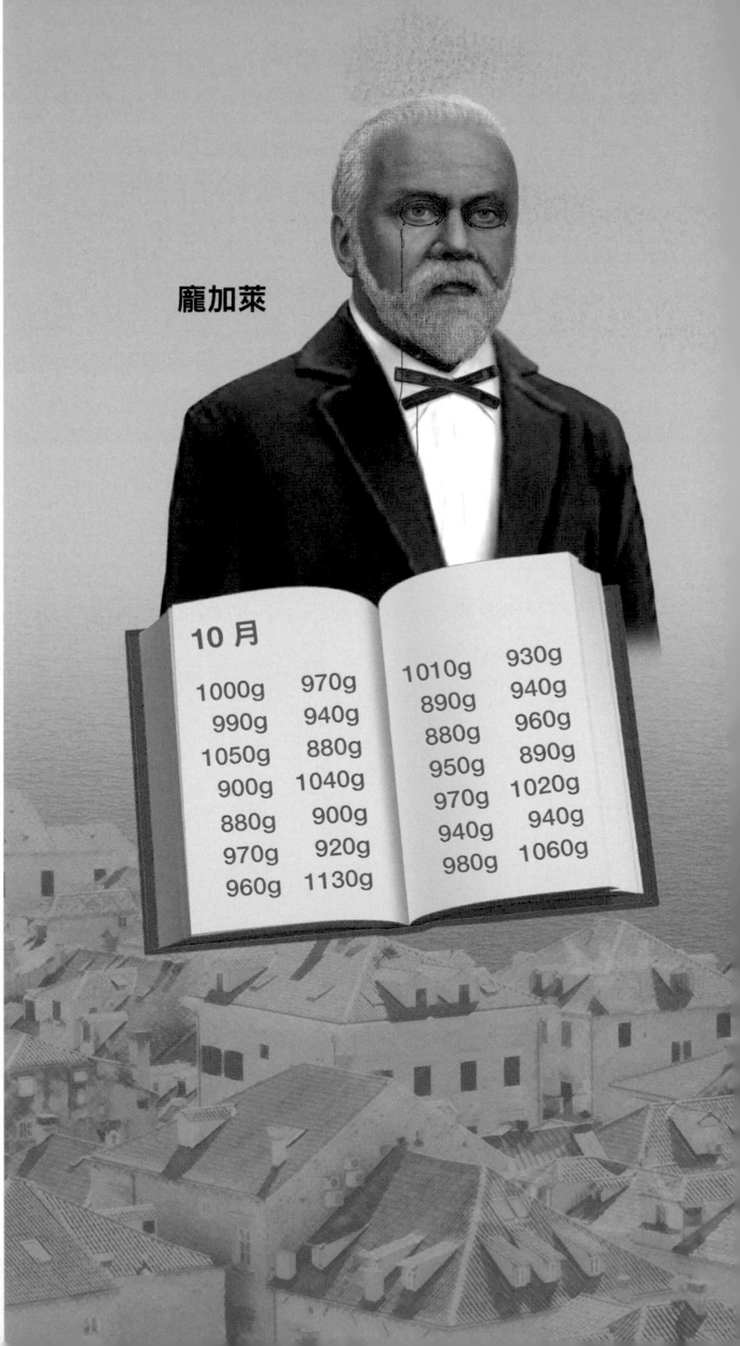

龐加萊
10 月
1000g
990g
1050g
900g
880g
970g
960g
970g
940g
880g
1040g
900g
920g
1130g
1010g
890g
880g
950g
970g
940g
980g
930g
940g
960g
890g
1020g
940g
1060g

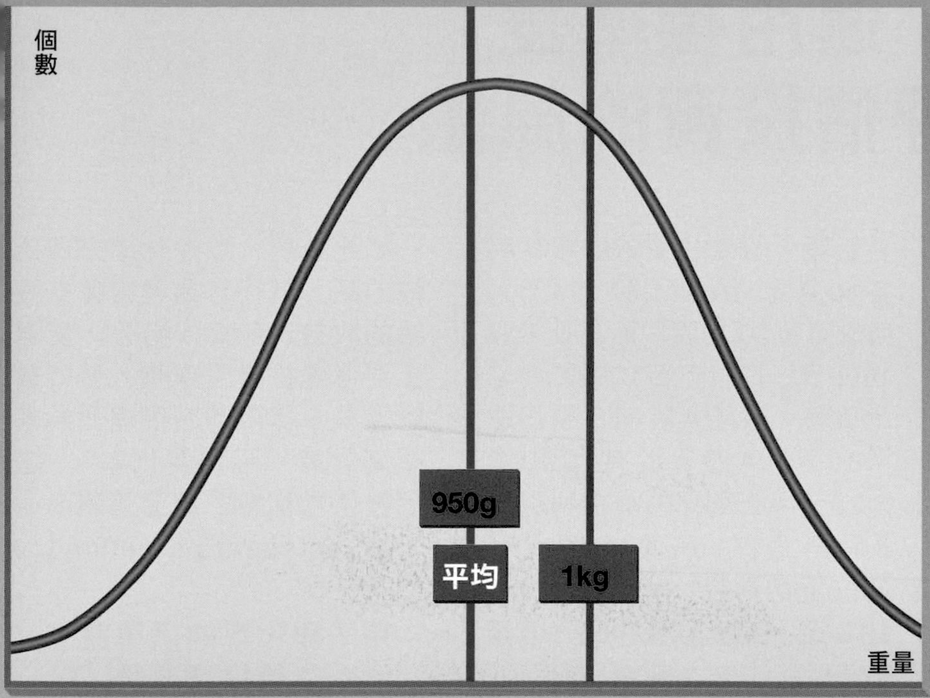

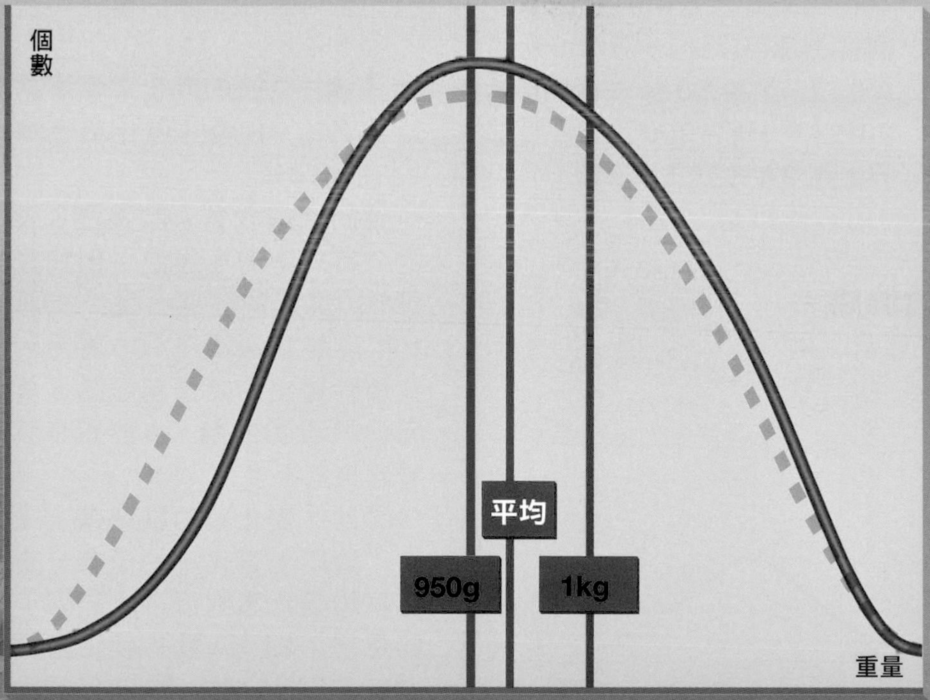

還想了解更多！
運用常態分布識破詭計

以下還有一個運用常態分布識破詭計的案例。統計學家凱特勒發現法軍徵兵體檢時的身高分布圖形，在157公分左右有點奇怪。

原因是有部分年輕人不想當兵。當時，身高157公分以下的男性不須應召入伍。因此，有部分身高稍高於157公分的人就低報了。結果，圖形呈非常態分布，顯示稍高於157公分的人很少，而157公分以下的人卻很多。

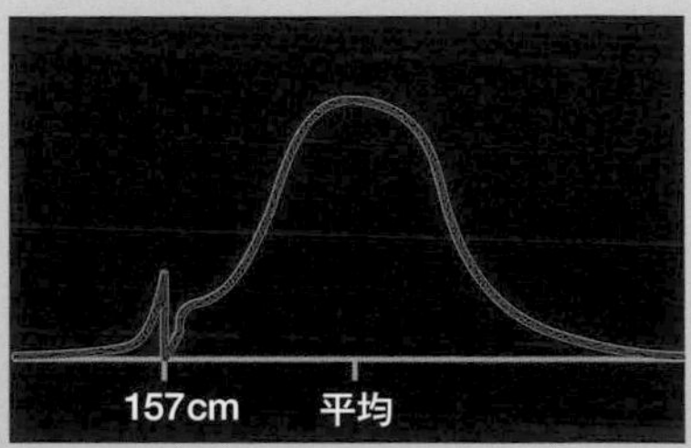

column 3

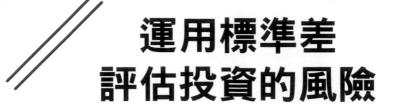

運用標準差評估投資的風險

所謂股票，與禮券、支票等同屬有價證券，是企業為了向投資人募得資金所發行的一種證券。

買了股票的投資人，會藉企業賺錢而獲得盈餘的「股利」，或於股市趁股價上漲時將股票賣出等方式來獲利。只是，若預測錯誤，買了價值下跌的股票，而且無法獲利脫手賣掉，就會因此虧錢。

因此投資人必須謹慎選股。這時，就必須用到平均和標準差了。

先比較「股價的變化率」

股票的價格因企業而異。因此，即使同樣「漲２元」，在不同股票的意義是不一樣的。

假設，分別投資A股跟B股各10萬元。A股１股100元，所以可買1000股，而B股１股1000元，所以可買100股。

那麼，假設A股和B股都漲了20元。A股等於有1000股×20元＝２萬元的潛在利益，B股則只有100股×20元＝2000元的利益。明明同樣投資10萬元，一樣上漲20元，但獲利卻相差10倍之多。

因此投資人在比較各股時，不會只看「股價的變化」，而是注意「股價的變化率」。他們會看股價上漲的比例。

一起來看前例中的變化率。同樣上漲20元，一股100元的A股上漲為20%（變化率20%），一股1000元的B股卻只上漲２%（變化率２%）。

如此這般，以變化率來做比較的話，就很容易看出哪支股票的收益比較高。另外，實際上要考慮投資股票時，譬如會以過去５年內的股價變化為基準來計算「平均變化率」，這個數值常稱為「期望報酬率」（expected rate of return）。

用「變化率的標準差」估算投資風險

利用變化率比較容易看出各股差異，但只注意變化率是很危險的。請看以下案例。

① 假設A股跟B股的變化率皆為5%。

② 不過，A股的變化率標準差為2%，B股的變化率標準差為10%。

請問應該要買A股還是B股呢？首先①的意思是，例如買了100萬元的股票，這２支股１年後都會漲價至105萬元，在那時賣出的話預期能賺５萬元。只看①的話，A股跟B股看起來差不多。

②的「變化率的標準差」是指「實際上變化率的值會分布在平均變化率附近多大範圍」的意思。即「A股的變化率標準差為2%」意指「以5%的股價平均變化率為中心並經常在其上下2%的範圍內變動」。A股大多在３～７%的範圍內變

⊙ 用「標準差」顯示股票的風險

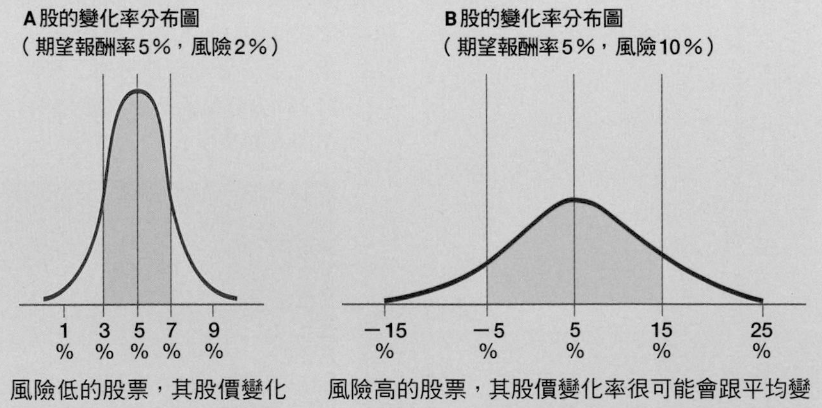

風險低的股票，其股價變化率大多會在平均變化率的附近變動。

風險高的股票，其股價變化率很可能會跟平均變化率差很多。有時候會暴漲，但也非常有可能變成負值。

股票的風險愈高，其平均變化率也愈高

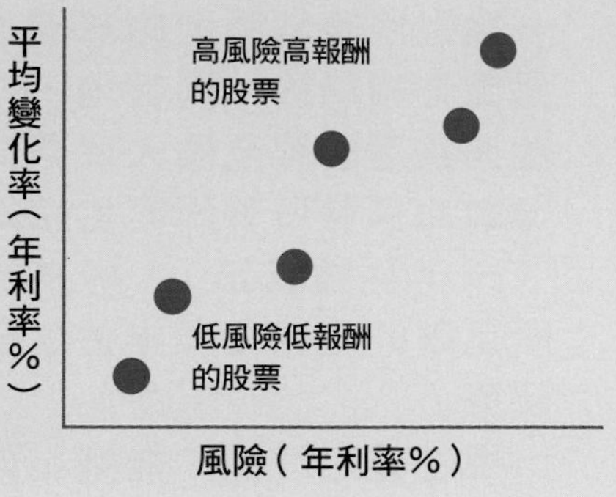

股票等投資商品的平均變化率愈高，風險也會有愈高的趨勢。

另外，說到「風險」，很容易想成是股價暴跌的可能性，不過它本意是指「偏離平均變化率的結果」。也就是說，平均變化率大幅上升也包含在風險裡面。

動，而且鮮少超過1%或9%變化率的範圍。

同樣的思維，「B股的變化率標準差為10%」是指B股大多會在－15%～15%的範圍內變動，而且鮮少超過－15%或25%的範圍。也就是說，B股的股價可能會漲到15%，但也要有會變成負值（＝虧損）的心理準備。

這裡說的「股價變化率標準差」一般是指「風險」或「波動性」（volatility）。而且，像B股這樣可能會大好大壞的股即稱為「高風險股票」。

A股跟B股的平均變化率都是5%，儘管預期的報酬相同，但B股的風險較高。因此，要選擇風險較低的A股才是聰明的作法。

前述的標準差已成為評估股票風險的重要指標。

何謂高風險高報酬？

如前例，如果有變化率相同，但風險相異的二支股票，投資人肯定會買風險較低的那一支。此外，若有風險相同，但平均變化率相異的二支股票，一定會買平均變化率較高的那支。

照這樣的方式買股票時，股票市場就會剩下「變化率高風險也高（高風險高報酬，high risk high return）的股票」跟「變化率低風險也低（低風險低報酬）的股票」。

結果顯示，股票跟類似之投資商品的平均變化率與風險會呈現正相關關係，如上圖。

高風險高報酬的股票可預期它的高平均變化率跟高報酬，但股價的變動大，虧損的可能性也很高。相對地，低風險低報酬的股票只能預期它的低平均變化率跟低報酬，但虧錢的可能性較低。兩者之中要選哪一種就看投資人的判斷了。沒有所謂「保證賺錢的股票」，不論決定買哪支股票，一定都會有虧損的風險。

不過，有降低風險的方法。1952年，當時還是經濟學系研究生的馬可維茲（Harry Markowitz，1927～）曾綜合多支股票來降低風險以增加變化率，並因此發明了「投資組合理論」（portfolio theory）。這項成果讓馬可維茲於1990年獲頒諾貝爾經濟學獎。

股價的變動不會遵從常態分布

不論哪支股票，都會有股價下跌導致虧損的可能性。而且，投資人最怕的就是股價大暴跌。什麼時候會暴跌雖然不可預測，但至少可知道發生暴跌的機率。

如果股價的變動遵從常態分布，從平均起算超過3個標準差的現象只有0.27%的機率會發生。發生差距5個標準差的「大暴跌」或「大暴漲」機率僅有0.00006%。

但是很遺憾地，股價的變動並不會遵從常態分布。其分布圖形為山峰型，與常態分布相較，山峰左右兩側的「緩坡」部分都不太變陡。意思是，5個標準差以上的大變動發生機率還是很高的。如果變化率遵從常態分布的話，幾乎可以認定股價即使長達萬年也不會發生驟然大暴跌，但過去100年就已經發生好幾次了。

統計學的平均跟標準差透過投資組合理論，告訴我們降低風險的方法。但並不保證一定會賺錢。

民意調查

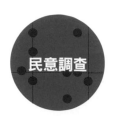

憑藉1000人的意見來反映1億人的想法

現在的政權究竟有多少人支持呢？但若為了釐清這個問題的答案，而逐個訪問超過 1 億的全國人民意見，可謂大費周章沒有效率！而民意調查就是利用僅約1000人的答卷比例來解決這個疑問。假設現在用民意調查來訪查政權支持率，得到「有效回答數1000份，支持率70%」的結果。那就能推估出「真實支持率可能落在67～73%的範圍內」。

為何 1 億人只要訪問其中1000人就能推估出全體國民的意見呢？原理就跟試喝鍋裡的湯一樣，試一湯匙就曉得味道了。**如果湯是均勻混合的話，一湯匙跟整鍋兩者的味道應該是完全相同的。同樣地，如果能夠挑選出跟全國人民男女及年齡比例等所有因素皆相同的「一小群體受訪」，則該群體所反映的意見便能推估出全國民意。**

那麼要怎麼做才能選出與全民相同人口結構的1000名受訪

從1億人中隨機選出1000人的方法

從全體國民之中挑選受訪者時，要每個人被選中的可能性皆相同，所採用的方法是，得先為全國人民編號，號碼的每個位數使用具有0～9共10面的骰子來決定（如左頁說明）。只不過民間企業要進行調查時，無法擅自取得投票權人的聯絡方式，所以這個方法行不通，因此報社等媒體的民意調查都是用電話號碼來選出受訪者（如右頁說明）。

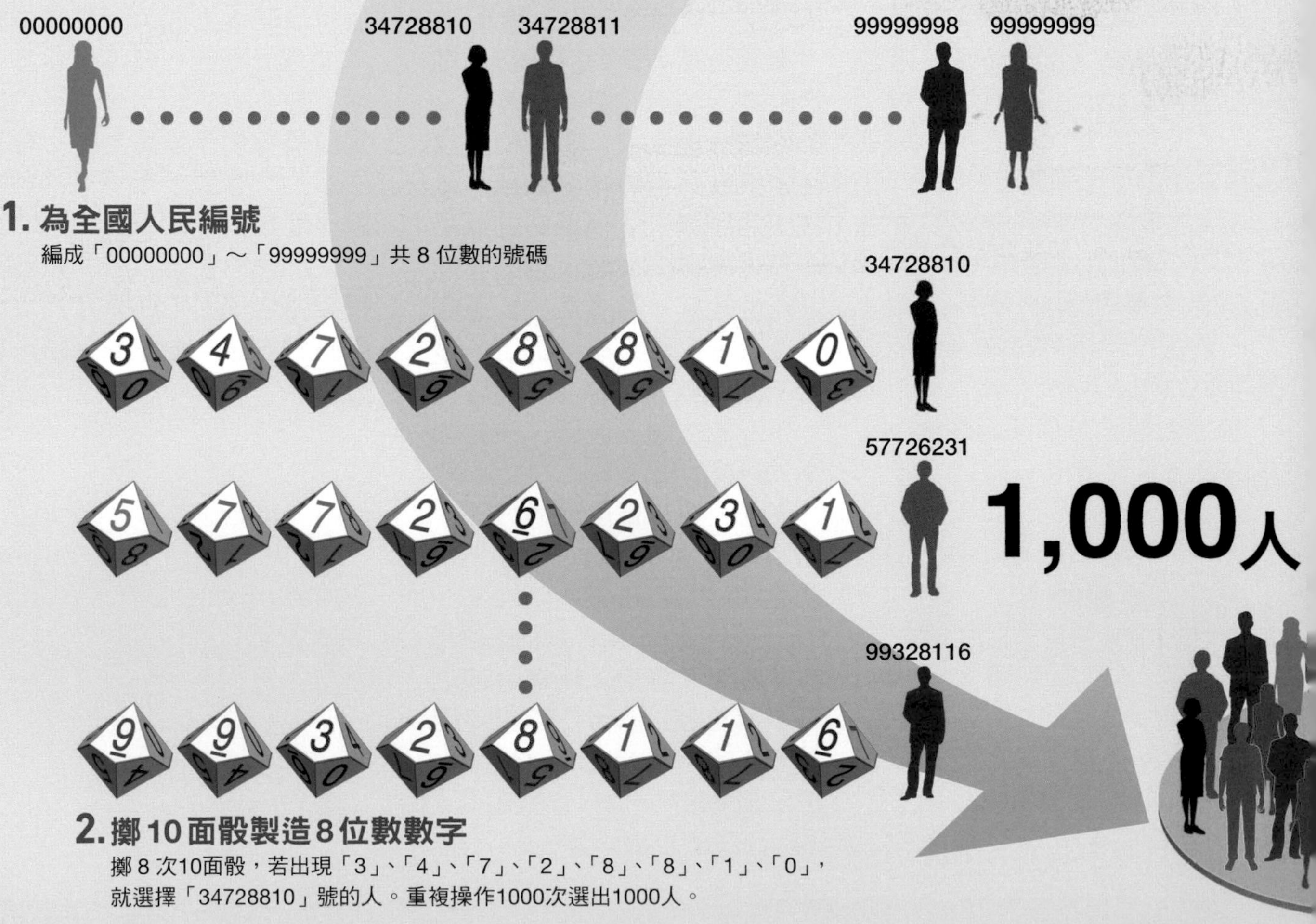

1. 為全國人民編號

編成「00000000」～「99999999」共 8 位數的號碼

2. 擲10面骰製造8位數數字

擲 8 次10面骰，若出現「3」、「4」、「7」、「2」、「8」、「8」、「1」、「0」，就選擇「34728810」號的人。重複操作1000次選出1000人。

群體呢？其實沒有必要考慮男女比例跟年齡差距。**只要隨機挑選，就能選出和全民結構差不多的1000人。**

只不過，所謂的「隨機選取」，其實是很難做到的。**隨機挑選代表不論哪個人都有相同機率被選中的可能性。**例如，平常每天早上，在日本東京車站只挑選顯眼的人訪問，受訪者的人口結構一定會偏離全國民眾的人口結構。「隨機選取」跟單純地「隨便選取」是完全不一樣的作法。

舉個方法為例，如果將全國民眾編號，使用具有從「0」到「9」共10面的骰子來製造號碼並選取受訪者，則每位國民被選中的機率都相同，這樣才能算是隨機選取，如左頁圖示。實際上報社的民意調查也是儘量使用隨機選擇受訪者的方法，如下圖。

還想了解更多！

抽樣誤差與受訪者的關係

像民意調查般，從樣本推估母群體的樣本調查，一定會有誤差。只是，誤差會隨著受訪者人數增加而遞減。

例如由民意調查得到「有效回答數100份，支持率70%」的結果時，依下列公式可推算出「真實支持率落在70%±9%範圍內的可能性為95%」。但是，結果為「有效回答數1000份，支持率70%」時，精確度會提高，可推算出「真實支持率落在70%±3%範圍內的可能性為95%」。

$$抽樣誤差 = \pm 1.96 \times \sqrt{\frac{p(1-p)}{n}}$$

（n：有效回答數，p：實驗值）

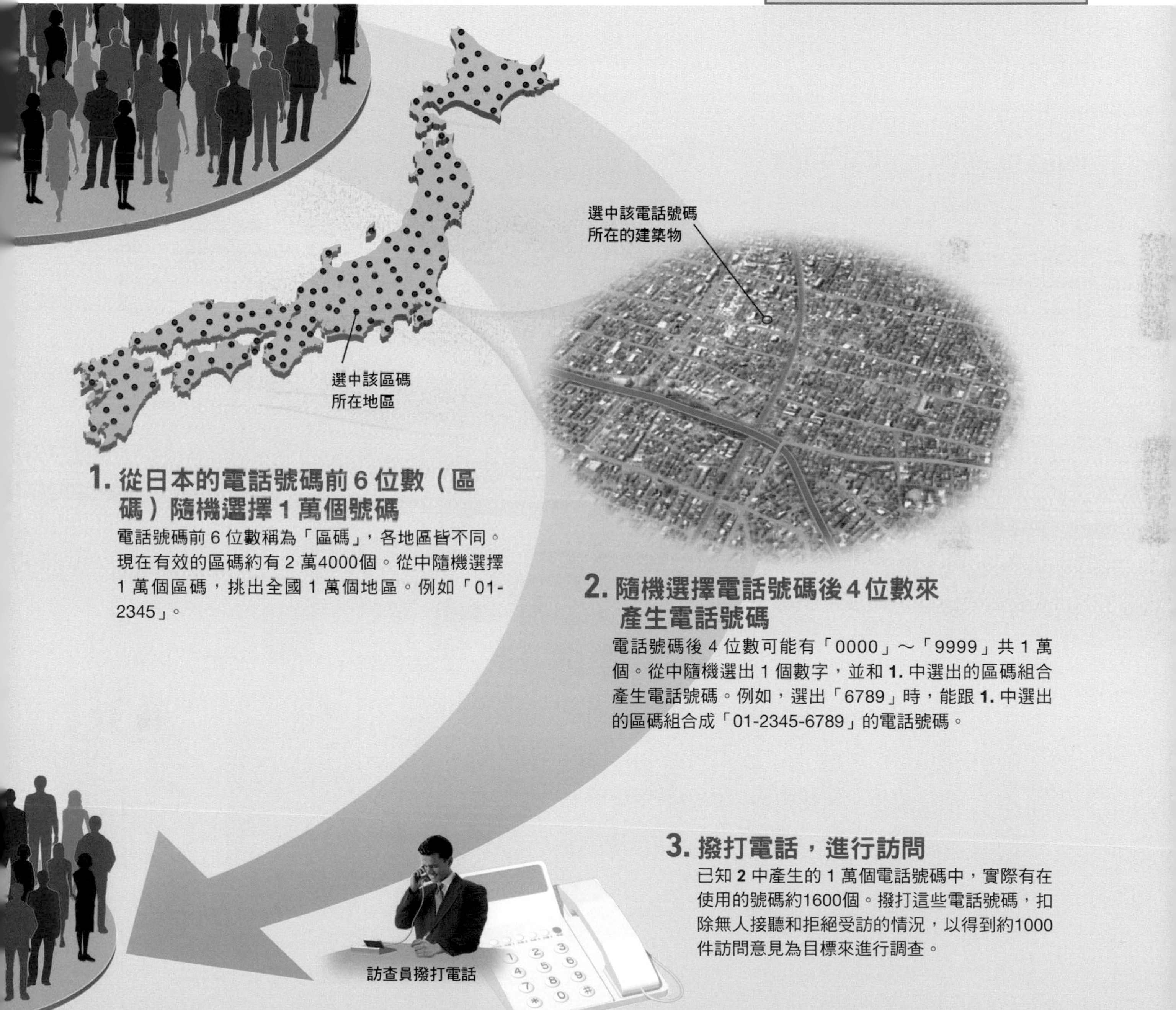
選中該電話號碼
所在的建築物
選中該區碼
所在地區
1. 從日本的電話號碼前6位數（區碼）隨機選擇1萬個號碼
電話號碼前6位數稱為「區碼」，各地區皆不同。現在有效的區碼約有2萬4000個。從中隨機選擇1萬個區碼，挑出全國1萬個地區。例如「01-2345」。
2. 隨機選擇電話號碼後4位數來產生電話號碼
電話號碼後4位數可能有「0000」～「9999」共1萬個。從中隨機選出1個數字，並和1. 中選出的區碼組合產生電話號碼。例如，選出「6789」時，能跟1. 中選出的區碼組合成「01-2345-6789」的電話號碼。
3. 撥打電話，進行訪問
已知2中產生的1萬個電話號碼中，實際有在使用的號碼約1600個。撥打這些電話號碼，扣除無人接聽和拒絕受訪的情況，以得到約1000件訪問意見為目標來進行調查。
訪查員撥打電話

隨機化回應

如何讓人誠實回應以調查未成年的飲酒率？

假設我們現在想調查「10幾歲就曾飲酒的人大約有多少」。可是，恐怕無法要求受訪者老實回答，結果最後變成一場失敗的調查。要怎麼做才能讓人老實說出難以啟齒的答案呢？

曾有未成年飲酒經驗的人，很可能會在問卷調查上謊稱「無此經驗」，就是因為不想被人知道自己曾做過這樣的事。但訪查員只是想知道具此經驗者的比例，根本不在乎飲酒的是誰。

因此，利用名為**「隨機化回應(randomized response)」的方法，就能在保障未成年飲酒經驗者隱私的情況下調查其比例。**

用「擲硬幣」來保護受訪者的個人隱私

首先，請受訪者分別各擲硬幣，但不讓訪查員看到。然

採用不同的詢問方式就能得知受訪者是否誠實回應

想調查「曾有未成年飲酒經驗」的人數比例，但可能無法要求他們老實回答（如左頁）。遇到這種情況，利用名為「隨機化回應」的方法時，受訪者就會比較願意誠實說出難以啟齒的答案（如右頁）。

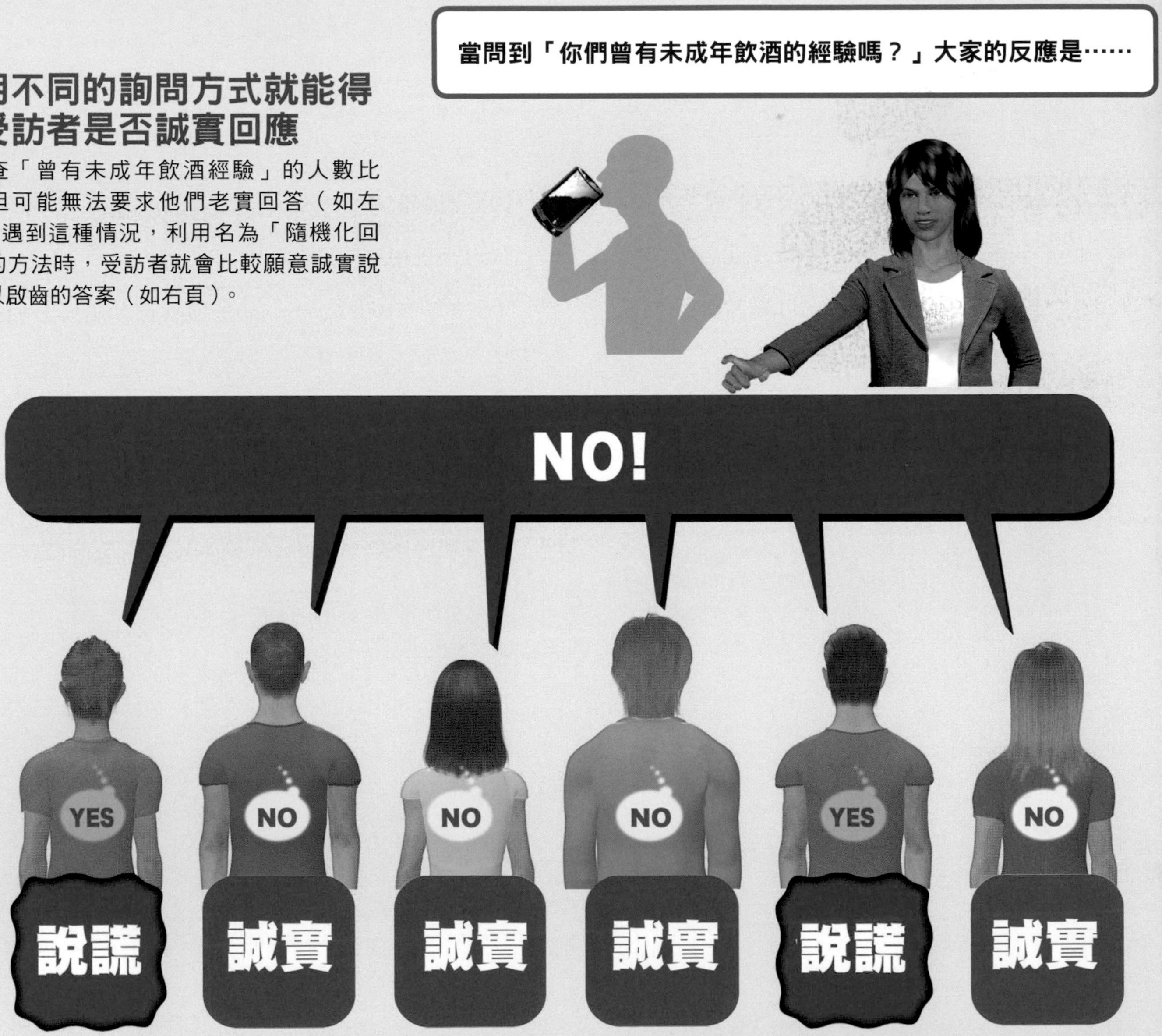

曾有未成年飲酒經驗的人很可能會謊稱「無此經驗」。因此，調查結果所顯示的恐怕比實際真正的比例還低。

後，訪查員會告訴所有受訪者如下之內容：**「擲出『正面』的人請說『是』。擲出『反面』者則請對『曾有未成年飲酒經驗』此問題回答『是』或『否』。」**

在此情況下，訪查員無法區分回答「是」的人，他們是因為擲出硬幣正面所以說「是」，或是曾有未成年飲酒經驗所以回答「是」。明白這種規則的受訪者，若曾有未成年飲酒經驗的話，通常會老實說「是」。利用這個方法，受訪者的回應即成隨機，所以才稱為「隨機化回應」。

訪查員收集受訪者的回答後，再推算出曾有未成年飲酒經驗者的比例，其過程如下。現假設300名受訪者中有200人回答「是」。

擲硬幣會出現正面的機率為2分之1，所以推算300人中有150人因為擲出正面而回答「是」。因此，回答「是」的人數扣除150人，就知道老實回答「曾有未成年飲酒經驗」的受訪者比例。針對問題而回答「是」的有50人，回答「否」的有100人，所以可推估出約33%的人曾有未成年飲酒經驗。

訪查員看不出回答「是」的人當中，誰真正曾有未成年飲酒經驗。因此，曾有此經驗的受訪者會覺得「可以放心回應」，於是誠實回答的可能性便會提高。

隨機對照試驗

歐巴馬候選人的募款增加是如何辦到的？

「總統候選人的官網要怎麼設計才會增加捐款和志工呢？」

在2008年時，由希洛克（Dan Siroker）操刀的歐巴馬（Barack Obama）總統候選人之正式官網，設計了「隨機對照試驗」（randomized controlled trial）解決這個問題。最後，推估捐款增加了約6000萬美金，志工也增加了28萬人。

首先希洛克準備了6款官網的畫面與動畫版本，及4個電子郵件帳號的註冊按鈕，並將這些項目互相搭配，產生24種官網版本。之後為了要呼籲支持者去捐款或當志工，可註冊的電子郵件帳號愈多，捐款和志工一定也會愈多。因此，為了調查哪個官網版本才能提升瀏覽者的電子郵件帳號註冊率，便進行了以下實驗。

一開始的**實驗，是在一段固定的期間內「隨機顯示24種官網版本給曾瀏覽過該網頁的人」。**這段期間內，將瀏覽過歐巴馬總統候選人官網的人分成24個族群。官網和電子郵件帳號註冊按鈕的出現跟排列方式都是固定的，然後，希洛克在不被這些因素影響的狀態下，依官網的設計版本調查瀏覽者註冊電子郵件帳號的比例會如何變化。

這種方法稱為「隨機對照試驗」。其優點是，可以確定實驗中發生的變化不屬於第98～99頁所提的偽相關（不受其他因素干擾，如順序）。

這項實驗的結果顯示，人們的行為會因設計和標語的不同而有驚人的變化。這種調查方法已經普遍使用，例如機械製造商要找出效果最佳的廣告方式，以及探索最常利用航空公司的乘客會滿足於什麼樣的服務等。

官網的設計和按鈕的變化跟增加6000萬美金的捐款有關

2008年美國總統選戰時，歐巴馬候選人的官網設計版本是透過統計實驗而決定的。他們變更網頁上的標語和畫面，隨機顯示好幾種設計版本給瀏覽者觀看。舉例來說，B網頁的瀏覽者註冊率會比A網頁高出40%。這種方法也稱為「A/B測試」（A/B test）。

另外，本網頁畫面中的人像與真正網頁所使用的不同。

如果瀏覽者連上官網的話，在顯示網頁畫面之前，會隨機將瀏覽者分至A族群或B族群。

A族群所見的網頁

A族群看到的是旗子圍繞著候選人的照片，以及寫有「SIGN UP」（註冊）之按鈕所設計成的網頁畫面。

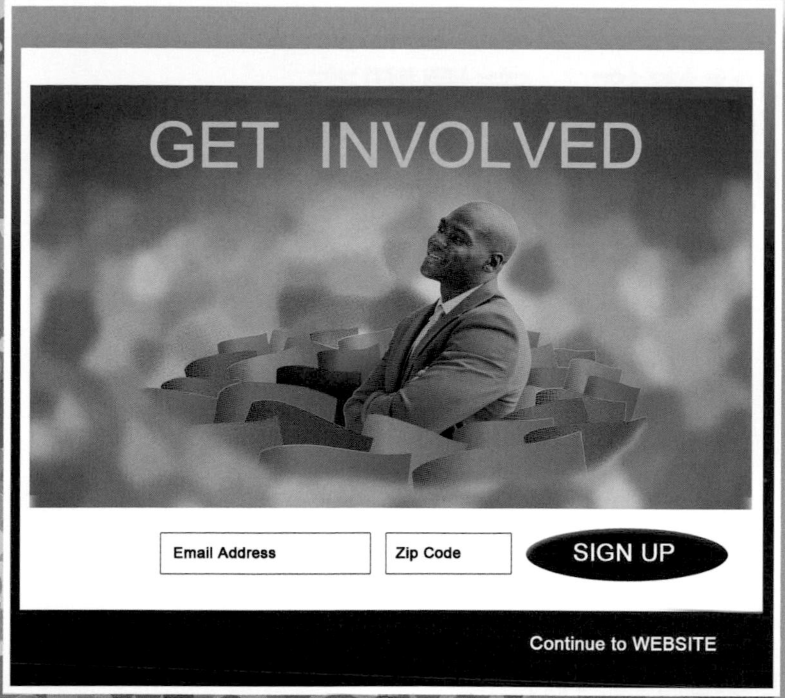

B族群所見的網頁

B族群看到的是候選人與家人的合照，以及寫有「LEARN MORE」（了解詳情）之按鈕所設計成的網頁畫面。

B族群瀏覽者比A族群電子郵件帳號的註冊人數多了40%。推測這個結果和捐款增加6000萬美金及志工增加28萬人有關。

Column 4

教育、脫貧措施、市場調查……
普遍應用於各領域的「隨機對照試驗」

一般所謂「隨機對照試驗」（randomized controlled trial，RCT）的方法是將實驗對象分成 2 個族群，並對其中一個族群進行實驗，然後比較實驗過跟未實驗的結果，藉此驗證實驗效果。於醫療領域中，自古就已認可這是可信度高的實驗方法，並在臨床試驗（clinical trials）測試新藥上，一直運用至今。

如今，隨機對照試驗已普遍使用於各種領域。例如，墨西哥運用隨機對照試驗來決定政策，且獲得空前的成功。

脫貧政策有效嗎？

由於墨西哥的小孩已是貧困家庭保貴的勞動力，所以存在有低就學率的問題。因此1997年，「讓小孩接受健檢，並讓他們上學就有補助」的脫貧政策立案了。只是，這項政策要以全國的規模實施時，財務負擔會太過龐大。同時也出現收效與否的置疑。如果沒效的話，就形同虛擲公帑了。

因此，為了確認財政收支是否平衡，政府先進行隨機對照試驗。選擇貧窮的村莊，並隨機分群，比較補助發放與否的村莊是否有所差異。

於是，就補助政策的實施與否相較之下，有補助的村民孩童個子平均高 1 公分，而且健康狀況、就學率等也顯著改善與提高。基於這項結果，政府遂決定以全國的規模來實施補助政策。

墨西哥政策的效果成功，是因為他們有在背後強力推動的

實驗以調查施教方法是否有效

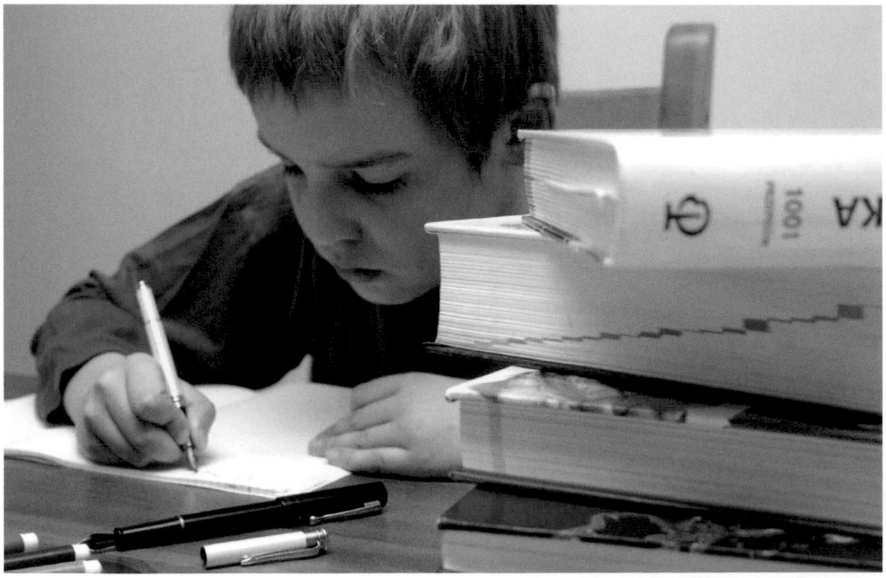

※：設於美國麻省理工學院（MIT）的脫貧行動實驗室（J-PAL），一直在全世界推動隨機對照試驗的實施與政策立案。成立這間實驗室的巴納吉（Abhijit Banerjee）與杜芙洛（Esther Duflo），及哈佛大學的克里莫（Michael Kremer），共同獲頒2019年的諾貝爾經濟學獎。得獎原因是他們「透過實驗方法緩和世界貧困」的貢獻。

研究機關※來實施隨機對照試驗，特別是開發中國家，為了撙節有限的政府預算跟有效發揮來自他國政府的開發指導（official development assistance，ODA），所以盛行隨機對照試驗。

此外，美國在2001年，為了提升學童的學習力，進行了隨機對照試驗來調查有效的教法。有部分學校實施新的教法，並與繼續採行舊制施教的學校，比較兩者的學生成績是否有所差異。這樣實驗下來，據說，已從數種教法中區分出有效與無效的施教方法。

1年內就做了多達 2萬次以上的實驗？

隨機對照試驗在商業領域上也經常使用。據說美國的信用卡企業第一資本金融公司僅在2006年就進行了2萬8000件的隨機對照試驗。

實驗進行如下。對部分想停用信用卡的族群提出「3個月的利率減免5%」。另外對其他族群提出「6個月的利率減免2%」。隨機對想停用信用卡的人提出如上內容，因為若調查前、後兩族群的慰留成功比例，就能夠找到最有效的續卡措施。

此外，聽說促銷DM的細部設計方面，也使用隨機對照試驗來決定樣式。將促銷DM的寄送地址分成好幾個族群，並對各族群寄送不同設計的促銷DM，藉此調查反應最佳的設計款式。

隨機對照試驗 不公平？

只有部分村莊實施補助政策，或是只有部分教室引進新的教法，只對部分患者投予新藥，站在做為對照組的村莊或學校、患者的立場來想，可能會覺得很不公平。

是的，透過實驗的方式得知補助政策的確有效，且以全國性的實施規模而言，越早受惠的地區，好處也會比其他地方多吧。

但是，進行實驗的意義在於釐清以下的各種情況，包括沒有效果、反而造成負面影響，又或者產生副作用等等。新政策跟新藥的實驗對象，如那些村莊和學校、患者，可以說正承受著上述風險。

而且，隨機對照試驗的結果若能及早發現政策無效，即可防止稅賦虛耗，並集中預算於已知有效的政策上，全國人民都能受惠。

無法斷定實驗結果

已知在某國有亮眼成效的政策，感覺用在其他國家也會成功，例如補助政策。

但是，隨機對照試驗要限於跟當時相同的環境下進行實驗，其結果才會準確。實際上聽說有一些國家雖引進相同的補助政策卻沒有成功。在不同環境下是否仍能順利進行，須於當下環境重新做一次實驗，這是非常重要的。不能輕易地認為該項措施在其他環境也同樣適用。

假設檢定

新藥真的非常有效嗎？

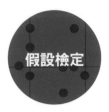

新開發的藥有療效嗎？這個問題要透過「假設檢定」（hypothesis testing），並運用機率來判斷。其過程會利用到常態分布的特性。

新藥的實驗中，首先要取得患者的同意，再將患者隨機分成兩個群體。一個群體投予新藥，另一個群體則投予無效的「安慰劑」，並比較這兩個群體的病程（隨機對照試驗）。

假設投予安慰劑者的症狀沒有改善，而投予新藥者的症狀改善許多。這時還不能冒然定論「新藥有效」。由於新藥的實驗要做到完整無瑕，所以還必須再回答一個問題。那就是：**「會不會新藥跟安慰劑之間的藥效其實沒有什麼差異，所顯現的只是『偶然的效果』而已。」**

不論什麼藥，其顯現療效的好壞因人而異。再說，即使是無效的安慰劑，投予後有人症狀改善，有人反而惡化。因此，如果新藥跟安慰劑之間的藥效原本就無甚差異（＝沒有療效），有時候只是因為新藥實驗之際，受試者中很多人的症狀剛好改善，所以出現安慰劑跟新藥的結果有所差異。

那麼**「就算新藥沒有療效好**

新藥實驗的流程

1. 將頭痛藥的新藥與安慰劑投予患者群體A跟B各100人。

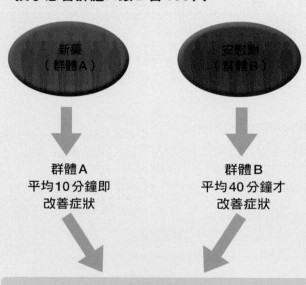

群體A
平均10分鐘即
改善症狀

群體B
平均40分鐘才
改善症狀

實驗結果
投予新藥的群體A
較之投予安慰劑的群體B
平均提早30分鐘即已改善症狀。

假設現在我們想做頭痛藥的新實驗。首先要取得患者的同意，再將患者分成兩個群體。一個投予新藥，另一個投予安慰劑。安慰劑是沒有療效的藥。假設實驗結果為投予新藥的群體A，與投予安慰劑的群體B相較，其症狀的改善早了30分鐘（群體A與B之間的差異為「負30分鐘」）。

2. 為何實驗1的結果會產生差異，要對此建立假說。

假說①
新藥跟安慰劑的藥效有顯著差異。

假說②
新藥跟安慰劑的藥效無顯著差異
但若是如此，可能是因為群體A裡剛好都是一些容易改善症狀的人，以及等等各種原因，導致出現「群體A比群體B早30分鐘改善症狀」的實驗結果差異。

判定標準
・如果假說②的可能性在5%以下，則拒絕（reject）假說②，並接受（accept）假說①。
・如果假說②的可能性在5%以上，就不能忽略假說②的可能性，所以新藥有無療效會沒有結論。

一般認為實驗1的結果會產生差異有二個原因。一個是「新藥跟安慰劑的藥效有顯著差異（假說①）」，另一個是「新藥跟安慰劑的藥效雖無顯著差異，但剛好產生這樣的實驗結果（假說②）」。如果假說②的可能性足夠低的話，就能判定假說①為正確的可能性很高。這個行為稱為「接受假說①」。此外，發生②的機率高到無法忽略時，①跟②都有可能發生，所以從這個實驗無法得出結論。

了，則安慰劑與新藥之間的實驗結果是偶然發生的機率」究竟有多少？「假設檢定」實驗中，會用到常態分布的特性來計算這個機率。而且，如果算出來的機率非常小的話，這個差異就不易被認為是偶然發生，所以可評斷「新藥有療效的可能性很高」。

那要多低的機率才能視為「不是偶然」呢？這個標準在數學上無法確定，所以必須要由評估新藥的當事人來認定。

因此，其標準會因情況而異。例如，新藥的實驗常用「5%以下」為標準，有時也會使用更嚴格的「1%以下」當標準。此外，2013年的諾貝爾物理學獎得主證明有「希格斯玻色子」（Higgs boson）存在的實驗中，使用了超級嚴格的「0.00003%以下」※做為標準。

假設檢定最重要的是，不論設立再怎麼樣嚴格的標準，還是不能斷定「新藥有療效」。例如，以「5%以下」當標準的新藥實驗中，得到「新藥有95%的機率具療效」的結論，有時那只代表「雖然在5%的機率以下，但新藥還是可能沒有療效」。

※：5σ（five sigma）是指跟平均相差5個標準差以上所得到的結果。另外，5σ以外的範圍位於常態分布的兩端，總計0.00006%，不過希格斯玻色子的實驗中，設定條件為落在單測範圍內就判定有粒子存在，故判定標準設為「0.00003%」。

3. 設若假說②正確，新藥與安慰劑之間的療效沒有顯著差異。此時，將二種藥在症狀改善前所花的時間差以機率分布表示，並調查會發生「30分鐘差異」的機率。

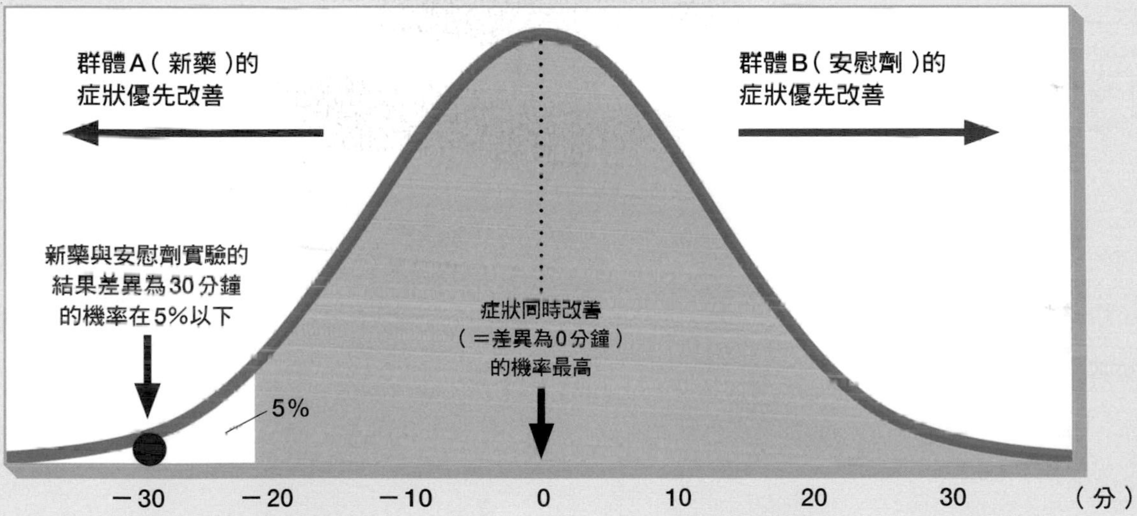

新藥與安慰劑間的療效沒有顯著差異時，實驗結果的差異為30分鐘的可能性在5%以下。因為假說②的可能性在5%以下，所以拒絕假說②，並接受假說①。

假設「新藥與安慰劑之間的療效沒有顯著差異（假說②）」時，會因患者群體間差異導致新藥與安慰劑的實驗結果產生差異的機率分布如上圖所示。上圖的分布稱為「**學生 *t* 分布**」，可以數學導出來。

圖上顯示，代表新藥與安慰劑的實驗結果沒有顯著差異的「0分」是最容易發生的，所以「0」位置的正上方為圖形的頂點。而且，離橫軸上0的位置愈遠，代表實驗的結果差異愈大。儘管「新藥與安慰劑的實驗結果沒有顯著差異」，但結果會產生顯著差異的機率非常小。

若以這個分布圖來探討實驗1的結果，即產生「負30分鐘」的差異，就能驗證假說②會發生的機率。分布為負30分鐘的機率（新藥比安慰劑早30分鐘有效）為5%以下。這結果代表要拒絕假說②，並判定實驗1的結果有顯著差異。

羅斯林博士　Hans Rosling

前瑞典卡羅林斯卡學院（Karolinska Institute）教授暨蓋普曼德基金會（Gapminder Foundation）董事。專長為公共衛生學、醫療統計。透過統計調查，他查明非洲一種名為konzo的麻痺性疾病的病因。最受好評的是，他會利用統計工具簡單明瞭地說明社會問題，並為聯合國或企業舉辦演講活動。部分演講內容可上網站（請參見右下QRcode）瀏覽，有附字幕。晚年致力於撰寫《Factfulness》一書（日經BP社，2019），為世界暢銷書。

悠遊於數字與分布圖之間的「統計達人」

以數據和分布圖為主題的演講視頻，已在網路上的影音網站重播數千萬次。只要經過羅斯林博士分析，數據和分布圖就會活躍靈動地展現眼前，他以運動比賽實況轉播的方式暢談社會的變化。這位統計達人利用相關分析來探索未知疾病的肇因，並舉辦權威性的演講活動，於是我們向他請教，進一步領會了統計所具有的威力。

＊本訪談為2012年的內容。

Galileo——博士您辦過很多種活動，像是陸續上傳分布圖的動畫影片，或是舉辦演講等等，目前正在進行什麼樣的活動呢？

羅斯林——我們團隊現在正輔助大型企業進行網路調查，對全世界進行採訪，問他們諸如「你了解這個世界嗎？」這類的問題。

例如，我們問瑞典人：「50年前全世界孩童人數還不到10億。之後，2000年時已增至20億左右。聯合國的專家對於未來有什麼表示？『①本世紀會持續增至40億人』，『②緩慢增加到30億人』，『③孩童人數已不再增加』。」

答案是「③」。我認為這是人類歷史上非常嚴重的大事。給出正確答案的人僅有10%而已。

Galileo——從以往到2000年的趨勢來看，我感到很意外。

羅斯林——接著，我們又問：「未來21世紀中，人口會從30億成長到40億。這是為什麼呢？」『①因為有更多小孩出生，且有更多貧窮的小孩活下來』，『②因為有很多年輕世代長大成人』，『③因老年人比以前更長壽』」。

僅僅15%的人知道答案是「②」。答錯的人知道答案後很震驚，因為發現自己錯誤的觀念導致錯誤的結論。

Galileo——您長期在網路上公布些數據、舉辦演講，是有什麼目標嗎？

羅斯林——我會根據事實要全世界明白這些真相。運用每個人都能了解的觀念，希望消除如前所述的無知。

為了要讓世界各國明白事實，就必須使用統計

Galileo——博士是從何時開始對統計感到興趣的呢？

羅斯林——回顧我的人生，就要從我父親從事烘焙咖啡豆的工作講起。我父親會把掉在咖啡豆袋子裡的外國錢幣帶回家，告訴我在巴西、衣索比亞、瓜地馬拉採收咖啡果實的人們過著很貧困的生活。這是距今50～60年前的事情了。我因此對世界各國產生興趣，並開始去旅行。

接著是學習之路。我一開始是決定要學習統計學跟經濟學、政治學。之後又轉向醫學，但10年

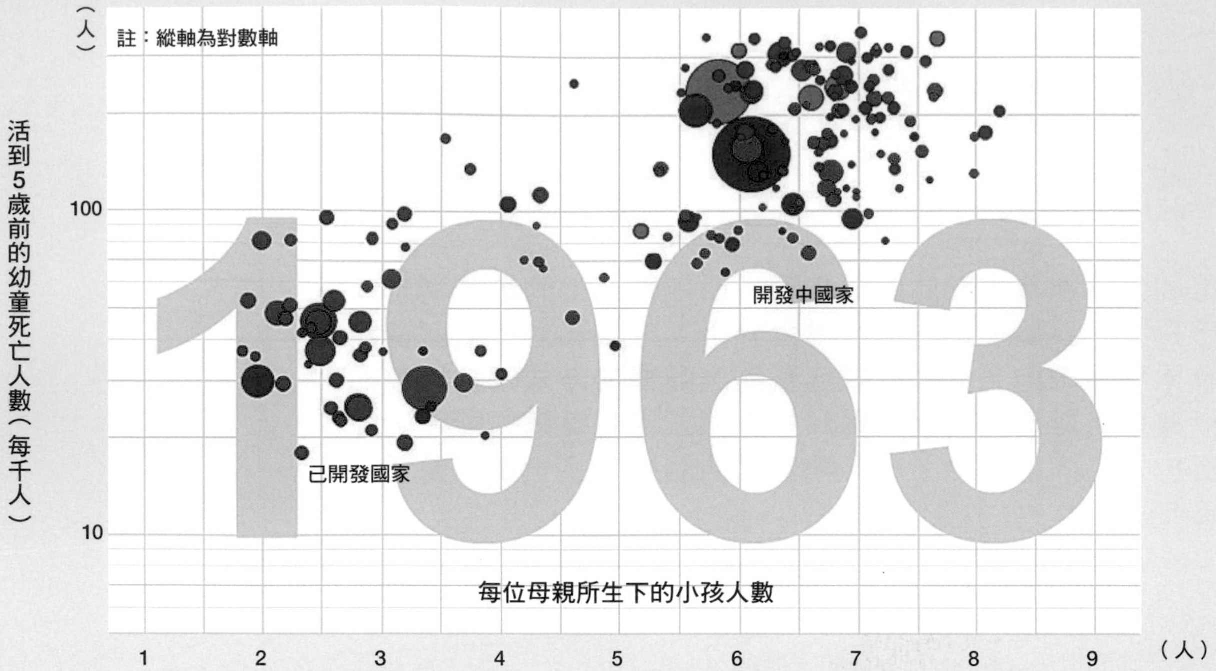

後我不當醫生了，主要透過調查開始做研究。我在非洲地區當了好幾年的醫生後，發現當地竟有醫學教科書上沒有記載的麻痺性疾病（konzo）。

Galileo──聽說您在探究疾病的肇因時，利用了統計的方式。

羅斯林──會罹患麻痺性疾病是因為人們在食物嚴重不足時，食用「樹薯」的植物根部，卻沒有經平常會做的前處理。

於是我對於非洲正逐漸崩潰的農業系統與地區經濟燃起了濃厚的興趣。就這樣，我的注意力又回到了經濟學跟政治學。開始想一探究竟，為什麼有些國家富裕，有些國家貧窮，或還有些是介於貧富之間。

然後，我對一直存在「開發中國家」這件事感到強烈的憤怒。很多人使用「已開發國家」跟「開發中國家」來分類，但卻是大錯特錯，因為那已是50年前的講法了。現在世界各國之間正是呈現連續分布的狀態。數據和分布圖的動畫軟體（如前述）是為了在大學上課時解釋這種情況而設計的。

Galileo──這軟體是您自己想出來的點子嗎？

羅斯林──不是。其實是兒子知道我做研究要用到分布圖，就自告奮勇幫我做的。

Galileo──博士在美國非營利組織「TED」進行國際大型演講時，使用了這個軟體，整場演講大受好評呢。

羅斯林──在TED演講結束後，Google公司創辦人之一的佩吉（Larry Page）走上講台，問我：「這個程式碼是誰寫的？」我回說：「是我兒子和他朋友寫的。」Google公司因此買下軟體，並招聘我的兒子他們到Google公司上班※1。所謂的發明，就是像這樣偶然幸運地遇到伯樂。

探究未知疾病的肇因20年不輟

Galileo──麻痺性疾病的肇因是如何發現的？

羅斯林──麻痺性疾病跟當地人民陷入嚴重的貧困狀態有關，是毒素及營養失衡的一種疾病。我注意到他們另類的生活習慣，必須要做分群調查。

首先就以1000～2000人的小規模區域來區分，並計算1000

※1：這套軟體已免費贈予Google公司。之後，該軟體也已公諸於羅斯林博士營運的蓋普曼德基金會的官網（http://www.gapminder.org/）。此外，Google公司也於原軟體增加新的功能，重新命名為「The Public Data Explorer」，並開放下載（https://www.google.com/publicdata/directory）。

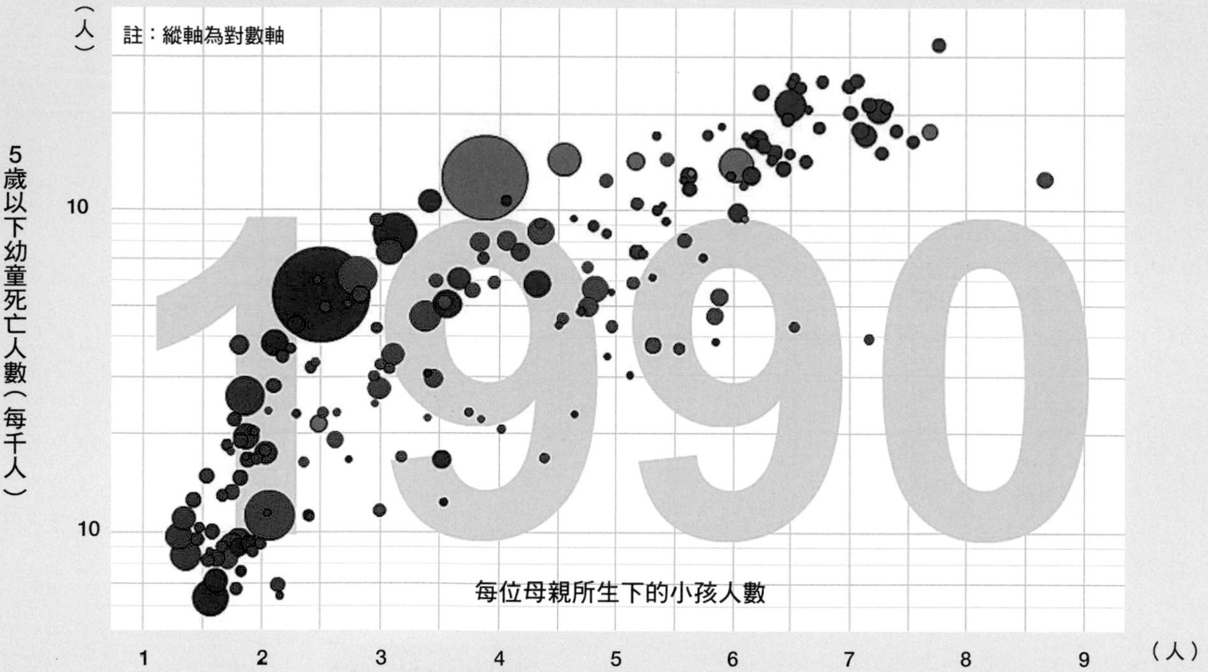

世界上已經沒有已開發和開發中國家之分

羅斯林博士說：「很多人主觀認為『開發中國家很窮，一位母親要生6個以上的小孩，並以大家庭型態為主』。」每位母親要生的小孩人數（橫軸）與幼童死亡率（縱軸）的關係，各國分開表示如上圖。圓圈的大小為人口數，各顏色代表不同國家，黃色為南北美，橘色為歐洲及俄羅斯、中亞，綠色為中東及北非，深藍色為撒哈拉以南的非洲，淺藍色為南亞，紅色為東亞及大洋洲各國。1963的圖顯示世界各國分成已開發國家和開發中國家兩個群體。但是，1990年的已開發國家和開發中國家的分布狀況已沒有區別，明顯看得出來已不是分開的兩個群體。上圖摘錄自蓋普曼德基金會董事羅斯林博士的官網。（http://www.gapminder.org/world/）

人中的病患人數，也調查那個村落的典型飲食習慣。之後，持續調查每個月的病患人數與每年飲食生活的變化。結果發現，發病率最高的地區及月份中，幾乎都是因為飲食上只吃未經完整前處理去除毒素的樹薯而造成的。樹薯若沒有適當做好前處理，一旦食用就會攝取過多的氰化物。

Galileo——所以您推斷村民是因為沒有好好地完成前處理所殘留下來的毒素，才導致生病。

羅斯林——實驗結果顯示出強烈的相關性。不過，那還不算最完整的證明。要取得確證，就必須做實驗。

Galileo——所謂實驗，意思是指食用未經前處理的樹薯族群與食用其他食物的族群兩相比較，並調查有無患病的差異？※2

羅斯林——嗯。不過這樣的實驗太不人道了，所以不可行。他們活在煉獄般的貧困中，靠著想像不到的飲食生存下來。那樣艱苦的環境，不能為了實驗目的，竟只給一些特定人選營養價值高的食物，一般人都做不到吧。

Galileo——所以您不進行實驗，而是為了驗證氰化物致病的可能性，繼續進行調查。

羅斯林——轉眼間20年過去，我認為致病原因已經很清楚了，因為在其他地方很少見。我們寫了8篇與這種流行病相關的報告，全都是一樣的飲食習慣，其他地方也看得到相同的飲食習慣與疾病的組合。我曾預測過坦尚尼亞南部會得這種病，去了當地，果不其然發現這種病。

※2：這項實驗請參考第116頁「隨機對照試驗」的說明。

相關分析要注意的訣竅！

Galileo——如果要進行「相關分析」，調查二個數據之間的關係時，有哪些重點要特別注意？

羅斯林——所謂「相關性」並不意謂具「因果關係」。

我舉一個例子吧。在德國曾發

200年來世界各國的演變。
再現羅斯林博士的實況轉播！

羅斯林博士說：「決定健康的主要因素是『所得』。如果國家富裕的話，國民的健康狀況幾乎不會有太大區別。」右圖中，橫軸是每個人的年收入，縱軸則是平均壽命。每一個圓圈都代表一個國家，其大小代表該國的人口數。各顏色代表不同國家，黃色為南北美，橘色為歐洲及俄羅斯、中亞，綠色為中東及北非，深藍色為撒哈拉以南的非洲，淺藍色為南亞，紅色為東亞及大洋洲各國。蓋普曼德基金會官網上的動畫，可看到代表世界各國的圓形會隨著時間推移，而像互相競爭般地往圖的右上方前進。羅斯林博士的評論摘錄自動畫。

「200年前，世界上人們的平均壽命在40歲以下。而且，國民所得在3000美元以下。來！且待我們來讓時間轉動。」

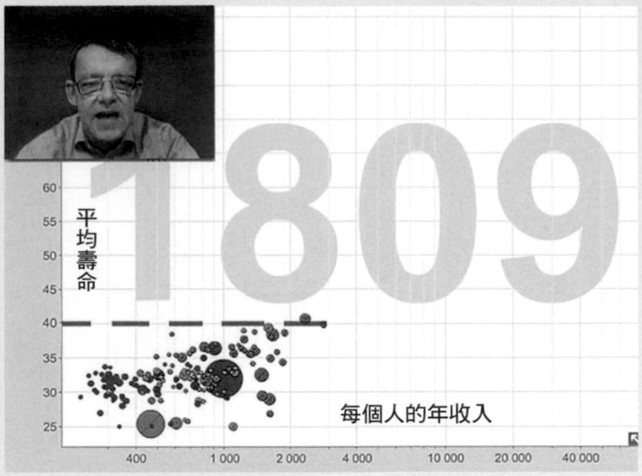

「第二次世界大戰期間，最富裕與最貧窮的國家之間差距愈來愈大」

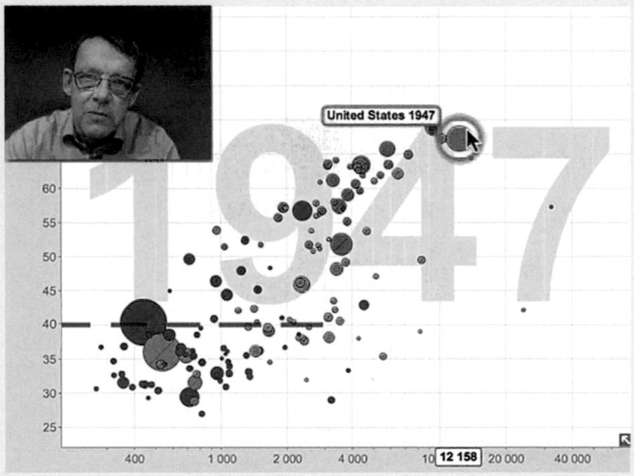

生一件非常慘痛的意外。2 年多前的夏天，爆發了嚴重的胃病，死了很多人。然後有人就餐廳裡的「已感染者」和「未罹病者」所用過的餐點，進行了相關性的調查。

結果顯示已感染者吃的蔬菜比未感染者多，特別是他們吃了西班牙產的番茄。為此歐盟禁止西班牙輸出番茄，導致西班牙不斷出現失業者。

然而一段時間後，經證實西班牙產的番茄跟這起事件完全沒有關係。元兇原來是德國境內栽培的豆芽菜。由於農民是小規模栽培，所以漏查了。這是根據相關性犯下錯誤決定的典型案例。

Galileo——那麼，如果已知 2 種數據之間有相關性，這結果要怎麼運用才好呢？

羅斯林——通常，在建立「假說」時相關關係會非常好用，是藉此更進一步導出結論的工具，而非用來直接展開行動。

不過，有些實驗很難做出顯著的相關性。這種時候，還是希望儘量努力完成實驗，需要經常動腦找出解決方法。

假設檢定的意義會因受試人數而有截然不同的結果

羅斯林——你知道嗎，即使假設檢定在統計學上有顯著差異，但有時在現實世界卻沒有意義？

例如，假設日本的大阪人比東京人肥胖。至於為什麼我會知道，乃因為我分別調查過東京與大阪的10萬名受試者，並得到大阪居民的體重多了13公克的「統計上顯著差異」。

Galileo——僅僅13公克的差異，與其說「有差異」，還不如說「幾乎相同」呢。

羅斯林——沒錯。這個結果在現實上是沒有意義的。其實，樣本大小足夠大的話，在統計學上必定會產生顯著差異。為了要調查些微的差異，必須要取夠多的樣本大小。

現在，假設我們聽說「有一個新藥比現有的藥更具療效」。聽過實驗根據後，才知道因為調查方法是「患者有 1 萬人當受試

「西歐與美國發生工業革命，經濟開始成長。然後，人民的生活也慢慢過得健康了。」

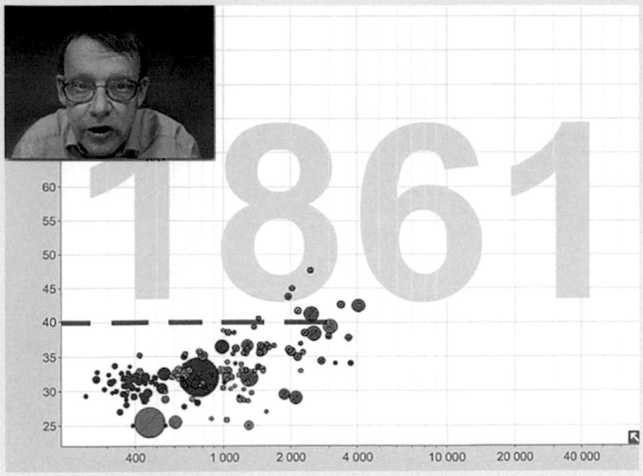

「100年前的當時，幾乎所有國家都沒什麼改善。只有部分國家漸漸好轉，人民也健康了。」

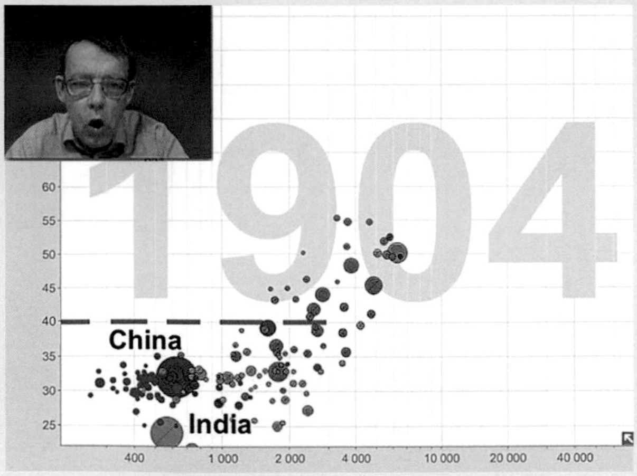

「可是，在第二次世界大戰後，幾乎所有的國家都開始改變！阿拉伯諸國顯得更為富裕。中國不斷地蛻變，之後經濟也開始起飛。」

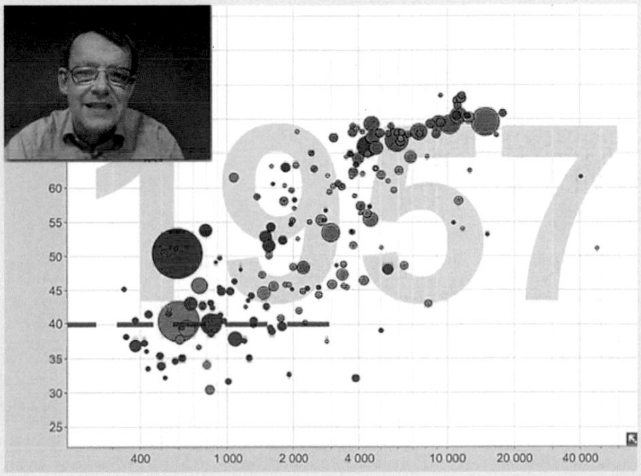

「現在，世界上所有國家的平均壽命，預估在40歲以上。世界呈現富裕且健康的面貌。只不過，富裕與貧窮國家之間仍有相當的差距。」

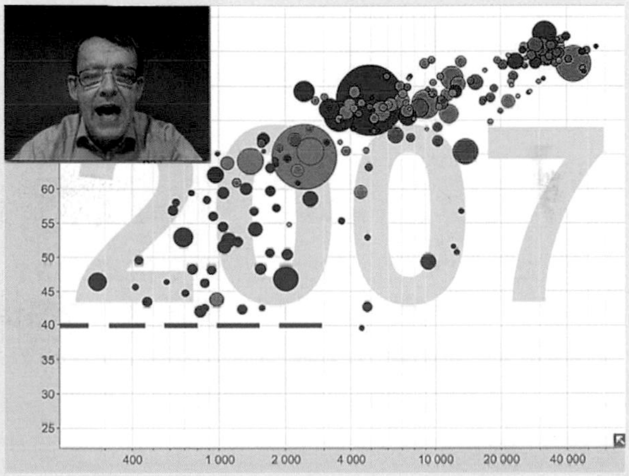

者，一半的人投予一種藥，另一半的人投予另一種藥。」這個階段，我明白這結果還不算有差異。因為聽聞需要1萬人當受試者，當下我就知道其實療效的差異極小※3。如果有某種藥的療效遠優於其他藥的話，受試者只要100人就很夠了。

像這樣，與其從大規模調查得到微小的差異，還不如做小規模調查且獲得極顯著差異還比較有意義。

Galileo——所以，檢視假設檢定的結果，不是只看差異，也必須注意受試者人數，再考慮得到的差異有無意義，才是正確觀念，對吧！

羅斯林——你說得很對，但沒有數字的話無法了解世界。不過只看數字也不足以了解世界。必須要根據數字與判斷標準，並顧及文化和宗教兩方的觀念才行。

※3：猜拳10次，一方會贏6次是非常有可能的，但猜拳10000次，一方要贏6000次的機率就非常低了。前者跟後者的勝率同樣是60%，但利用假設檢定調查勝利者是否很強時，前者的情況會出現「無法判定」的結果，而後者會得到「勝利者很強」的結果。像這樣，假設檢定的特點就是當樣本大小取得夠多時，即使只有微小差異也能判定為「有顯著差異」。

民意調查的正確知識

防止數字混淆視聽的統計學入門

時常採行的「民意調查」，譬如內閣支持率，或是電視節目的「收視率調查」等等，均屢見不鮮。媒體報導的「數字」，有時會有極大的影響力。不過，這些數字到底有多可靠呢？於是我們向統計學專家請教了這種調查的機制，請他告訴我們「防止數字混淆視聽的方法」。

協助
田村 秀
日本長野縣立大學教授
今野紀雄
日本橫濱國立大學教授

「有9成以上的人很在意地球環境問題」、「有過半數的人贊成日光節約時間制度」、「內閣支持率跌破今年新低」……。

電視新聞和報紙的大標題經常可見「內閣支持率」。電視台和報社等媒體會定期舉辦民意調查，傳達來自「民眾的聲音」。除此之外，日本內閣府方跟地方政府等行政機關有時也會舉辦民意調查來了解居民的意見。根據內閣府大臣官房公關室彙整的《全國民意調查現況》(2018年版)，2017年度於國內舉行過的民意調查次數超過1700件。

民意調查的「民意」是看不見摸不著的，所以要轉換成具體又具說服力的「數字」。但也有可能因此容易掉入「民意調查的陷阱」。

「上個月的民意調查顯示內閣支持率為31%。這個月下降至29%，已跌破3成。」

其實，只看這些數自就直接判斷「內閣支持率降低」是很不嚴謹的(原因後述)。若能先了解民意調查的機制與統計學的基礎知識，就不會被表面上的數字牽著鼻子走，至少也可減少一些數字迷思吧。

民意調查有如「試喝味噌湯」

要了解某個群體(母群體)的特性，有「普查」跟「樣本調查」等2種方法。假設我們想知道當今內閣的支持率有多少。為了這件事而詢及全國每位民眾的意向，這就是「普查」。一旦舉行普查，就必定能清楚知道真正的內閣支持率。但是，由於調查需要大量的人力與時間，當母群體的數量過大，且大到無法立刻知道結果時，普查就不適用。

因此民意調查最常使用的是「樣本調查」。所謂樣本調查是代替普查，從母群體中取出有限數量的「樣本」來調查，並基於其結果推論母群體的整體特性。優點是比普查節省人力跟時間。

「樣本調查可譬喻為『試喝味噌湯』。」這句話乃出自熟稔社會調查本質的日本長野縣立大學的田村秀教授。

「鍋裡的味噌湯不攪拌就試喝的話，不管喝幾碗都喝不出整鍋的味道，但先攪拌均勻後再從各處舀湯試喝，都會是一樣的味道，僅僅1湯匙就能完全了解整鍋的味道。原理跟樣本調查一樣，如何隨機挑選樣本

民調必須注意的重點

訪問調查法

訪查員當面提問，並直接聽取受訪者應答的方法。

注意事項　由於受訪者與訪查員面對面接受訪問，有時不會誠實回答問題。有效回答率相對較高。

電訪法

使用電訪來聽取應答的方法。成本低，也不太花時間。

注意事項　有效回答率會相對較低。

郵寄法

郵寄問卷請受訪者填寫並寄回的方法。成本很低，但很花時間。

注意事項　由於要受訪者親自填寫問卷，所以容易受到他人意見的影響。有效回答率也相對較低。

異於民調的其他調查

街頭問卷調查

拜託路人幫忙，請受訪者當場應答的方法。由於受訪意願的比例普遍較低，樣本有產生偏誤的可能性。而且，不同時間點的路上，人群恐怕也會有年齡層之類的偏誤。經常不公開有效回答率。

網路民調

可分為 2 種，分別是上傳問題至網頁開放給不特定人士來回答的「公開型網路民調」，以及事先選定應答者（受訪者）的「特定受訪者型網路民調」。不論哪種調查方式都採自動進行，受訪者自己應答輸入並當成樣本，所以可能會有特定階層的樣本偏誤。

統整舉行民調的注意事項。除了列舉的「訪問調查法」、「電訪法」、「郵寄法」之外，還有訪查員做訪問，並將問卷暫放於受訪者，待幾天後取回的「訪問留置法」。此外，由於「街頭問卷調查」和「網路民調」都不是隨機選擇樣本當受訪者，故如何解讀結果必須謹慎。

會決定此次樣本調查的品質。」

如何隨機取樣？

隨機選擇樣本的方法是指「母群體中所有個體皆有相同機率可能獲選的選法」。這種選法稱為「隨機抽樣」。

隨機抽樣的具體作法因民意調查的實施方式而異。例如，訪查員訪問並聽取回答的「訪問調查法」(interview survey)，可理解為使用亂數表從登載所有居民的「居民基本名簿」(residential basic book) 隨機選出受訪者的方法。但自2006年以後，居民基本名簿原則上是不公開的，所以都要在調查目標所在的地圖上隨機選幾個點來進行訪問。

此外，報社等公司用電訪做民意調查常用一種名為「（電訪）隨機撥號」（random digit dialing，RDD）的隨機抽選法。在欲調查的地區市內區碼後面加上電腦隨意造出的4位數字，作成一個市話號碼，打給一般市民。

這樣隨機挑選的樣本，有如「攪拌均勻後再用1湯匙試喝的整鍋味噌湯」，少數個體成為整體的縮影。但田村教授指出，就算採用這種方法，樣本還是有可能會偏誤。

例如，近年來只擁有手機而沒有申辦市話的年輕家庭愈來愈多。用RDD法會選不到這種家庭當樣本，結果反而易於選到相對高齡的家庭，這種可能性已逐年顯現。因此2016年以後，各大報社開始引進市話跟手機併用的RDD法，已有效選到較多年輕人當樣本。另一方面，也產生了新問題，例如有人批評選出太多男性等。

田村教授說道：「每一種調查方法都有好有壞，沒有所謂完美無缺的方法。但即使如此，還是認為民意調查完全不可信的話又太極端了。要確認好所採用的調查方法，並將其特性牢記腦中，再來看待民意調查會比較好。」

也請注意「有效回答率」

明明是同時期實施的內閣支持率民意調查，但每家報紙跟電視台報導的結果有時卻不太一樣。這是為什麼呢？一般認為，原因在於調查方式不同及後面會提到的「抽樣誤差」。而且，田村教授補充說明如下。

「被選為樣本的人未必會協助調查。舉例來說，調查者若是自己偏愛的報社就配合，若為別家報社的調查可能就不回應。即使取樣時沒有偏誤，但受訪者會有各自的愛好，所以不能排除報紙帶有『政黨色彩』的可能性。」

要判斷民意調查的受訪者有無分布均勻的其中一個指標為「有效回答率」。這是指「被選為受訪者人數」（樣本大小）與「願意協助調查並有效回應者人數」（有效回答數）的占比。意即，有效回答率愈高，拒絕受訪的人就愈少，所以可預估受訪者局限於某些特定族群的風險會比較少。

田村教授建議道：「一般來說，有效回答率要以超過60％為佳，若在50％，那民意調查的可信度就不算高了！」

不過近年來民意調查的有效回答率有整體下降的趨勢。其中一個原因是「個人隱私的意識抬頭」。不願個人資料流出而拒絕調查的案例，正逐日增加當中。而且反詐騙意識抬頭，不想讓陌生人知道電話號碼的想法，也在不斷地擴散。過去民意調查的民情已經與現今的氛圍完全不一樣了，這些差異可得牢牢記住！

推估信賴度所需的「範圍」

究竟要用什麼方法才能「完全隨機選出樣本」呢？其實，採用再怎麼理想的方法選取樣本，還是會產生一些無可避免的偏誤。為方便說明，我們以

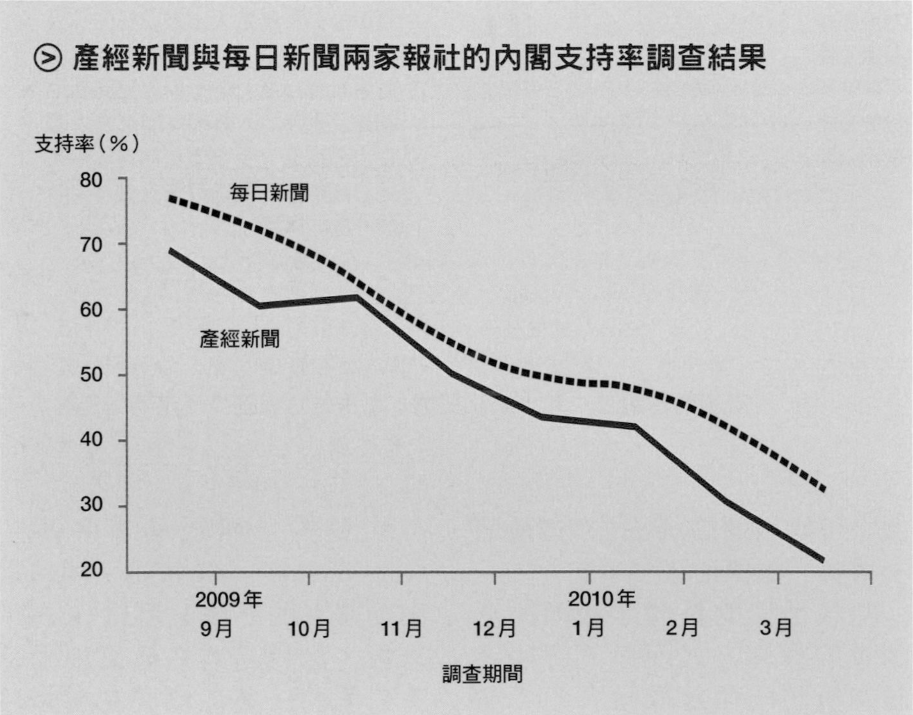

儘管同時期進行內閣支持率的調查，但產經新聞的結果總是較低。趨勢圖改編自《入門應用統計學》（藪友良著，東洋經濟新報社）。

何謂計算誤差所必須的「常態分布」？

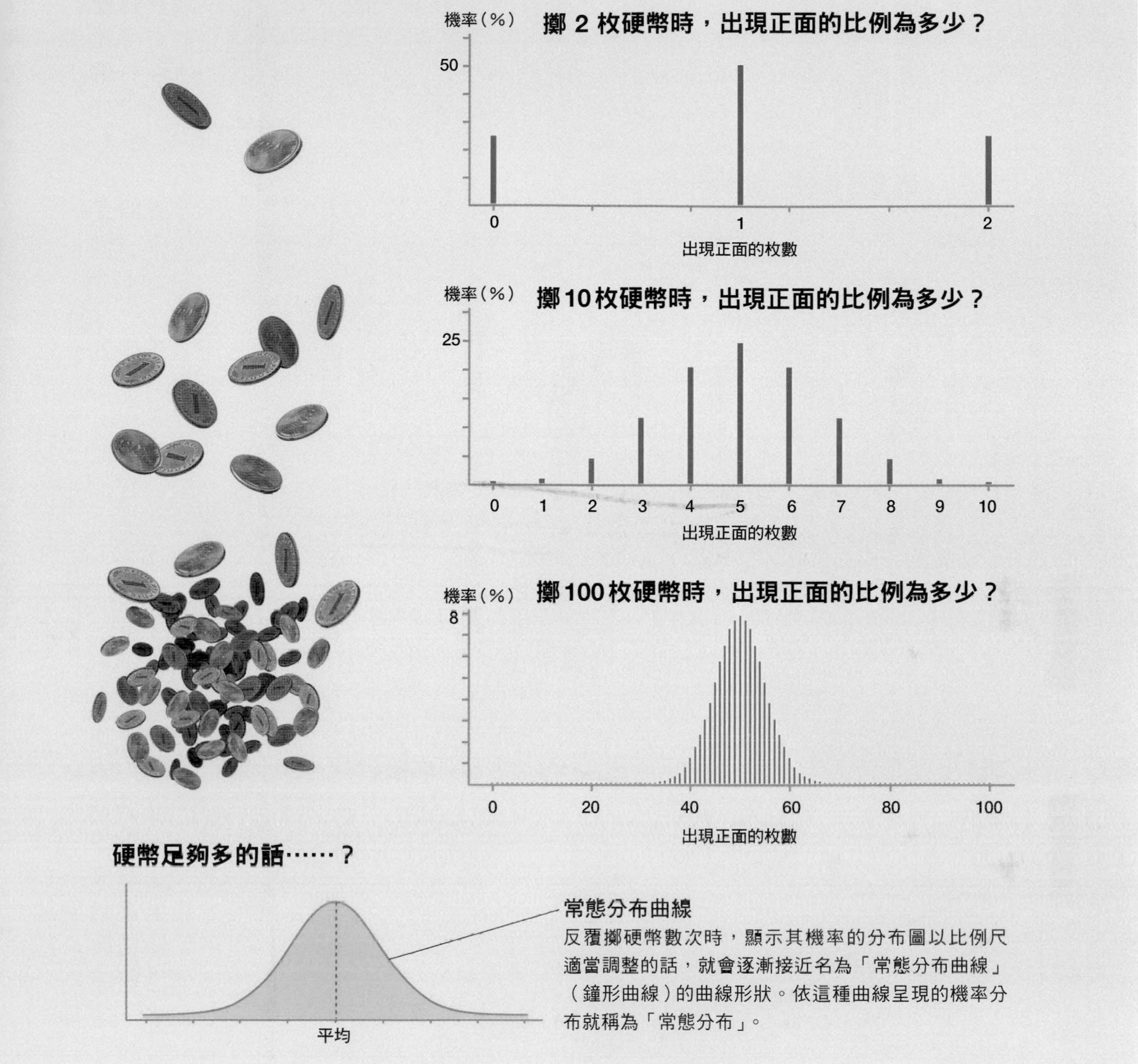
機率（%）
擲 2 枚硬幣時，出現正面的比例為多少？
50
0
1
2
出現正面的枚數
機率（%）
擲10枚硬幣時，出現正面的比例為多少？
25
0
1
2
3
4
5
6
7
8
9
10
出現正面的枚數
機率（%）
擲100枚硬幣時，出現正面的比例為多少？
8
0
20
40
60
80
100
出現正面的枚數
硬幣足夠多的話……？
平均
常態分布曲線
反覆擲硬幣數次時，顯示其機率的分布圖以比例尺適當調整的話，就會逐漸接近名為「常態分布曲線」（鐘形曲線）的曲線形狀。依這種曲線呈現的機率分布就稱為「常態分布」。

擲多枚硬幣時，整體出現正面比例（橫軸）與其機率（縱軸）的關係如上圖。硬幣愈多枚（圖以比例尺調整過），圖形就愈會慢慢接近「常態分布曲線」。依照這種曲線呈現的機率分布就稱為「常態分布」。已知「日本人身高的分布」屬於常態分布。根據常態分布曲線的特性來計算樣本誤差的公式，請見第131頁所示的公式A。

最具代表性的隨機事件：「擲硬幣」及「擲骰子」來考慮以下問題。

問題：正、反面出現機率相等的硬幣。擲10枚這種硬幣時，能夠預測其中有幾枚會出現正面嗎？

因為正、反面出現的機率相等，所以「會有5枚正面」應該是最合理的預測。但是，試一下就馬上會發現並非如此，擲10枚硬幣剛好出現5正5反的機率意外地低。經計算後，其機率只有約25%而已。得到4正（6反）或6正（4反）這種偏離結果的機率各為21％左右。而且，就連10枚全正或全反的極端偏離結果，也各有0.1％左右的機率。

結論，預測出現「5正」的情況，只有25％的機率會猜中，約75％的機率猜不中。換句話說，這個最合理的預測只有25％的可信度（即「信賴度」，confidence degree）。

意欲預測更準確，則放寬預測範圍即可。例如，預測「4正到6正」（5枚誤差±1枚）的出現機率，就有約67％的猜中機率（信賴度約67％）。而且增加

了解「誤差」，數據才會有「信賴度」（1～3）

從樣本大小2000人的樣本調查來推測占比

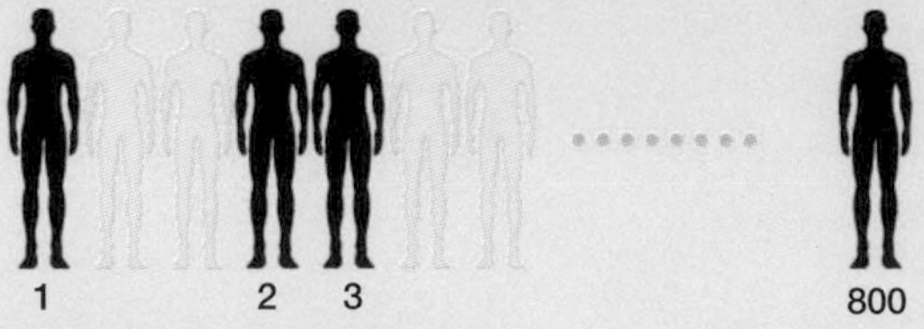

樣本調查的結果為800÷2000＝40％。將這40％當作母群體的值來推測紅色小人的占比，稱為「點估計」（point estimation）。

再重新取一次樣本會如何？

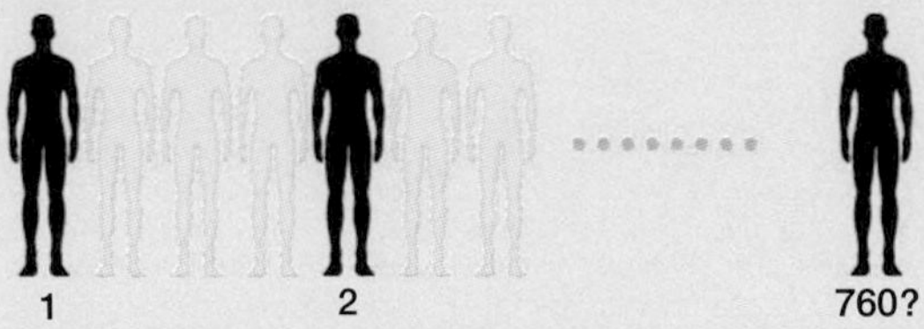

樣本一定會分散在母群體各處。另取的樣本不保證一定會得到「40％」的值。

1. 「紅色小人」占整體多少百分比？

假設我想知道母群體中「抱持某些想法之人」（圖中紅色小人）的占比有多少。所有人都訪問一遍極難做到時，須隨機選擇一些樣本來調查，並從其數據來推測占比，此即樣本調查。

2. 從「子群體」來推測母群體，難以令人信服。

將樣本調查所得到的數據（40％）直接當作母群體的值來做推測，稱為「點估計」。但是，由於樣本分散在母群體各處，所以無法判斷點估計有多少可信度。

可信度90％

樣本誤差

$\pm 1.65 \times \sqrt{\frac{0.4(1-0.4)}{2000}}$

$\fallingdotseq \pm 0.018$

……±1.8％

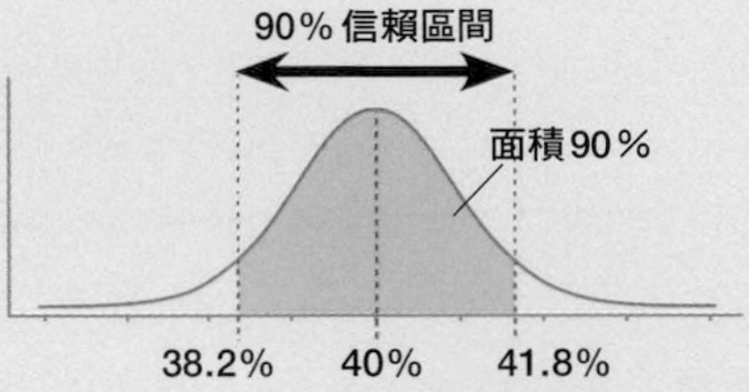

可信度95％

樣本誤差

$\pm 1.96 \times \sqrt{\frac{0.4(1-0.4)}{2000}}$

$\fallingdotseq \pm 0.021$

……±2.1％

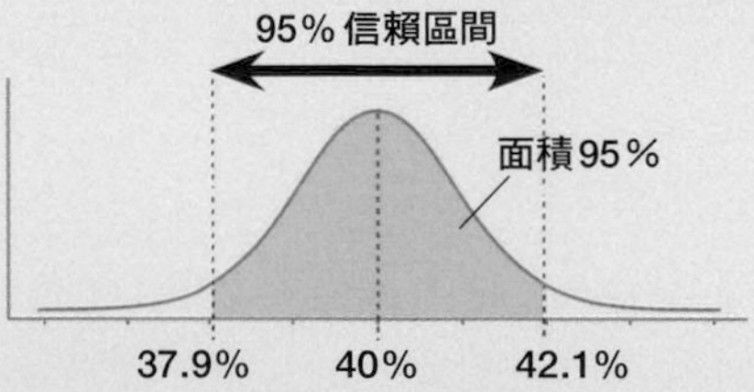

可信度99％

樣本誤差

$\pm 2.58 \times \sqrt{\frac{0.4(1-0.4)}{2000}}$

$= \pm 0.028$

…±2.8％

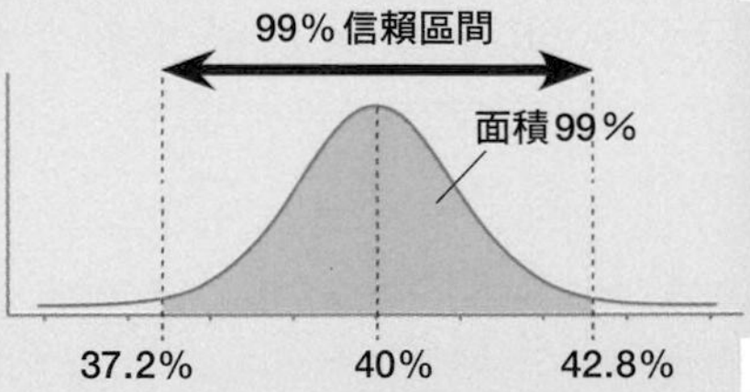

3. 求出誤差，給予範圍供做推估，才能提高可信度

若算出樣本誤差的大小，就能推測可信度的高低。樣本誤差是利用常態分布曲線的特性（文中公式A）所求出來的。左例中，若推測「紅色小人在母群體中的占比為40％±2.1％」，其可信度有95％。推測的範圍（信賴區間）會因可信度的設定而異※。

※：可信度90%的樣本誤差公式中，1.65這個數字點占標準常態分布右側的5%，可信度95%的1.96占標準常態分布右側的2.5%，可信度99%的2.58占標準常態分布右側的0.5%（請參照第168頁的檢索表）

進行民調等樣本調查，了解誤差是很重要的，原因如下。知道誤差的大小才能根據樣本調查的數據來推測可信度的高低。

範圍，預測「從2正到8正」（5枚誤差±3枚）的話，猜中的機率約達98%（信賴度約98%）。

一起來計算「信賴區間」

「這個觀念可直接套用在最常做樣本調查的民調上。設一個推估範圍，並在某種程度的可信度下進行推估是可行的。」專精機率統計的日本橫濱國立大學的今野紀雄教授說道。

在此我們舉前面虛構的新聞為例，再仔細思考看看。

「上個月的民意調查，顯示內閣支持率為31%。這個月下降至29%，已跌破3成。」

聽到這一則新聞，應該會有人相信「這個月的內閣支持率已經降低了」。可是在相信的「31%」跟「29%」這些數字之前，要先知道這些數字的誤差有多少。

假設這次民調的受訪者人數和上個月一樣都各是2000人，樣本大小是75%（有效回答數1500人）。想要獲知此次民調的誤差，用如下公式計算即可。只要有能運算平方根（√）的計算機（如工程用計算機等），任何人都可以求出誤差值。

假設民調的有效回應數是 n，得到的計算值（例如內閣支持率）以 p 表示。這次民調母群體特性的信賴度推估為95%，樣本誤差可以如下公式求得。

樣本誤差

$$=\pm 1.96\times\sqrt{\frac{p(1-p)}{n}}\cdots\cdots A$$

公式A的「常態分布」特性已顯現在數學式上。另外，數學式中的1.96是因為信賴度的設定而異。例如，如果信賴度設定為90%，就變成1.65；信賴度99%的話就變成2.58%。統計上通常使用信賴度95%為大宗。

那麼，套用公式A來算一下「有效回應數1500，內閣支持率29%」，且信賴度95%時的樣本誤差。p 為29%＝0.29，n 代入1500，算出樣本誤差為±2.30%。這代表，「真正的內閣支持率落在29%±2.30%（亦即26.70%至31.30%）的範圍內」，有95%的機率可信賴此結果。如上的推測範圍「26.70%至31.30%」稱為「信賴區間」（confidence interval）。

也就是說，如果「31%」跟「29%」都落在信賴區間內，可以視為誤差範圍。因此，這次民調要觀察的1個月裡內閣支持率是否有變化，解釋為「幾乎沒有差異」是很安全的說法。

如此這般，我們要能學會算出誤差跟信賴區間，並冷靜地判斷民調的結果。

推估棒球選手未來的打擊率

今野教授認為：「轉換一下觀點，職業棒球選手的打擊率也能視為樣本調查的結果」。因此，現在讓我們運用信賴區間的觀念，根據日本旅美職棒選手鈴木一朗2007年的打擊率，來推估他往後的打擊率。

2007年時鈴木一朗效力於美國西雅圖水手隊，紀錄上他在678個打數擊出238支安打，打擊率為0.351（35.1%）。假設這個「0.351」打擊率是鈴木一朗如常發揮的真正實力。但是，即使用完全相同的實力，在下一個球季的678個打數，安打數也未必保證一定是238支。不如說，可能會多於或少於238支，如同擲硬幣的例子，就不難想像了。那麼，鈴木一朗的打擊率可能會「偏離」到什麼程度呢？

以打數678取代 n 的有效回應數，打擊率 $p=0.351$，並代入公式A時，會算出信賴度95%的樣本誤差為±0.036。此時的信賴區間是「打擊率自0.315至0.387」。這個結果在統計上可做出以下推論。

「2007年的成績是鈴木一朗如常發揮的實力，若之後也能維持一樣的水準，他在未來20個賽季中有19個賽季（95%）的打擊率會落在0.315到0.387之間（不考慮打數變動的情況下）。」

這裡要將信賴度95%提高至99%。要算信賴度99%的誤差時，公式A的「1.96」用「2.58」來取代計算即可。此時的樣本誤差變為±0.047，信賴區間是「打擊率自0.304至0.398」。從結果來看，可推測「鈴木一朗在未來100個賽季中有99個賽季的打擊率會落在0.304到0.398之間」。今野教授如此說明。

「只要鈴木一朗維持住2007年的實力，以上述統計結果來說，未來他的打擊率絕不會低於3成。但是，達到4成的可能性也很小。假如鈴木一朗打擊率達到4成的話，那就不是單純的誤差，也許可以推測是『他進步了』。」

收視率排名的陷阱

電視的「收視率調查」也跟民調一樣，是樣本調查的其中一例。電視和報紙上會出現「上週的收視率排行」，常用收視率的好壞將電視節目排名。這種排名也一樣，知道誤差範圍的話，就能更冷靜地看待。

收視率（家庭收視率）是指某電視節目在某地區曾有多少百分比家庭收看而推算出來的值。日本目前作國內電視收視率調查的民間單位只有「video research公司」1家。

video research公司在名古屋地區進行收視率調查的樣本大小為600個家庭。由於資料會自動回傳，所以600個家庭全都是有效回應者，讓我們來試算一下信賴度95%的樣本誤差。

可以用公式A計算，不過查找左邊的檢索表會更輕鬆。查表可知，n 等於600時，誤差最大為±4.0%（收視率50%的時候）。收視率20%（或80%）時，誤差為±3.2%。意即，20%左右的收視率一定會有加減3%的誤差。video research公司的官網上也載明收視率會伴隨這類的誤差產生。

田村教授提醒道：「二個節目之間的收視率差距在誤差範圍內，理智的人會當作幾乎一樣。更不用說，在0.1%的微小差距上計較優劣，統計上是幾乎沒有意義的事。」

那麼，要減少誤差，並提高調查的精確度，樣本大小得增加到多少才夠呢？

這裡，我們再看公式A。

樣本誤差

$$=\pm 1.96\times\sqrt{\frac{p(1-p)}{n}}\cdots\cdots A$$

從這條公式可知，當 n 值愈大時，$\sqrt{\ }$ 中的值會愈小，所以誤差也愈小。但因為有 $\sqrt{\ }$ 的存在，樣本大小即使增加100倍，誤差也只會縮小10分之1（精度提高10倍）而已。增加樣本大小會多花費調查成本，然精確度的提高卻相對地有限。

對於民意調查也可說是完全

⊳ 收視率調查之受訪戶數（樣本大小）

地區（日本）	關東	關西	名古屋	北部九州，札幌	仙台、廣島、靜岡、長野、福島、新潟、岡山／香川、熊本、長崎、鹿兒島、金澤、山形、岩手、鳥取／島根、愛媛、富山、山口、秋田、青森、大分、沖繩、高知
戶數	2700	1200	600	400	200

⊳ 樣本誤差檢所表（可信度95%的情況）

n \ p	10% 或 90%	20% 或 80%	30% 或 70%	40% 或 60%	50%
2700	±1.1%	±1.5%	±1.7%	±1.8%	±1.9%
2500	±1.2%	±1.6%	±1.8%	±1.9%	±2.0%
2000	±1.3%	±1.8%	±2.0%	±2.1%	±2.2%
1500	±1.5%	±2.0%	±2.3%	±2.5%	±2.5%
1200	±1.7%	±2.3%	±2.6%	±2.8%	±2.8%
1000	±1.9%	±2.5%	±2.8%	±3.0%	±3.1%
600	±2.4%	±3.2%	±3.7%	±3.9%	±4.0%
500	±2.6%	±3.5%	±4.0%	±4.3%	±4.4%
400	±2.9%	±3.9%	±4.5%	±4.8%	±4.9%
200	±4.2%	±5.5%	±6.4%	±6.8%	±6.9%
100	±5.9%	±7.8%	±9.0%	±9.6%	±9.8%

上表為video research公司所實施的收視率調查之受訪戶數（樣本大小）。下表是方便查詢樣本誤差的檢索表。傳遞民調跟收視率結果的報導，雖顯示有效回應數，但時常沒顯示誤差。此時，這份表的功能就是用來自行估算誤差。n 為有效回應數（收視率稱為樣本大小），p 為調查結果的值（內閣支持率或收視率）。

例如，假設「民調的有效回應數1500，內閣支持率為60%」。此時，「n ＝1500」，「p＝60%＝0.6」，檢索上表得知誤差為±2.5%。此時的信賴區間（可信度95%）是57.5%至62.5%。

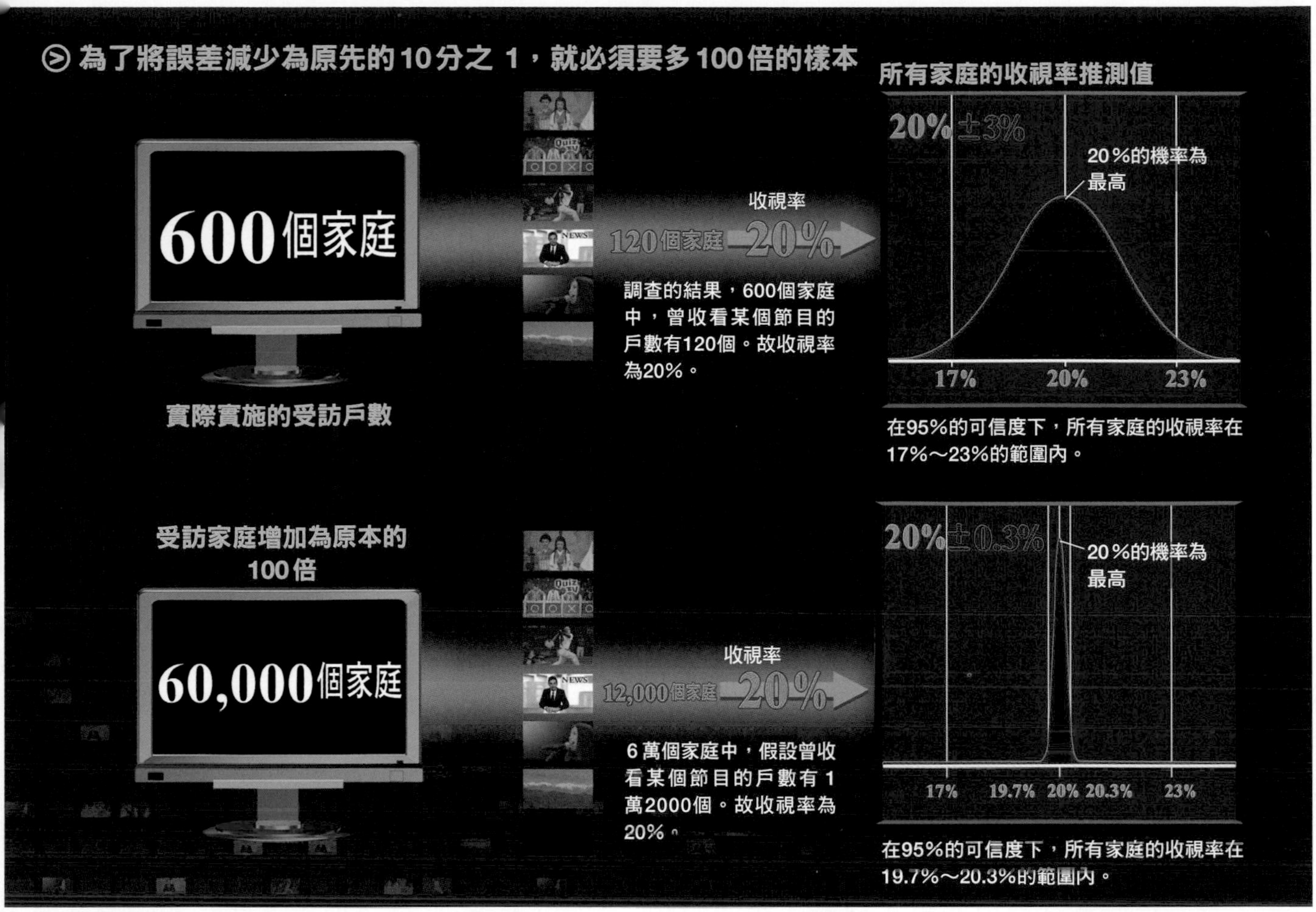

為了將誤差減少為原先的10分之1，就必須要多100倍的樣本
600個家庭
實際實施的受訪戶數
收視率
120個家庭 20%
調查的結果，600個家庭中，曾收看某個節目的戶數有120個。故收視率為20%。
所有家庭的收視率推測值
20%±3%
20%的機率為最高
17% 20% 23%
在95%的可信度下，所有家庭的收視率在17%～23%的範圍內。
受訪家庭增加為原本的100倍
60,000個家庭
收視率
12,000個家庭 20%
6萬個家庭中，假設曾收看某個節目的戶數有1萬2000個。故收視率為20%。
20%±0.3%
20%的機率為最高
17% 19.7% 20% 20.3% 23%
在95%的可信度下，所有家庭的收視率在19.7%～20.3%的範圍內。

樣本大小增加愈多，誤差範圍會愈小，但誤差範圍要小至原先的10分之1，必須要多調查100倍的樣本大小。

一樣的狀況。若有效回應數為2000的民調，其樣本誤差最多為±2.2%。想將誤差縮小至原先的10分之1（精確度提高10倍），樣本大小要多取100倍，即必須增加至20萬，是非常不務實的作法。只要不忘約有2%的誤差，有效回應數為2000的民調已經非常具指標性了。

調查必定伴隨誤差

會伴隨著某種程度的誤差，其實不限於民意調查這件事。其他如「工業產品的品質檢查」、「測量氣溫」、「新藥的臨床實驗結果」等，從母群體取出部分樣本時必定會帶有誤差。不管怎麼調查或測量，只要沒有正確把關誤差大小，就沒辦法正確解讀所測得之數據的意義。

田村教授建議，在解讀民調結果之前，最好多拿幾家報紙和電視台的民調互相比較。田村教授更叮囑，深信其中「一個『數字』或『結果』」是很不妥當的。要了解數字背後會有誤差，只有抱持著多比較數個調查結果的態度，才算是踏出不被數字或數據混淆視聽的第一步。」

投票悖論 神奇的「當選」

國會議員等民主投票的「選舉」，是「多數決」(majority voting) 的代表案例。不僅國家選舉如此，我們平常也屢屢使用多數決。但若以數學系統性地分析多數決，卻驚詫地發現，許多團體用多數決訂定決策，有時別說是沒選出心目中「最好的」選項，甚至反挑到「最差的」選項。更甚者竟發生開票率0%還「當選」的奇聞！且讓我們來一探究竟，用數學的觀點來揭開選舉的「真相」。

協助 松原 望
日本東京大學名譽教授

決定國家未來的選舉、挑選班級幹部，或是和朋友討論結伴旅遊的地點、今晚聚餐的菜單……等等，我們日常生活中，經常都會遇到各種大小事由「大家表決」的情境。

如果您是負責統整意見的人，要如何把「團體的意思」彙整成一種意見呢？如果團體的規模從幾個人到10幾個人，固然大家可能會競相表達看法，然而，當分歧過大無法得到結論，又或是團體規模太大，恐怕就得舉行「多數決」了。意即大家對數個選項作表態，以舉手或投票的方式表示個人對某選項的支持，並將獲得最多支持的選項視為整個團體的意思而予以採行。

集中最多票數的選項，可能不是您心目中的理想。但是，大多數人自古就使用民主的多數決方法做選擇，團體成員都相信且判斷他們已做出了「最佳」的選擇，並且也接受這樣的結果，不是嗎？

但是，多數決所作的選擇卻未必是團體判斷為「最佳」的選擇，不僅如此，有時反而是「最差」的選擇，如此相左的結果，您會有什麼想法呢？像這樣，覺得好像正確但實際上卻變成反效果的現象就稱之為「悖論」(paradox)。

其實我並沒有那麼想吃這道料理

這裡舉以下情境為例。朋友7人正要一起去吃午餐。選項有蕎麥麵、咖哩飯、拉麵等3種。7個人各自排出喜好的順序。例如A的排行是「蕎麥麵＞咖哩飯＞拉麵」，而F則是完全相反的「拉麵＞咖哩飯＞蕎麥麵」排行。

負責統合意見的A採用多數決來挑定最想吃的選項。選「蕎麥麵」的有3人，剩下的「咖哩飯」和「拉麵」各有2人，於是他們決定去吃得票數最多的蕎麥麵。(**1**)

然而，大家吃著蕎麥麵聊天時，聽到很多人說其實比較想吃咖哩飯或拉麵，再仔細詢問後，才知道蕎麥麵是他們「最不想吃的」選項。

計算後竟發現意外的結果

從A到G等7人的喜好排行整理如右頁上表。若舉行多數決，蕎麥麵獲得3票所以當選。

那麼，如果拿出只有二種選項的菜單，喜好的食物要二擇一，比較的結果會如何呢？若問所有人「蕎麥麵與咖哩飯，你們比較想吃哪一種」，結果為3票對4票，咖哩飯獲勝。類似這樣的比較，「咖哩飯與拉麵」對比是咖哩飯獲勝；「拉麵與蕎

⊙ 投票悖論

午餐喜好食物排序

選項／投票者			
A	1	2	3
B	1	2	3
C	1	3	2
D	3	1	2
E	3	1	2
F	3	2	1
G	3	2	1

2. 用「二擇一」法會選出「咖哩飯」

詢問大家比較想吃蕎麥麵還是咖哩飯時，如右圖，3：4咖哩飯獲得勝利。同樣地，咖哩飯對決拉麵是4：3，咖哩飯勝出，拉麵跟蕎麥麵則是4：3，拉麵勝出。

也就是說，大家比較想吃「咖哩飯」，而非其他選項。

A	①	>	2
B	①	>	2
C	①	>	3
D	3	<	①
E	3	<	①
F	3	<	②
G	3	<	②

- 蕎麥麵vs咖哩→咖哩獲勝
- 咖哩vs拉麵→咖哩獲勝
- 拉麵vs蕎麥麵→拉麵獲勝

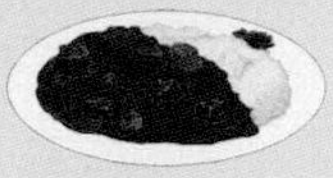

2.的結論

1. 最多人「想吃的午餐」是「蕎麥麵」

詢問大家最想吃哪一樣午餐（即常見的多數決）時，票數最多的是蕎麥麵，得到了3票。

1.的結論

3. 最多人「最不想吃的食物」是「蕎麥麵」

跟1.的結果相反，詢問大家最不想吃哪一樣午餐時，得票數最高的竟是獲得4票的「蕎麥麵」。

3.的結論

投票悖論	從二擇一比較法票選出最想吃的午餐，卻沒有在多數決時被選上，而最想吃的午餐，竟跟最不想吃的午餐的多數決結果一致。

以投票悖論表現出不合理的投票結果範例。

麥麵」對比是拉麵獲勝。原來比起蕎麥麵和拉麵，咖哩飯才是他們最想吃的。另一方面，不管在哪張菜單上相比，蕎麥麵都是最不想吃的選項（**2**）。

這次要用多數決選出「最不想吃的選項」。如上表所示，蕎麥麵雖然獲選「最想吃的選項」，但卻只獲得4票（**3**）。

這樣看起來，用1對1比較時不會選擇原本最高評價的選項，反而選到原本最低的，有時「最佳」與「最差」的投票結果會一樣。像這樣，明明每位投票者都是基於合理的判斷進行投票，但有時卻會發生不合理的投票結果。一般稱這個現象為「投票悖論」（the voting paradox）。

最早發明具有類似投票權性質的是18世紀的法國數學家暨政治學家孔多塞侯爵（Marquis de Condorcet，1743～1794）。另外，用剛才實行的1對1比較法當選第1名的稱為「孔多塞贏家」（Condorcet winner）。

日本東京大學名譽教授松原望博士是統計學的專家，相當熟稔關於團體的決策理論（decision-making theory），他說道：「孔多塞在法國大革命最嚴重的時期，以數學分析民主主義和投票的合理性，發現透過多數決的投票非常有可能發生不合理的結果（悖論）」。

投票的順序會影響結果

投票的悖論還有其他案例。假設這次是A、B、C等3人各自想吃的午餐排行如下。

A：　蕎麥麵＞咖哩飯＞拉麵
B：　咖哩飯＞拉麵＞蕎麥麵
C：　拉麵＞蕎麥麵＞咖哩飯

這種情況下，就算用多數決，票數也只會分散，無法做出決定。

接著，用1對1比較法時，會變成跟猜拳相同的「三難困境」，無法決定出第1名（孔多塞贏家）。這種狀態明明也是每位投票者都有合理的判斷，但整體來說卻會發生不合理的結果。（無法下決定），屬於投票悖論的其中一種。

此時，A要依照如下之順序，將結論導向自己偏好的選項。首先，「咖哩飯與拉麵」用多數決投票。於是咖哩飯就會勝出，將拉麵從選項中剔除。然後，再用多數決選擇「咖哩飯與蕎麥麵」，所以，最後A想吃的蕎麥麵就勝出了。另外，B跟C也有可能操作此戰略。

這個現象顯示，明明不是團體的意見，卻因投票順序不同而導致不同的結論。這現象有如議會上要審議法案的議程（議事日程表），所以稱為「議程悖論」（agenda paradox）。

悖論很常見嗎？

之前已討論過幾個投票悖論的案例，不過也許有人覺得那些案例又沒有多特殊。那發生投票悖論的機率究竟有多少？

要判斷是否發生投票悖論，必須要先分析每位投票者的順序。另外，就連方才7人決定吃什麼午餐的例子，所有排序方式也約有28萬種，要分析所有模式並不容易。而且，還會因選項跟投票者人數的狀況發生變化。因此，分析起來不像「骰子要出現某特定點數的機率」般單純。所以，要設定好選項和投票人數，透過幾種電腦模擬方法嘗試求出投票悖論發生的機率。

其中有一個模擬軟體求出了剛才「無法下決定」（三難困境）悖論發生的機率。透過模擬，例如選項有3個且投票者有3人時，據說悖論發生的機率為5.7%左右。一般來說，選項數目及投票者愈多，這個機率會有愈高的趨勢（請參考右頁）。

那麼，實際選舉中曾發生過悖論嘛？松原博士表示，英國有一個小選區要舉行地方大選，據說已證實發生孔多塞贏家在選舉中落選的悖論。松原博士澄清道：「為了證實發生悖論，必須要先調查並了解投票者當時如何排序。由於日本並沒有在進行這樣的調查，所以沒辦法確認悖論是否曾發生。」當然，說不定只是沒有去確認而已，實際上曾發生過的可能性非常高。

形成兩黨制是必然的結果？

再來，除了投票悖論以外，在此要開始講解與選舉密切相關的規則和統計。目前日本眾議院議員的大選制度是混合了「單一選區制」（asingle-member district systems）與「比例代表制」（proportional representation system）的「單一選區與比例代表併立制」。單一選區制是指從一個選區選出1個當選人的方式，而比例代表制是指投政黨票而非投候選人票，並依得票率分配各政黨的席次。

普遍認為，採單一選區制，則「杜瓦傑定律」（Duverger's law）和「立方法則」（cube rule）成立，加速形成2大政黨。

杜瓦傑定律是指每次選舉時，「選舉區的候選者人數會接近應選名額＋1」。這個定律是由法國政治學家杜瓦傑（Maurice Duverger，1917～2014）所提出。另外，這裡所謂的候選者，是指在選舉上有當選聲勢的人。

根據前次的選舉結果和投票前的民意調查，知道自己所支持的候選者不在當選門檻附近時（感覺會確定當選或當選無望），有投票權的人會認為，投給這些人沒有意義。當感覺另有候選者會影響到自己原先支持的候選者當選或落選，將取而代之改為支持這位候選者。於是，票數都集中在當選門檻附近的候選者身上，所以有當選聲勢的候選者人數就會慢慢接近於應選名額＋1。

在應選名額1人的小選區裡，候選者會逐漸接近於2人。這代表無黨籍和小黨的候選者會漸漸消失於候選名單上，最後就很容易形成隸屬於2大政黨的候選者互相對決的局面。

松原博士道：「原本看似從經驗上推導出來的定律，居然能用賽局理論（game theory）來解釋！」所謂賽局理論是一種數學分析方法，能將個人行動的利弊數值化，推斷此人為了獲得最大利益所會採行的對策。

另一個「立方法則」是「兩政黨的議會席次比值會近似於得票數3次方的比值」。不過，松原博士還特別指出，「這是經

「民意」排序方式相當多樣

排序三個選項時，投票者 A 共有 6 種排法，如下圖。

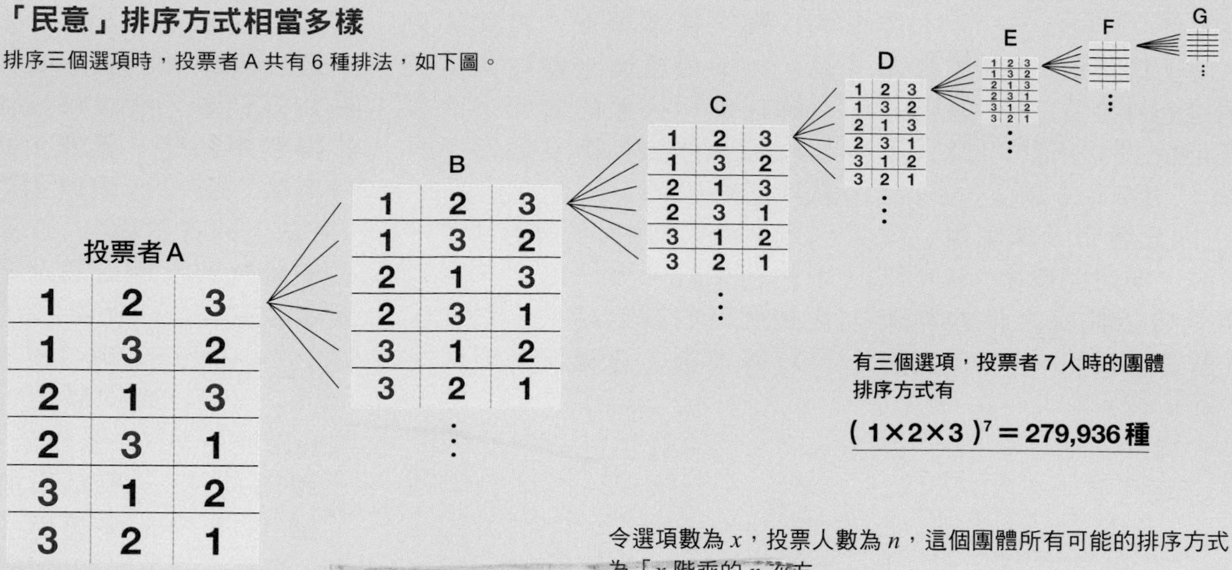

排序三個選項的方式（共 6 種）

有三個選項，投票者 7 人時的團體排序方式有

$(1\times2\times3)^7 = 279{,}936$ 種

令選項數為 x，投票人數為 n，這個團體所有可能的排序方式為「x 階乘的 n 次方」

投票悖論發生的機率

「無法做出決定」投票悖論發生的機率（%）透過電腦模擬計算出來的結果，如下表所示。

選項數 ＼ 投票人數	3	7	11	15	19	23	27
3	5.7%	8.4%	8.5%	7.4%	8.0%	9.1%	11.1%
4	10.7%	15.9%	15.1%	15.5%	16.9%	16.4%	18.6%
5	15.0%	21.5%	25.1%	25.3%	23.9%	25.4%	24.0%

選項數與投票人數增加，排序方式也會劇增。而且，投票悖論發生的機率也會隨選項數與投票人數增加而有所變化。投票悖論發生的機率改編自《公共選擇》（小林良彰著，東京大學出版會）的數據而製成。

驗法則，並不是從數學上推導出來的。」

我們舉2005年日本眾議院大選中小選區的開票結果為例，來計算自民、民主兩黨的比值。得票數比為57：43（自民黨得3252萬票，民主黨得2480萬票）。將這些數值乘 3 次方後的比值為69：31。因為乘了 3 次，所以差距拉得比較大。而實際上獲得的議會席次比為81：19（自民黨219席，民主黨52席）。這跟得票數的 3 次方比差距又更大了，跟得票數的比有很明顯的不同。

因為單一選區制的當選者為 1 人，所以 2 位以下的候選人得票數會變成對席次沒有幫助的「廢票」。出現大量廢票是因為單一選區制內的得票差距很大。立方法則是經驗法則，所以未必會和現實一樣，不過議會席次差距大於得票數差距的現象似乎也多少展現出數學性法則的模樣。

「確定當選」是真的當選嗎？

說到選舉，應該有人對「確定當選」快訊的機制會感到疑惑。所謂「確定當選」是媒體自行報導說「應該有相當高的機率會當選」的「預測」。開票的過程中，各地方政府選舉管理委員會隨時發表開票結果。然而，曾有完全不參考這些資料的媒體，在「開票率0%」的時機點宣布當選。這又是怎麼一回事呢？

松原博士還談道：「媒體會大規模地進行事前的民意調查，並於各地的投票所訪問投完票的人做『出口民調』（exit poll）。因此若有『壓倒性』差距的情形，即使開票率0％，似乎也還是會依據綜合性的判斷發表『當選』快訊。」出口民調是從部分樣本來推測整體趨勢的一種「樣本調查」方式。只是，以前松原博士曾在某電視台擔任選舉快報的顧問，他表示「綜合性的判斷」通常不具統計根據。

既然開票率0％就沒辦法了，不然利用統計方法的話，可以從幾個％的開票結果來推測出最終得票數。透過統計方法，有可能判斷在統計上是否確定當選。

最終得票數代表所有票數×最終得票率，所以可預測出最終得票率的話，就能預測最終得票數。假設已開票的票數為n，當下的得票率為p，最終得票率設為95％可信度，若樣本誤差落在

$$p \pm 1.96\sqrt{\frac{p(1-p)}{n}}$$

的範圍裡，理論上會當選。

假設使用一個典型的選區（選民20萬人，應選名額1人，候選者2人）來模擬確定當選前的情況（如右圖）。在開票率5％的階段時，A、B兩位候選者的得票數（得票率）只有些微差距。在5％這樣資訊不足的狀況下，預測最終得票數會跟實際情形的差距很大。而且如圖所示，其範圍是重疊的。這種狀態下，目前小輸的B非常有可能最後會逆轉勝過A。在這個時機點宣布「確定當選」，在數學上來說似乎還太早。

開票繼續進行，能用於預測的資訊變多了，漸漸地預測出來的最終得票數範圍會縮小，顯得比較正確。當開票率達到80％時，A跟B的預測範圍不再重疊，B已沒有可能逆轉了。至此即可判斷已沒有任何情況能阻礙A的「確定當選」。另外，是票數差距不大的例子，若差距很大的話，在更早的階段就能下確定當選的判斷。

沒有完美的選舉制度

說到這裡，以數學的觀點來

⊙杜瓦傑定律

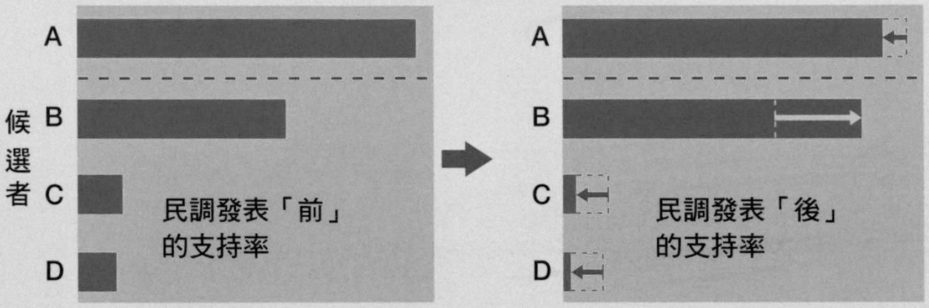

是指選區中（較有聲勢的）候選者人數會趨近於應選名額＋1的定律。應選名額為1的小選區中顯示4位候選提名者的支持率變化，如上表。根據民調結果，當選民知道所支持的候選提名者不在當選門檻附近（例如C）時，可活用自己的那1票，很有可能會用於支持在當選門檻附近的候選提名者（例如B）。

而且，知道A會確定當選的A之部分支持者，會覺得少自己1票也不影響A的當選，便去支持排名在A下一位的候選提名者，所以A的得票數就會減少。

⊙立方法則

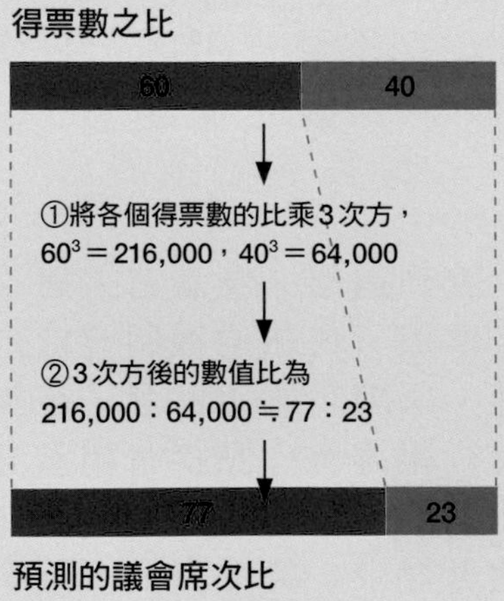

本則法是指「兩政黨之間議會席次的比值會趨近得票數3次方數值比」。在小選區中，會發現議會席次的差距會比得票數的差距還大得多。參考過去日本眾議院大選的數據所計算出來的結果如下。

●2005年
3次方數值比69：31→席次比81：19
●2003年
3次方數值比63：37→席次比62：38
●2000年
3次方數值比77：23→席次比69：31
（皆為自民黨：民主黨）

於小選區會成立的定律有2個。一般而言，每個定律都是為有強大勢力的政黨運作，所以會促使2大政黨制的形成。

什麼時候才可宣布「確定當選」

※典型選區：應選名額1人，候選提名者2人(A與B)，選民20萬人

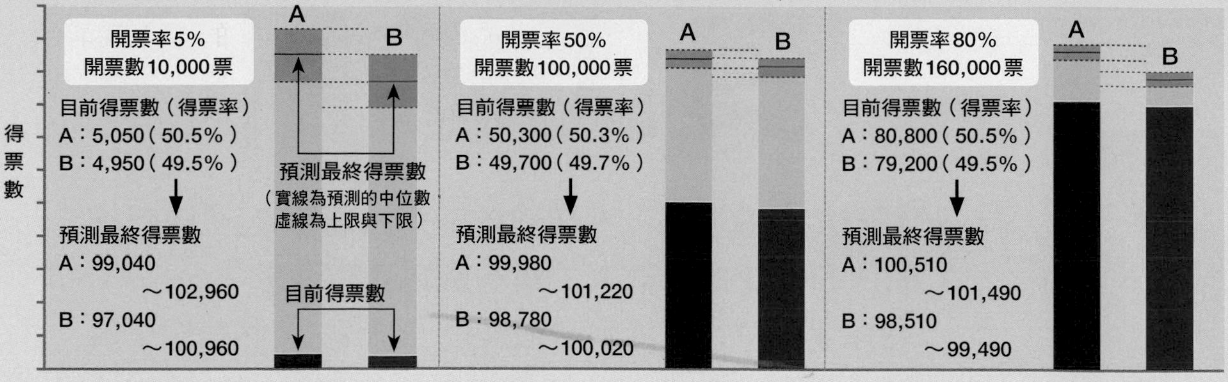

這個時機點預測2位候選人最終得票數的大範圍重疊，難以判斷是否確定當選。

預測範圍已縮小很多，但還有部分重疊，所以B還是有逆轉的可能性。

最終得票數的預測範圍已不再重疊。B幾乎沒有逆轉的可能性，可以斷定A「確定當選」。

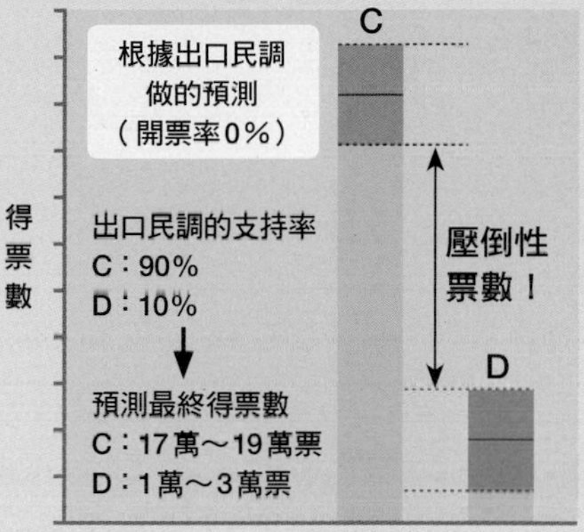

開票率0%可以確定當選？

根據事前的民調及投票當天的出口民調，預估結果將會是「壓倒性地勝利」時，媒體很可能根據上述判斷，不必觀看開票過程就宣布「確定當選」。只是，開票率0%所下的判斷，大都不具統計性根據。

隨著開票進度做預測會比較正確

隨著開票的進行，會漸漸勾勒出最終得票數的預測值(如上三圖)。基於不同時機點所知的得票數(得票率)來預測最終得票數的範圍值。這是指「有95%的機率會落在這個範圍」。當兩位候選人的預測範圍不再重疊時，就可以判斷為「確定當選」。另外，上圖中的預測範圍是為了強調實際值的差距而刻意拉寬的。

實際選舉中，即使是在同一個選區內，有時也會因為地方支持度比例不同而產生很大的差異。因此，會跟已單純化的案例有所不同，若是從B候選者的支持者特別多的地方開始開票的話，一開始B候選者就較占優勢。

說到底「確定當選」也只是預測而已，所以如果開票期間的發展方向異於預測趨勢的話，也會發生失準錯誤的。票數差距愈小，更愈要謹慎地判斷。日本也曾發生過好幾次「預測錯誤」的確定當選，聽說大部分情況是發生在票數差距很小的時間點，當時排名最前的兩位候選者得票數差距在2000票以內。

看選舉時，須請大家了解一件事情，那就是一個選舉制度未必能導出合理的結論。特別是前已說明與單一選區制有關的悖論及定律，所以應有一些讀者覺得要馬上更改充滿「缺陷」的單一選區制比較好。

松原博士說道：「選舉制度沒有所謂的「理想型」跟「正解」。任何選舉制度都一樣，有優點就有缺點，如中選區制(amedium electoral district systems)和比例代表制等。不如說，要先著眼於想打造怎樣的政府與社會，再來選擇適合標的的制度才是最重要的。」

如果明白多數決的方式跟其他各種選舉制度在數學上所各具的特性，那我們手中1票要如何影響選舉的結果，應該是很容易想像得到的。只不過。從這裡學到的選舉相關知識，特別是會因順序不同而影響結論的「議程悖論」，請千萬不要誤陷於不當用途！

6

貝氏統計

「喉嚨很痛，不知道是不是感冒了？」「送我禮物的那個人，是不是對我有意思？」……。日常生活中很常遇到已知某個「結果」，然後想了解其「原因」的狀況！能應付這種情形的統計學就是「貝氏統計」。

第 6 章會帶您認識這幾年大受矚目的貝氏統計思維與其應用範圍。貝氏統計也廣泛應用在發展成效顯著的人工智慧方面。

協助　今野紀雄／松原 望

要選哪個箱子呢？您能看出機率的陷阱嗎？

電視節目正播出益智問答秀，一路過關的挑戰者，要面對最後一道題目，若挑戰成功即可贏得獎品。面前有三個箱子（A、B、C），其中只有一個裝著獎品，其他二個都是銘謝惠顧（小石頭）。節目主持人知道哪個箱子裝著獎品。當然，挑戰者不知道獎品在哪個箱子裡（**1**）。

主持人催促著挑戰者選一個箱子，挑戰者便選了A箱。於是主持人說道：「我先從沒被選的箱子中，開一個沒裝獎品的給大家看。」便打開了

1. 來，要選哪個呢？

獎品裝在A～C三個箱子其中一箱內

裝有獎品的箱子只有一個

這是個猜獎遊戲，挑戰者必須猜出獎品裝在哪一箱裡面（三箱中只有一箱有獎品）。第一次選擇後，主持人會打開一個沒被選到的箱子，這時有一次機會可以改變選擇。本篇在遊戲設定上稍作一點更動，不過這個遊戲曾是1960年代美國電視台的熱門節目，並以節目主持人的名字將這道題目命名為「蒙提霍爾問題」（Monty Hall problem）。

C箱。果然C箱中沒有獎品（**2**、**3**）。接著主持人對挑戰者說：「來，剩下A與B兩個箱子，你還是一樣選A嗎？不然也可以改換成B，請給出你的決定。」

那麼，是更換箱子比較好呢？還是不換比較好呢？

箱子數減少，中獎率變高！？

這裡先梳理一下狀況。主持人打開一個沒裝獎品的箱子，所以剩下的二個箱子中，其中一個裝有獎品。裡面裝著獎品的箱子沒有更動。是否「應該換箱子」的問題，可以改寫成「一開始選中」與「沒被選中」的兩個箱子，相較之下哪個裝有獎品的機率比較高？

一開始有三個箱子，所以最初選擇的箱子中獎率為3分之1。主持人打開一箱，剩下二個箱子，中獎機率因此改變了嗎？（詳解請見下頁）

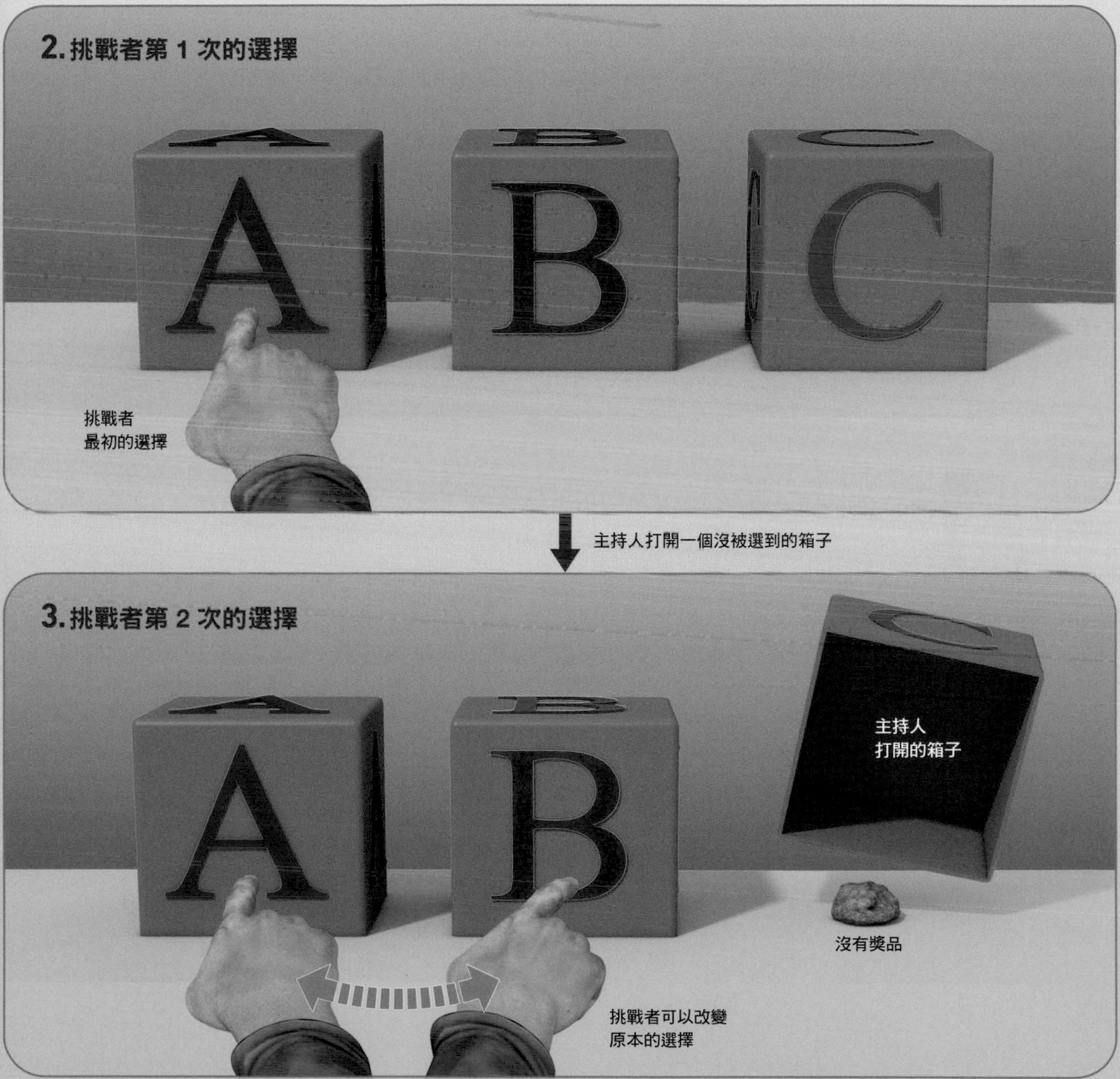
2. 挑戰者第 1 次的選擇
A
B
C
挑戰者
最初的選擇
主持人打開一個沒被選到的箱子
3. 挑戰者第 2 次的選擇
A
B
主持人
打開的箱子
沒有獎品
挑戰者可以改變
原本的選擇

條件機率

應該更換箱子！猜中的機率變 2 倍

沒錯，就如標題所述，應該要更換箱子的。因為更換箱子的猜中機率居然變成 2 倍。

主持人必會打開一個沒裝獎品的箱子

一開始選 A 箱，可能發生的所有情況如右圖所示。選 A 箱且意外猜中（**1**），而沒被選的 B、C 箱都是銘謝惠顧，所以主持人打開 B 或 C 箱的機率均為 2 分之 1。

另一種情形就是A箱沒裝獎品，而裝在 B 或 C 箱（**2**、**3**），主持人知道獎品放在哪裡，只會開沒有獎品的那一箱，所以應該開的選項就只剩一個。因此，剩下的二個箱子中，你最初沒選的那箱一定裝有獎品。

主持人開一個箱子之後，將「挑戰者不換箱子的猜中機率」（紅字）與「更換箱子的猜中機率」（藍字）分別統計。結果，「不換箱子的猜中機率」是 3 分之 1（$=\frac{1}{6}+\frac{1}{6}$），而「更換箱子的猜中機率」是 3 分之 2（$=\frac{1}{3}+\frac{1}{3}$）。代表更換箱子有 2 倍的猜中機率，較容易中獎。

機率因狀況而異

某現象 X 發生時，另一現象 Y 會發生的機率稱為「條件機率」（conditional probability）。以這次的案例來說，主持人打開沒裝獎品的箱子時，最初選 A 箱的猜中機率就是所謂的條件機率。

在考慮條件機率時，即使狀況（條件）改變了，只要正確掌握現狀，就能對未來的選擇和有效推理發揮作用。

最初選A的所有情況

一開始選 A 箱時所有可能發生的情況及其機率如右頁圖所示。1 是第一次就猜中的情況（A 箱裝獎品）。2 與 3 是第一次都猜到銘謝惠顧的情況（B 或 C 箱裝獎品）。

這個遊戲最關鍵的重點，在於主持人知道獎品放在哪一箱。由於主持人不會打開裝有獎品的箱子（因為要減少沒裝獎品的箱子），所以開箱後，機率就會發生變化。而且，這裡的機率計算不考慮與主持人之間的「心理攻防戰」。如果能「識破」主持人打開沒裝獎品之箱子時的目光跟手部動作等，機率還會再改變。

如果有10個箱子呢？

截至目前為止，只討論到 3 個箱子的情況，然而，如果有10個箱子的話，應該會更容易直觀了解。

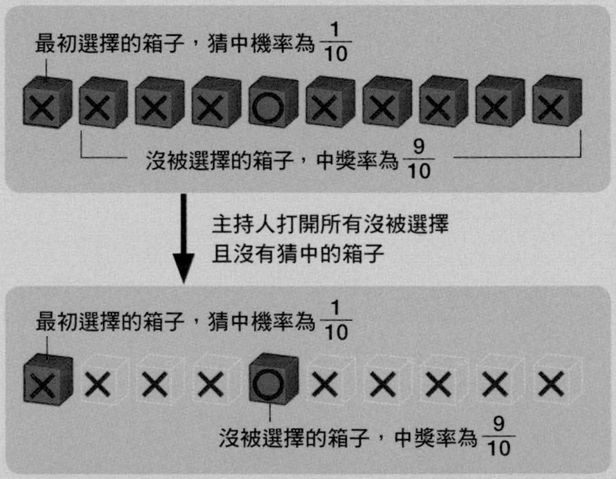

最初選擇的箱子，猜中機率為 $\frac{1}{10}$
沒被選擇的箱子，中獎率為 $\frac{9}{10}$
主持人打開所有沒被選擇且沒有猜中的箱子
最初選擇的箱子，猜中機率為 $\frac{1}{10}$
沒被選擇的箱子，中獎率為 $\frac{9}{10}$

主持人真是大好人，他會幫忙把挑戰者沒選擇到且沒裝獎品的箱子都剔除掉，所以原本的箱子沒有猜中時，更換箱子必定中獎。

箱子數量愈多，一下就選中箱子的機率也會愈小。換句話說，這代表最初選到銘謝惠顧的機率很大。雖然第一次有可能會幸運中獎，不過相較下，更換成主持人為你留下的箱子，還是比較合理的作法。

【第一次選擇時的機率】

【打開一個箱子後的機率】

1. 最初選擇A且猜中的情況

機率為$\frac{1}{3}$（最初選擇的箱子就猜中）

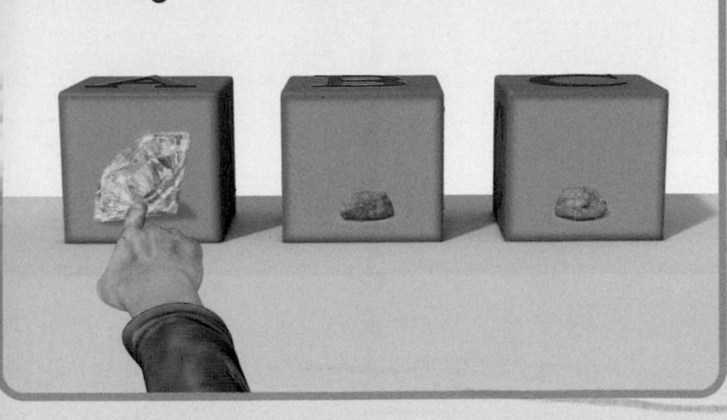

主持人打開B　機率$\frac{1}{2}$

機率$\frac{1}{6}$（不換箱子就會猜中）

主持人打開C　機率$\frac{1}{2}$

機率$\frac{1}{6}$（不換箱子就會猜中）

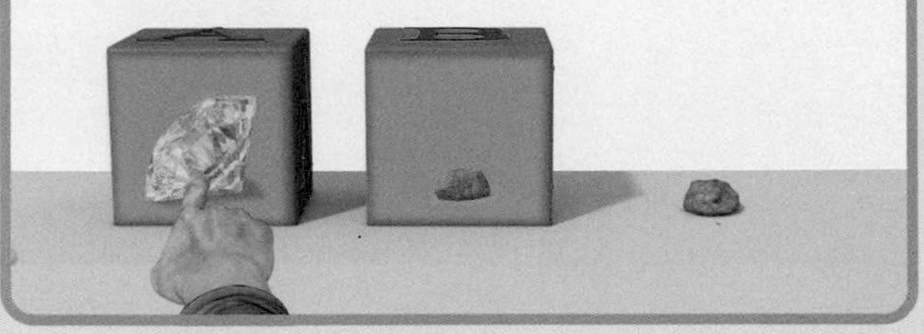

2. 最初選擇A，但裝獎品的是B時

機率為$\frac{1}{3}$（最初選擇的箱子沒裝獎品）

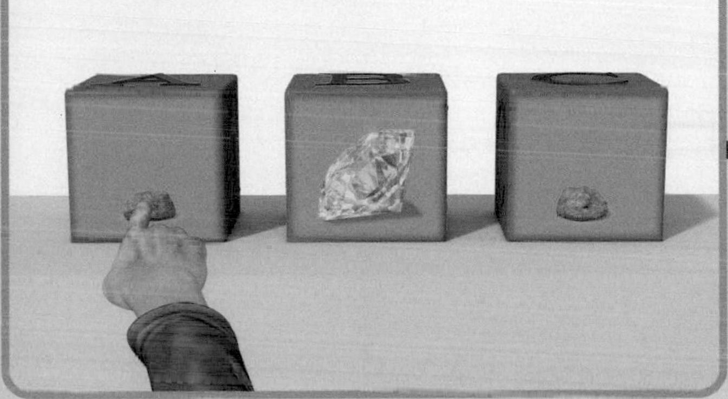

主持人打開B　機率0

機率0（不會發生這種情況）

主持人打開C　機率1

機率$\frac{1}{3}$（換箱子就會猜中）

3. 最初選擇A，但裝獎品的是C時

機率為$\frac{1}{3}$（最初選擇的箱子沒裝獎品）

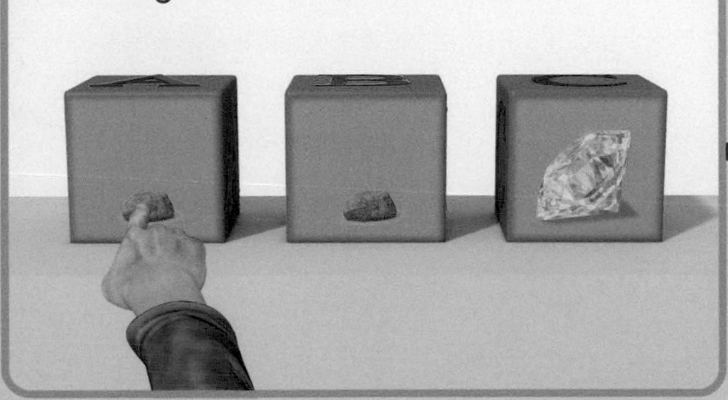

主持人打開B　機率1

機率$\frac{1}{3}$（換箱子就會猜中）

主持人打開C　機率0

（不會發生這種狀況）

貝氏定理

癌症篩檢結果為陽性的可能性是80%，真的罹癌了嗎？

談到這裡，終於要進入「貝氏統計」的正題。貝氏統計（貝氏統計學）簡單來說，就是為了要算出條件機率的統計學。特別常用來計算某結果之肇因的發生機率（條件機率）。

例如，某位男士做癌症篩檢後，檢驗報告說明「若驗出癌症的話，有80％的機率是陽性。」結果報告出來是「陽性」。直觀解讀就會讓人覺得這位男士有80％的機率罹患癌症，但其實並不是這樣的。當出現陽性的結果時，利用貝氏統計，就可以計算出實為癌症的正確機率。

只要把數值輸入「貝氏定理」計算即可

使用貝氏統計求出機率一點都不困難。貝氏定理（Bayes' theorem）有一條用來計算機率的簡單公式，只要輸入數值即可。這次計算所需要的條件是，「罹患癌症時，檢查證實

罹患癌症的機率為何？

癌症篩檢相關的資料如右。經檢驗判定為陽性時，是否真的罹癌的機率求法則如右頁所示。

另外，這裡所顯示的機率，說到底只是假想值而已，並非實際的癌症篩檢數值。

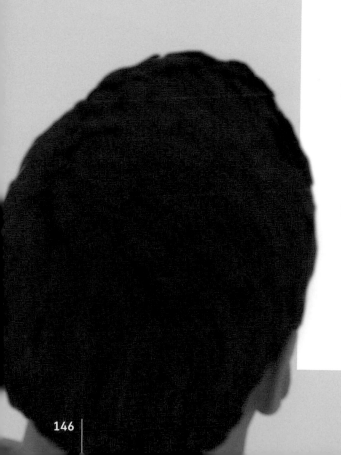

【癌症篩檢結果】

檢查結果為「陽性」

此次癌症檢查的相關資料

1. 驗出癌症時，有80%的機率確定是陽性。
驗出癌症時，也有20%的機率驗錯變成陰性。

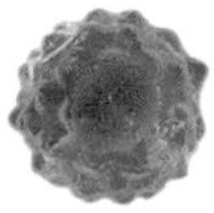

癌細胞	陽性（真陽性）	80%
	陰性（偽陰性）	20%

2. 即使沒有驗出癌症，還是有5%的機率驗錯變成陽性。
沒有驗出癌症，有95%的機率確定是陰性。

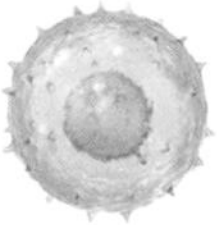

正常細胞	陽性（偽陽性）	5%
	陰性（真陰性）	95%

3. 此次受檢的成年男性驗出罹癌的比例（罹癌率）為0.3%（1000人中有 3 人）。

為陽性的機率」（真陽性的機率）與「未罹癌卻遭檢查誤認為陽性的機率」（偽陽性的機率），以及「成年男子驗出罹癌的比例」（罹癌率）。

將這些機率輸入貝氏定理（每個數值及詳細計算參見下方），便算出檢查結果為陽性時確實罹癌的機率約為4.6%。像這樣用貝氏統計，就能正確解釋檢查結果了。

以貝氏定理求解蒙提霍爾問題

蒙提霍爾問題中選擇箱子所必要的條件機率，也以可運用貝氏定理輕鬆求出答案。

$$\text{主持人打開B時，最初選擇A猜中的機率} = \frac{\text{猜中A時主持人打開B的機率} \times \text{猜中A的機率}}{\text{主持人打開B的機率}}$$

$$= \frac{\frac{1}{2} \times \frac{1}{3}}{\frac{1}{2}} = \frac{1}{3}$$

接著，計算「主持人打開B，最初沒被選擇的C裝有獎品的機率」是 3 分之 2，可知還是要更換箱子會比較有利（猜中機率為 2 倍）。

貝氏定理

$$Y\text{已發生時}X\text{會發生的機率} = \frac{X\text{已發生時}Y\text{會發生的機率} \times X\text{會發生的機率}}{Y\text{會發生的機率}}$$

X跟Y是獨立的現象。
貝氏統計常使用「X＝原因，Y＝結果」來表示。

將這次癌症篩檢的案例代入上述的「貝氏定理」，就會變成
「X＝罹癌（原因），Y＝癌症篩檢為陽性（結果）」，所以可改寫成

$$\text{檢驗為陽性時的罹癌機率} = \frac{\text{罹癌時為陽性的機率} \times \text{罹癌機率}}{\text{驗出陽性的機率}}$$

將各個機率代入等號右邊時
（請注意，0～100%要換算成0～1，例如80%→0.80），就可得到計算結果。

$$\text{檢驗為陽性時的罹癌機率} = \frac{\underset{\text{真陽性的機率}}{0.80} \times \underset{\text{罹癌機率}}{0.003}}{\underset{\text{得陽性者實為真陽性的機率}}{(0.003 \times 0.80)} + \underset{\text{得陽性者實為偽陽性的機率}}{(0.997 \times 0.05)}}$$

$$= \frac{0.00240}{0.05225} = 0.0459\cdots（\text{約 }4.6\%）$$

結果顯示即使是陽性，確實罹癌的機率約為4.6%。

貝氏統計的應用

垃圾信件的判斷就交給貝氏統計

貝氏統計主要是指利用「貝氏定理」，從結果推測出肇因的統計學。「從結果推測事件原委或動機」的行為，是我們常會有的表現，並不罕見。例如「喉嚨很痛，是感冒嗎？」、「貓咪往這邊靠過來是因為肚子餓了嗎？」、「那人送我禮物是對我有意思嗎？」……。

以上這些全都是貝氏統計的守備範圍。也就是說，只要運用貝氏統計，理論上就能求出「那人送我禮物是對我有意思的機率」（請注意：要計算正確，就先得知道「一般送心上人禮物的機率」等資料）。

判斷釣魚信件要利用「經常出現的用詞」

日常生活中要判斷「垃圾信件」通常也會運用貝氏統計。垃圾信件（或稱廣告信件）乃單方面受迫接收電子信件，正如其名，令人非常困擾。具體的有交友網站、成人網站的廣告或詐騙信件，例如要人支付根本不記得的使用費，又或是想讓電腦感染病毒以竊取個人資料。

大部分電子郵箱服務都具有自動判斷垃圾信件的功能（垃圾郵件匣）。當寄來的信件中含有特定的用語或訊息時（＝結果），郵箱服務經常會透過貝氏統計，計算為垃圾信件（＝原因）的機率，並判斷是否為垃圾信件。

信件的主旨跟本文中出現有「交友」或「免費」、「請款」等字眼時，有很高機率會被歸類為垃圾信件。若分析以前寄來的垃圾信件所出現的用詞，就能求出其中多種用詞的出現機率。例如，「這封信是垃圾信件時，出現『交友』這個字眼的機率為◎％」。

利用貝氏定理時，「信件中出現『交友』等字眼時，可求出是封垃圾信件的機率」（如上圖），透過分析多個用詞來計算條件機率，如「出現○○跟△△、◇◇、……等字眼時，這封信是垃圾信件的機率

利用貝氏定理判斷垃圾信件

利用貝氏定理分析含有「交友」這個字眼的信件，來計算其為垃圾信件的機率有多大。這裡假設所有來信中出現垃圾信件的機率為58%，而垃圾信件中出現「交友」字眼的機率為12%，普通信件出現「交友」字眼的機率以2%來計算。

如同判斷垃圾信件般，利用貝氏統計進行判斷與分類的方法，也稱為「貝氏濾波器」（Bayes filter、Bayesian filter）

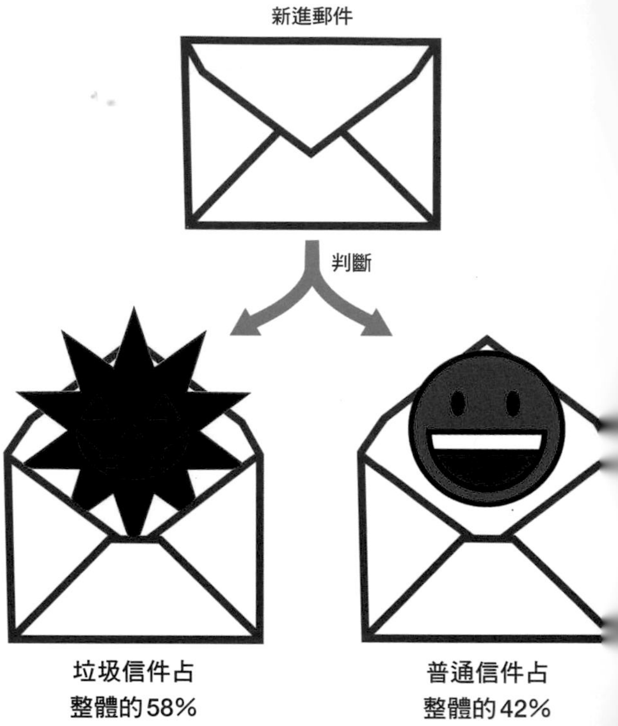

貝氏定理

$$\text{Y已發生時而X會發生的機率} = \frac{\text{X已發生而Y會發生的機率} \times \text{X會發生的機率}}{\text{Y會發生的機率}}$$

考慮只用「交友」一個字眼來判斷是否為垃圾信件。
因為X＝垃圾信件（原因），Y＝出現「交友」字眼（結果），所以

$$\text{出現「交友」時，是垃圾信件的機率} = \frac{\text{垃圾信件裡出現「交友」的機率} \times \text{是垃圾信件的機率}}{\text{出現「交友」的機率}}$$

$$= \frac{0.12 \times 0.58}{\underbrace{(0.58 \times 0.12)}_{\text{垃圾信件出現「交友」的機率}} + \underbrace{(0.42 \times 0.02)}_{\text{普通信件出現「交友」的機率}}}$$

$$= 0.892\cdots\text{（約 89\%）}$$

可知信中有「交友」字眼時，是垃圾信件的機率為89%。
遇到多個用詞時，用類似的累加計算方式，會更準確知道該信是垃圾信件的機率。

為◎%」。所以這樣求出來的機率若在某標準值以上，就可斷定它是垃圾信件了。

接近世人感受的統計學

於貝氏統計中增加新的資料（條件），機率會隨著條件增加而不斷的「更新」。這個現象稱為「貝氏更新」（Bayesian-updating）。每增加一個用詞時，是否為垃圾信件的機率也隨之改變（更新）。

我們一般人也是一樣，看到信中有多種用詞跟訊息時，就會判斷它是否為垃圾信件。只看到「交友」這個字眼還不能驟下判斷，但再看到寫著「免費」跟「請點開這個網頁」等字眼時，就會篤定這必是垃圾信件。貝氏統計會計算這個過程中的具體機率。所以，有些人稱貝氏統計是很接近人類思維的「人性統計學」。

人工智慧與貝氏統計

貝氏統計促進人工智慧突破性發展

至前章為止所說明的機率與統計，例如「骰子出現 6 點的機率」跟「甜甜圈大小的偏差」等案例，說到底只是根據客觀的事實與數據推導出來的數值而已。至此並沒有加入人的經驗和看法。

反觀貝氏統計，它甚至會用到資料上不存在的「人類主觀預測」。這方面是貝氏統計異於以往統計學最大的特徵，成為它最大的優點。

從「姑且假設的機率」開始計算也無妨

假設你任職的公司來了一位新的男同事，我們用這個情境來解釋主觀預測是什麼意思。感覺他的老家在日本九州。也就是說，他可能來自福岡、佐賀、長崎、熊本、大分、宮崎、鹿兒島等 7 縣的其中一個。因此假設他來自福岡，其機率為 7 分之 1（$\frac{1}{7}$）。

然後，問他「你支持哪一支職棒球隊？」若他回答「我從小就是福岡軟銀鷹的忠實球迷！」那麼他來自福岡的機率就提高了。接著再問「你喜歡吃哪種拉麵？」應該就有很高的機率可以推測出他的故鄉。

貝氏統計若無其他有根據的數據可用，雖也令人鬱洩氣的，但有「理由不充足定律」（principle of insufficient reason），可將主觀上的預測當作數據使用。相當於上述姑且假設他來自福岡的機率為 7 分之 1，再加上福岡縣是九州人口最多的地方，更合理化這個機率的設定應該沒問題。

之後再新增（條件），就能夠不斷更新機率的正確性，所以一開始的假設有點模稜兩可也沒有關係——像這種彈性度很大的思維，就是貝氏統計的特色。

人工智慧透過統計與動機率來運作

貝氏統計將不太清楚的訊息先暫時設定一個值，之後再不斷修正的觀念，感覺跟人類非常接近，因此與模擬人類智能的人工智慧※1很合拍，也是理所當然。例如貝氏統計可應用在進行「形狀識別」與「病名診斷」的人工智慧上（詳見右頁上方）。

像是圍棋與將棋的人工智慧打敗了人類，或從病理畫面中正確地找出癌細胞，還能和人自然地對話，人工智慧在近幾年持續有突破性的進展。雖然用途廣泛且功能強大，但說穿了，它的基礎其實就是根據統計學和機率論來進行「判斷」與「分類」的電腦程式。

而且，人工智慧的特點是會透過「學習」大量的數據資料，來提升判斷與分類上的精確度（最優化），變得更「聰明」。貝氏統計透過新增資料而更正確地算出原因的機率，可說是最容易應用於人工智慧的統計學方法了。

貝氏統計的開創者——貝斯牧師

貝氏統計的「貝氏」，來自18世紀英國數學家貝斯（Thomas Bayes，1702～1761）所推導出的「貝氏定理」。近年來貝氏統計備受矚目，但其實這門學問早在250多年前就已經誕生了。

雖說貝斯的本職原是基督教牧師。但除了傳道以外，他對數學的興趣絕不只是玩票而已，他還以英國皇家學會會員資格進行高難度的數學研究。

貝斯牧師的研究成果在他去世後由其友人公開發表，才廣為世人所知。法國數學家拉普拉斯（Pierre-Simon Laplace，1749～1827）非常在意這項成果，並統整為從結果來考慮原因之發生機率的「逆機率」（inverse probability），從而確立現在的「貝氏定理」。

本文也提過，由於貝氏統計認同使用「主觀」的不確定訊息，因此遭致所謂傳統統計學研究者強烈批評為「欠缺嚴謹度的數學」。但它的優點正是因為不嚴謹的彈性空間能搭配應用於各種領域，等人們意識到這點時已是20世紀的事了。貝氏統計被視為「新學派」的統計學，就是因為有這麼一段歷史淵源。

※1：想更了解人工智慧機制的讀者，推薦您閱讀人人伽利略系列《全面了解人工智慧》，ISBN：978-986-461-205-5

用貝氏統計判別花形的差異

利用圖像識別圖中人臉與文字，是現在人工智慧最擅長的領域之一。使用貝氏統計辨別「形狀」的知名範例，就是分辨鳶尾花（見下方照片）的種類。

想分辨三個品種鳶尾花，要先搜集花瓣形狀的相關資料（花萼與花瓣的長度及寬度）。藉由這些資料來斷定「若屬這類品種的話，形成這種花瓣形狀的機率較高」。運用這些資料，還可逆推「這種花瓣形狀有較高的機率屬於哪個品種」。

右方的模式圖將花形推導出2種分數（評分），並將三個品種配置於圖上。各品種分別在不同領域，代表可使用這個評分方式來辨別鳶尾花的種類。

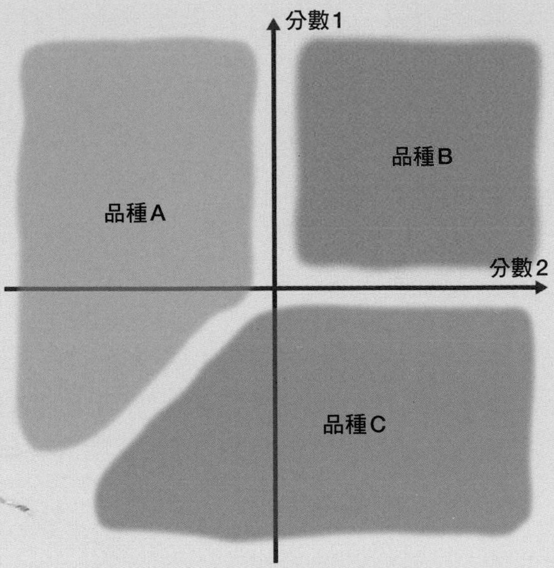

從症狀找出病因

醫生問診時會聆聽患者敘述「發燒」、「頭痛」等症狀，然後找出病因。不過頭痛要考慮的範圍很廣，有可能是撞到頭、感冒引起還是腦瘤引發的等等。

人工智慧會先蒐集很多「原因→結果」（因果關係）的案例，例如「當感冒喉嚨就會發炎的機率」，統整這些資料後，就能製成許多種右圖般的疾病（原因）與症狀（結果）的連結網路。

利用這個連結（也稱貝氏網路，Bayesian network），可具體算出從症狀回推可能病因（原因）的機率。人工智慧可多方面應用在疾病診斷的輔助工具，以及機械故障原因的診斷等。

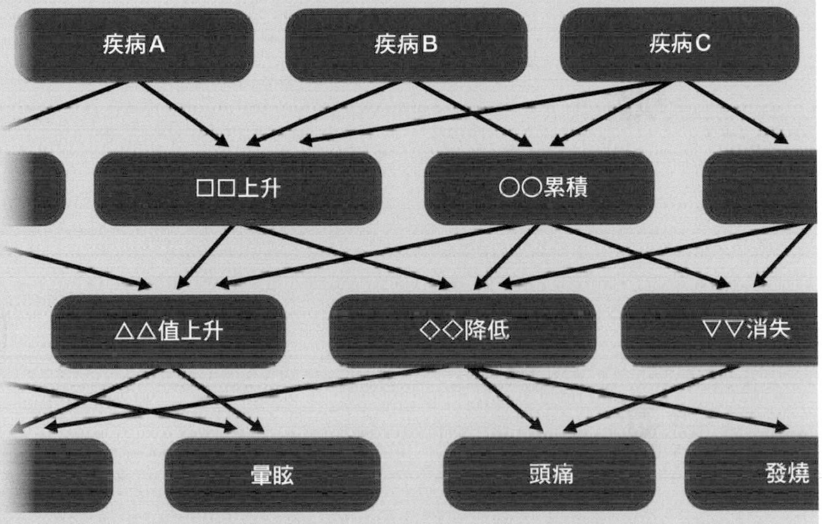

貝氏統計應用範圍無疆界

貝氏統計是從僅僅一個「貝氏定理」為出發點而發展起來的學問。它雖然誕生於18世紀，但是直到進入20世紀，人們才終於認識到其重要性（歷史緣由請見左頁下欄）。21世紀後，人工智慧主要在數學及經濟學、醫學、心理學等各種不同的領域，急速擴張其應用範圍。

因其用途太過廣泛，本章只能說明貝氏統計的基本觀念。想要更深入了解貝氏統計的讀者，有免費的統計軟體※2可實際進行貝氏統計的計算，請務必試著挑戰看看，親身感受它的威力。

※2：統計軟體「R」
https://www.r-project.org/
雖是高階程度的軟體，不過網路上也有許多這套軟體的教學網站。

重點總整理！

條件機率

某事件 X 已發生而另一事件 Y 會發生的機率稱為「條件機率」。可用以下的公式計算。

$$X\text{已發生而}Y\text{會發生的機率} = \frac{X\text{與}Y\text{同時發生的機率}}{X\text{發生的機率}}$$

使用數學符號書寫，即成如下公式。

$$P(Y|X) = \frac{P(X \cap Y)}{P(X)}$$

另外，高中教科書中會將 $P(Y \mid X)$ 寫成 $P_X(Y)$。

貝氏定理

條件機率的公式中，「X 與 Y 同時發生的機率」，可改寫成以下公式來求得。

$$X\text{與}Y\text{同時發生的機率} = Y\text{發生的機率} \times Y\text{已發生時}X\text{會發生的機率}$$

將這條改寫過後的公式再移項改寫，就會形成貝氏統計的基礎，並推導「貝氏定理」如下。

$$Y\text{已發生而}X\text{會發生的機率} = \frac{X\text{已發生時而}Y\text{發生的機率} \times X\text{發生的機率}}{Y\text{發生的機率}}$$

將「X＝原因，Y＝結果」代入貝氏定理，算出某種結果時，可求得造成此結果之原因的機率。

理由不充足定律

利用貝氏統計，想求出造成此結果之原因的機率，有時候會缺乏計算所必需的機率資料（事前機率）。

這時，貝氏統計認同先暫時使用假設的機率進行計算（理由不充足定律）。機率還不確定時，可考慮使用基本的等先驗機率原則（principle of equal a priori probabilities），若有二個選項，則各為 2 分之 1；三個則各為 3 分之 1。

貝氏更新

貝氏統計中，獲得新的結果（事後機率）時，會納入下次計算機率用的資料（事前機率），一直不斷更新機率值。這個現象稱為「貝氏更新」。

貝氏定理與貝氏更新搭配的話，可逆推計算出導致某結果之原因的機率。利用名為「貝氏網路」的多個因果關係連結，可從牽涉多項因素造成的結果，具體計算出其原因（因素）的機率。

貝氏定理以數學符號書寫成如下公式。$P(X|Y)$ 為事後機率，$P(Y|X)$ 為似然度（likelihood，即可能性的程度），$P(X)$ 為事前機率，而 $P(Y)$ 有時又稱全機率（total probability）

$$P(X|Y) = \frac{P(Y|X) \times P(X)}{P(Y)}$$

7

IT統計學的基礎知識

隨著電腦資訊科技（IT）的進步，統計學也同時發展崛起。而近年來「人工智慧」急速進展，其核心技術亦應用了統計學的知識，正影響著社會脈動。另一方面，不論資訊科技發展到什麼程度，先學好統計學的基礎知識，這點是不會改變的。第 7 章將會解釋幾個重要觀念，以了解現代統計學及AI技術。

撰文　松原 望

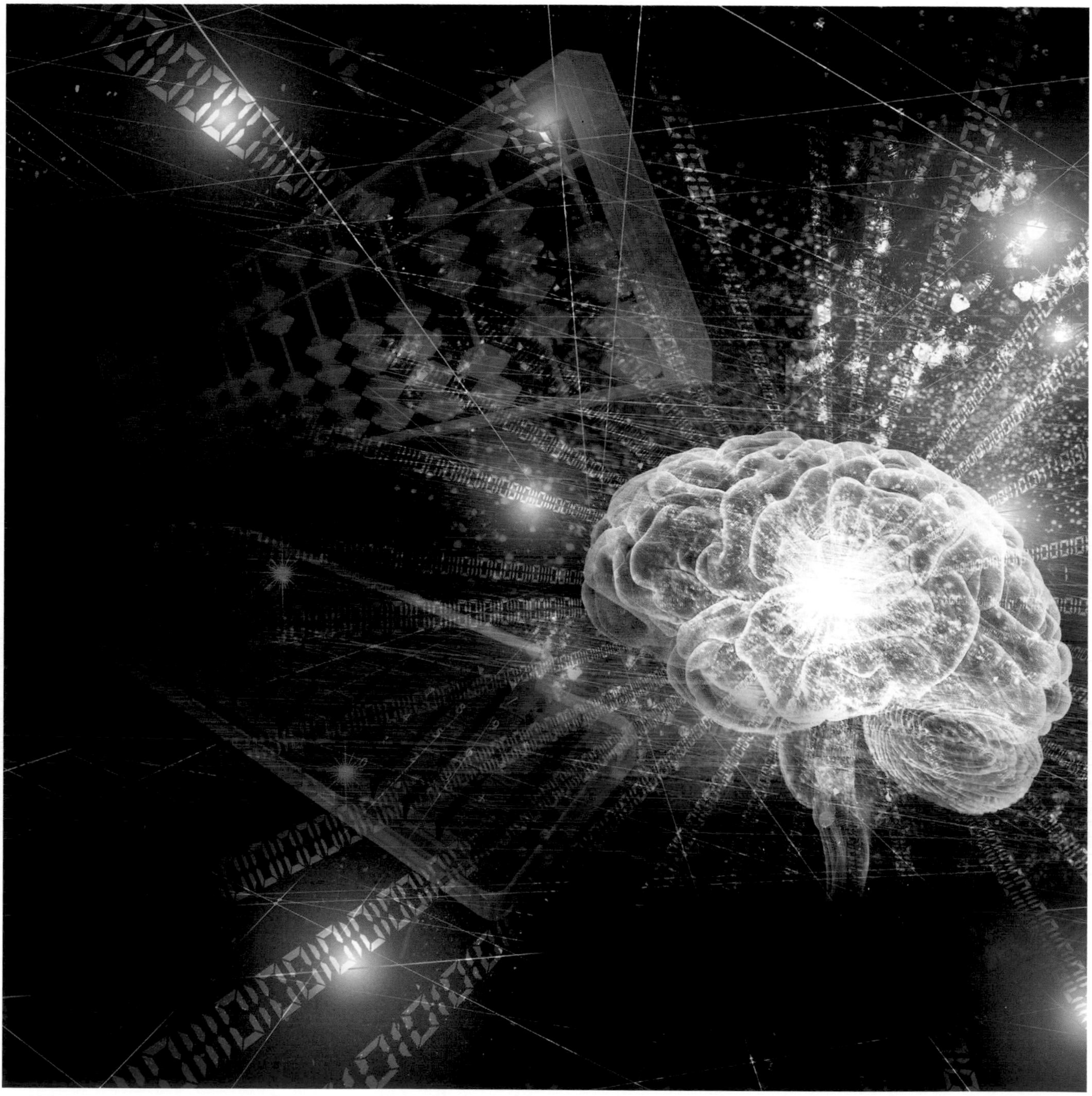

利用計算機找出資料的特徵及推估整個群體的特徵

平均與變異數、標準差以及「偏差值」

平均（或稱為平均值）是指「相加平均」，亦即有 n 個樣本 x_1、……、x_n 時，其相加的總和除以 n 所得到的 $\frac{x_1+\cdots x_n}{n}$ 值※1※2，為諸種樣本代表中的一個「代表值」。例如，有場歷時1週的演講，每天的出席者為10、2、9、4、6、8、3（人），則這週一天的平均出席人數為

$$\text{平均}\quad \bar{x}=\frac{10+2+9+4+6+8+3}{7}=6(\text{人})$$

只是，樣本原本就不能只用一種數值來代表，有些數值會偏離 $\bar{x}$。將這些偏離的差距平方後會測得變異數，其計算方法如下。

$$\text{變異數}\ s^2=\frac{(10-6)^2+\cdots+(3-6)^2}{7}=8.3(\text{人}^2)$$

變異數是數據在平均周圍的分布指標，因為是平方值，用 s^2 來表示。統計學上只用平均是不夠完整的，為方便比較，也會習慣先算出變異數。

變異數的單位變成了原本數值的平方，意義上比較不好理解，所以取其平方根。這個數值稱為「標準差」，以 s 表示。用計算機的開方鍵（$\sqrt{\ }$）就可求出 $s=\sqrt{8.3}=2.88$。

平均的英語為Average，變異數為Variance，標準差為Standard Deviation（SD）。即使原本的數據很單純，但計算這些代表值很花時間。因此一般會使用計算機或是試算表軟體Excel來計算。不過函數名稱會寫成英語的縮寫。所以我們最少要知道這些最基本的名詞。

平均、變異數、標準差是最初開始計算樣本的基礎數值，不可或缺，通稱為「代表值」（representative value）。如果是2維數據的話，還要加上相關係數 r。根據這些代表值可推導出許多統計上具有意義的量值。大家所熟知的「偏差值」也是其中一種。將原始數據（raw data）x 經過換算，並顯示於群體中的某一個位置。假設某學生A的考試分數為 x，參加這場考試的全體考生平均為 $\bar{x}$，標準差為 s，則 x 偏差值T的計算方式為

$$T=50+10\cdot\frac{x-\bar{x}}{s}$$

令 $\bar{x}=59.1$、$s=6.3$時，請計算 $x=62$分的偏差值（答案請見本頁下方）。

另外，這個值是「A學生分

盒形圖

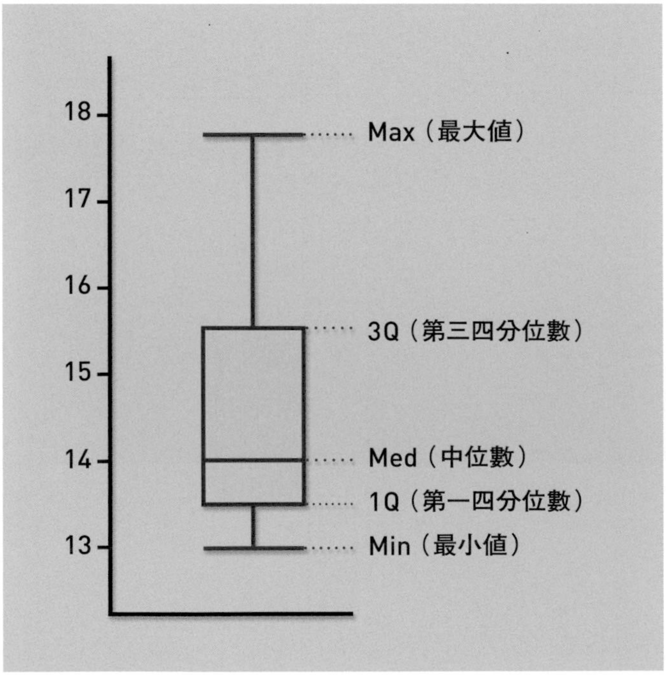

盒形圖有如長條圖（見第76頁），適用於了解數據的分布狀況。盒形圖中除了5個數，有時還會加入平均值，以「＋」表示。而且，也可以橫向看圖。

※1：n 指「樣本大小」或「樣本量」。「樣本數」是不正確的說法。

※2：除了相加平均之外，還有幾何平均（geometric mean）（假設樣本為 x_1、……、x_n時，其乘積的 n 次方根）及加權平均（weighted mean）（各樣本之比重加權後的平均）等種類。

※3：s 為後述之Standard Deviation（標準差）的字首。

答案）54.6

案例 1

— 有顯著差異 —

女兒：爸爸，我的成績進步了唷。

父親：哦！妳考幾分？

女兒：上個月我考72分，這次考89分。

父親：妳很認真呢。

女兒：可不可以給我點零用錢？

父親：原來是想說這個啊

案例 2

— 無顯著差異 —

兒子：爸爸，我考試的成績出來了唷。

父親：哦！你考幾分？

兒子：上個月我考75分，這次考76分。

父親：咦？

兒子：我進步了，可以給我點零用錢嗎？

父親：你這等於沒進步啊，才多1分！

兒子：從75分考到76分確實有進步，不是嗎？爸爸，你到底會不會算術啊？

父親：幾乎沒有進步，不太算有進步，進步得太少，真的沒有什麼進步……，嗯，真難搞（直冒冷汗）。

出處：松原 望《統計學超入門》技術評論社

數 x」的偏差值，會顯示於群體中的某個位置。請注意，A學生能力的絕對好壞跟「大學的偏差值」並沒有直接關係。

資料的 5 數彙總與盒形圖

平均與變異數、標準差是很重要的量值，但經過計算，已失去了如樣本 x_1……、x_n 等整個群體的樣貌。上述所提演講出席者的例子也是，最少 2 人，最多10人，中位數（7 個值按大小排序時，位在最中間的數，從最小算過來是第 4 個，從最大算過來也是第 4 個）是 6 人，這些數值中看不出 $\bar{x}$ 與 s（更何況中位數是和 $\bar{x}$ 不一樣的）。

因此，要將樣本由下往上（或由左往右）依大小排序，樣本每隔25%刻一個刻度，挑出 5 個數值（最小值、第25%、第50%、第75%、最大值）。這些值稱為樣本的「5 數彙總」（five-number summary）。免費的統計計算軟體R中分別寫作Min、1Q、Med、3Q、Max。Q是「四分位數（quartile，因為quarter＝四分之一）」，1Q為「第一四分位數」，3Q為「第三四分位數」，而Med為「中位數」（median）之意。

5 數彙總以最貼近的資訊揭露樣本整體的樣貌，在科學上或社會上都是公認的代表值作法。美國統計學家塔基（John Tukey，1915～2000）從數據視覺化的立場出發，提出使用連著線的盒子（盒形圖，box-and-whisker plot）來表示 5 數彙總的方法，至今仍為大家所用。左頁的盒形圖中顯示Min=13，1Q=13.5，Med=14，3Q=15.5，Max=17.7。

要呈現數據的 5 數彙總時，因計算結果不太好，便毫無理由地忽略或刪除最小值與最大值，這種作法是不正確的分析態度，有時會遭人懷疑是在「竄改」數據，所以一定要特別注意。

何謂有顯著差異—以二則對話為例

統計學上常聽到「有顯著差異」這個用語。那讀者明白上方格中表述的二則對話有什麼明顯差異嗎？若能明白的話，表示您在統計學及另一門學問的基礎學得很紮實。

第一則對話「有顯著差異」，第二則對話則「沒有顯著差異」。前者是指有意義的差異或實質上的差異，換句話說就是「真的有差異」。後者則可說是「差異太小」、「沒有實質上的差異」、「偶爾才出現的一點點差異」，總而言之，就是判斷為「沒有實際上的差異」。在數學上不相等的情況會有差異，但統計學有異於數學的另一面。統計學在社會上的守備範圍很廣闊，這也是學會的最大優點。

判斷有沒有顯著差異，要由多種的統計學理論支持，但就理論上的特徵來說，下面只舉一個簡單例子的結果來說明。

如外包裝標示：檢定成功

飲料常會標示「含有果汁成份15％」。樣本大小（n）取25個，並測量其果汁成分比例，結果平均x＝13.5，標準差s＝2.3。請問與包裝的描述相符嗎？

標示差異為13.5－15＝－1.5（%），可能無法充分證明其結果。為了知道有無顯著差異，

$$t=\frac{\text{差異}}{\frac{s}{\sqrt{n}}}<-1.96$$ ➡故判斷為有顯著差異。這個判斷規則稱為「學生 t 檢定」。現在，飲料標示濃度與其平均差＝－1.5，s＝2.3，n＝25，所以 t＝－3.26，已超過常態分布曲線左端的臨界值－1.96，代表有顯著差異，因此能放心地判斷飲料標示「與實際不符」。當然，要注意－1.5是從樣本大小25個所測出來的結果。

先解釋一下這個學生 t 檢定。統計學的基礎教科書裡會附有 t 的機率分布函數圖（左下圖）與檢索表（書後附錄）。乍看之下跟常態分布很類似。

從圖可看出，差距程度不夠大就不算有顯著差異。若差異小到－0.5，代表什麼意思？t＝－1.09，沒有顯著差異，更不能說飲料「標示與外包裝不符」。所以我們要先了解「只有在差距很大的時候，才能說是顯著差異」。

「學生 t 檢定」是英國統計學家戈塞發明的，為機率最初應用至統計理論的成功案例。有無顯著差異的標準－1.96也是來自這個機率分布的「顯著水準（level of significance）5%」。因此，要學習統計學方法的正確觀念，得先了解機率。

上述的統計方法已用於工程計算機的統計計算功能，以及須透過電腦的計算器功能。

學生 t 分布圖

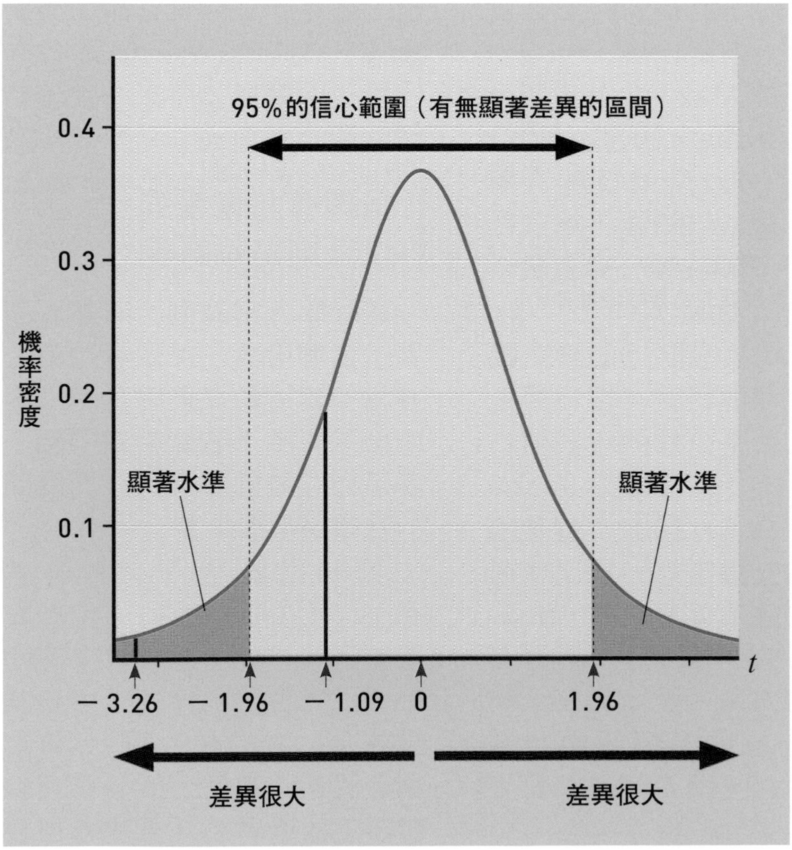

發明學生 t 檢定的統計學家戈塞

隨機化與隨機抽樣

考量如何獲取資料是很重要的。數據科學(data science)即使要用既有資料為原始數據時，也必須要先仔細思考如何取樣。「沒想清楚」或是「直接拿來用就好」，所抽樣到的數據是會有誤差的，或是只局限於某個情況得到的結果，也會影響到實驗者的可信度。統計學這門學問的對手是群體，要很嚴謹地處理數據，並留意要用科學性的態度對待。「數據科學」即屬科學領域的一門學問。

例如，醫生要試用新藥時，由於還沒準備好，所以決定不投藥給上午的患者，而改投給下午的患者。分別比較有、無服用新藥的 2 個群體，並得出新藥具療效的結論。請問，哪裡有問題呢？

其實上午患者是重症住院病人，下午來看診的比較輕症。先不提新藥有沒有療效，光是輕重症混在一起比較就很可能影響實驗結果(這裡稱為「干擾」，confounding)，不將這些干擾因素區分開來，就不能依據這一些不完備的結果給出結論。

做樣本調查最重要的是要隨機抽樣。

像這樣的誤區到處都有，簡而言之，要去除干擾就是上、下午病患分別各隨機抽樣一半組成投藥群。作為對照組的非投藥群也是由上、下午各隨機抽樣一半組成。

謹慎用心取樣是統計分析的第一步。即使已進入人工智慧時代也不會改變。

而且在調查取樣時，一定要隨時謹記隨機抽樣。其最大好處是對感興趣的目標數量不會產生偏頗，意即不會有所偏誤。要使用大量已取樣的公司業務資料時，其中也可能已有偏誤。

舉個例子，零售業中使用信用卡付款的分析實驗，是以擁有信用卡的人作為樣本族群來分析，其結果就會有偏誤，可信度或許不高。要考慮母群體的結構，並分成幾個小群(層)來取樣〔分層抽樣(stratified sampling)或稱層化抽出法〕，更要注意各種相關知識，在此無法一一詳細說明。就連所謂的「大數據」(big data)，只仰賴電腦的計算能力就能獲得正確結果的情況，可說是少之又少。

自助重抽法的革命

徹底利用電腦計算能力的統計學誕生

由於電腦的計算能力大為提升，1980年代發展出徹底藉助電腦計算力的「電腦輔助統計學」(computer-aided statistics)，透過電腦這種計算器來單純計算統計，即使沒有已發展多年的機率論輔助，憑電腦壓倒性的計算力，其進展成果還是超越以往，是一門革命性的統計學。

電腦輔助統計學源自美國艾弗隆（Bradley Efron，現任史丹佛大學教授，1938～）的「自助重抽法」(bootstrap)。在此以艾弗隆曾舉過的例子來說明。

右頁左上的樣本是以美國15所法學院的入學平均分數為 x，及其入學後的GPA（grade point average，將學科成績分數換算成1～5學分數的加權平均）為 y，再將 x、y 數據以 (x, y) 的2維形式繪成分布圖。

問題來了，入學考試跟學科成績是否呈現正相關？感覺好像會有，但也可能沒有（若有的話，或許會考慮廢除學期考試）。相關係數 $r=0.7764$，統計學上剛好在有或沒有的界線。到底應該怎麼判斷呢？

很遺憾的是，事前不會知道相關係數 r 的機率分布（其實是知道的，但太難算所以不實用），因無法鎖定這個值的位置，推論就此停止了。

因此，從15個樣本號碼{1、2、3、……、15}中抽樣（從樣本中再度取樣），重複也沒關係，取出與其號碼相對的 (x, y) 組合當數據再計算一次相關係數。比如說這樣重複100次，r_1、r_2、r_3……、r_{100}並製作成長條圖的話，就會形成「相關係數 r 的機率分布」(**1**)。重複500次或1000次就會更精確(**2, 3**)。

從僅僅15個點就可以製作出如圖3般精確的圖（再取樣的次數愈多就能愈精確），彷彿神奇的「魔力小槌」，一敲就有。透過這個方法，就不需要困難的數學計算了。一開始人們對於只憑這點「資料」就會產出長條圖的神奇機制抱有懷疑、異議，或持反對意見，但在許多不能確定機率分布的情況下，是極為有效的作法，現在可說幾乎不會再有人提出異議了。

另外，「自助重抽法」的名稱是指穿靴子時輔助用的鞋拔(strap)，靠拉鞋拔將自己拉高是非常困難的，故這個名詞代表我要獨自挑戰這道難題的氣魄。這裡不使用原來的樣本，而是「靠自己」推估統計量(statistic)，所以一般認為這正是統計學名稱的由來。

並稱為「貝氏定理」。於是，在看見色球前選擇A_1、A_2、A_3瓶子的機率（$\frac{1}{3}$、$\frac{1}{3}$、$\frac{1}{3}$），稱為「事前機率」，而在看見色球後選擇A_1、A_2、A_3瓶的機率（$\frac{9}{19}$、$\frac{6}{19}$、$\frac{4}{19}$），稱為「事後機率」。如果有其他明確的機率時，則會採用事前機率。

貝氏統計學中最重要的理論是事後機率。（$\frac{9}{19}$、$\frac{6}{19}$、$\frac{4}{19}$）顯示來自A_1瓶子的機率最大，來自A_3瓶子的機率最小，不過A_1瓶裡的紅球數量原本就最多，（A_3瓶裡的紅球比較少），所以直觀而言是「理所當然」的事。但計算結果會以更明確的數字代表人的感性判斷。

「貝氏統計學」是使用貝氏定理的統計學，正因如此所以它很適合分析AI的資料庫。

在AI領域備受矚目的「圖形識別」原型：「貝氏鑑別」？

說到一般的數學「定理」時，就會想到一大串難懂的專門符號及數學式，其意義與日常無關，一點也不貼近生活。但是貝氏定理不一樣，除了形式上看起來簡單地令人訝異，還能符合一般人感覺與意識決定的結果。而且，與其說是定理，更應該說是「原理」、「定律」，在各種較複雜的機率問題（例如常態分布，或牽涉到多維的機率分布事件）也適用。其中一項便是現在已成為AI重點領域的「圖形識別」原型之一的「貝氏鑑別」。

以前當作統計分析參考數據的知名範例「鳶尾花」，採用貝氏鑑別分析的結果如下。鳶尾花的資料是來自英國統計學家費雪（Sir Ronald Aylmer Fisher，1890～1962）設計的實驗，他所取樣的3種鳶尾花，分別為A_1：維吉尼亞鳶尾（*Iris virginica*）、A_2：變色鳶尾（*Iris versicolor*）和A_3：山鳶尾（*Iris setosa*）。各取50個樣本（共150個樣本），測量4個部位（x_1：花萼長度、x_2：花萼寬度、x_3：花瓣長度、x_4：花瓣寬度）的樣本。其中採集、測量是由美國植物學家安德森（Edgar Shannon Anderson，1897～1969）所完成的。

詳細的說明在此省略，方才瓶子的問題中提到「球的顏色（紅、藍）」來自「3個瓶子」的出現機率，分別替換成「鳶尾花的4個部位」來自「3種鳶尾花」的出現機率，並用貝氏定理分析※。每個品種的事前機率都假設為（$\frac{1}{3}$，$\frac{1}{3}$，$\frac{1}{3}$）。

以已知品種的4個樣本為例，根據（x_1, x_2, x_3, x_4）數值，為要得知這些數值來自哪個品種，計算了各個品種的事後機率（參見**表1**）。事後機率最大的品種即代表鑑別結果，表中也顯示鑑別的對錯情形。且讓我們來檢視一下所有樣本的鑑別結果（參見**表2**）。

表1　費雪的鳶尾花鑑別結果（4個樣本）

樣本號碼	測量結果				各種類的事後機率			鑑別結果	正確品種	對錯
	x_1 花萼長度	x_2 花萼寬度	x_3 花瓣長度	x_4 花瓣寬度	A_1 維吉尼亞鳶尾	A_2 變色鳶尾	A_3 山鳶尾			
1	6.3	3.3	6.0	2.5	0.915	0.068	0.017	維吉尼亞鳶尾	維吉尼亞鳶尾	○
51	7.0	3.2	4.7	1.4	0.401	0.438	0.161	變色鳶尾	變色鳶尾	○
52	6.4	3.2	4.5	1.5	0.495	0.347	0.158	維吉尼亞鳶尾	變色鳶尾	×
101	5.1	3.5	1.4	0.2	幾乎為0	幾乎為0	1.000	山鳶尾	山鳶尾	○

總計有150個樣本的鳶尾花資料庫中，以其中4個樣本的花朵形態測量結果（x_1～x_4），求出花朵特徵分別來自哪個品種的機率（A_1～A_3）。機率最大（以紅色表示）的品種即代表鑑別結果。4個樣本中有3個得到正確的結果。

表2　鳶尾花鑑別結果（整體）

		鑑別結果		
		維吉尼亞鳶尾	變色鳶尾	山鳶尾
正確品種	維吉尼亞鳶尾	41	9	0
	變色鳶尾	6	44	0
	山鳶尾	0	0	50

鑑別效率＝135/150＝90（%）

150個樣本的鑑別結果。顯示41+44+50=135個樣本鑑別正確（90%）。

※：已假設鳶尾花4個部位的出現機率遵循4維常態分布。4維常態分布為了配合樣本與數據，已制定了平均、標準差、相關係數。

形成 AI 核心的函數

人工智慧與統計學的密切關係

身高 x 與體重 y 之間似乎有所相關（有相關關係）。假設有所相關，應該會是正的相關關係吧。因為也有 x 較大而 y 較小這種相反的案例，有人便認為不能斷定這種關係。這個問題透過製作分布圖並計算其相關係數，大致上就可解決。

但是，相關關係「只是互相有關係」而已，至於關係的走向，意即何者為因何者為果，並未顯示出來。通常已知二個量值 x、y 之間，x 代表原因而 y 代表結果時，會稱之為「因果關係」（causality）。統計學上經常會假設一些因果關係，而適用於分析這些假設的，就是「線性迴歸模型」（linear regression model）。

舉例來說，如 $y=bx+a$，或是原因 x 有 2 種的話，會寫成 $y=b_1x_1+b_2x_2+b_0$ 等函數。這 2 種分別是「簡單迴歸」（simple regression）以及「複迴歸」（multiple regression）的其中一例。x 即稱之為「自變數」（independent variable），y 則稱為「應變數」（dependent variable），b 跟 b_1、b_2 等則稱為「迴歸係數」（regression coefficient）。要求得最符合數據的迴歸係數（決定模型）的，就是迴歸分析了。

表示。這種方式在數學上比較容易懂，計算處理上也相對容易（不過通常計算都很煩雜）。因此，線性迴歸分析（linear regression analysis）就變成了統計分析的「必備模型」了。按下Excel裡的「插入函數」圖示也能計算「迴歸分析」。區分好「自變數」與「應變數」並輸入數據的話，b，b_1，b_2 等的迴歸係數立刻就能算出來。另外，迴歸分析要把誤差降到最低經常會使用「最小平方法」。

人工智慧的「學習」即統計學所謂的「迴歸分析」

然而，當考慮到要廣泛應用時，線性迴歸經常發生不夠完備及欠缺彈性的情況。線性（一次方程式）的關係本來就是便於分析而假設的工具而已，所以數學要順利把資料轉換成不是線性的「非線性」（non-linear）資料，在分析資料方面會較有優勢。

因此，在 2 維平面上將直線順著縱軸（y）方向，如上下彎曲的鐵絲一樣，y 會全部壓縮進 0～1 之間，整體想像成被拉過頭的橫躺 S 字母或積分符號 $\int$

世界建立在因果關係上

因果關係的案例如圖所示。

球打破玻璃（原因）與玻璃破裂（結果）

的圖形。這個圖形稱為「S 型」（sigmoid）※。會形成某種成長及學習曲線般的圖形。

S 型的函數有許多不同類型（如下圖）。這裡先來認識 S 函數（sigmoid function）的主要代表函數，亦即正使用於人工智慧領域的「邏輯函數」（logistic function），因為本文主題是認識人工智慧，所在此先省略函數的詳細解釋。

首先，將這個函數 x 置換成 $b_1x_1+b_2x_2+b_0$，意即「線性迴歸」通過這個函數後就換轉變成「非線性迴歸模型」（nonlinear regression model）。這個函數就稱為「邏輯迴歸」（logistic regression）。而邏輯迴歸分析（logistic regression analysis）也稱評定模型（logit model），經常用於醫學資料分析跟生物統計學上。

邏輯函數的功能在「人工類神經網路」（artificial neural network，ANN）方面，是聯接上下層很重要的要素需求函數（factor demand function）。ANN是透過反向傳播（back propagation）來學習，而反向傳播即構成網路的這些巨量邏輯函數群最適合的係數。從容易微分的優點來看，邏輯函數也是人工智慧的機器學習（machine learning）及其更密切相關之深度學習（deep learning）的核心因子。換句話說，機器學習與深度學習就是最適合將之使用於人工智慧學習的大規模「邏輯迴歸」系統。

其實，已知邏輯函數是從貝氏定理的事後機率公式推導出來的，不論在邏輯跟意義上，人工智慧的發明都源自貝氏定理。（詳情請參閱松原望的《貝斯的願景》，聖學院大學出版會）

S函數範例

1）邏輯函數

見上述解說。

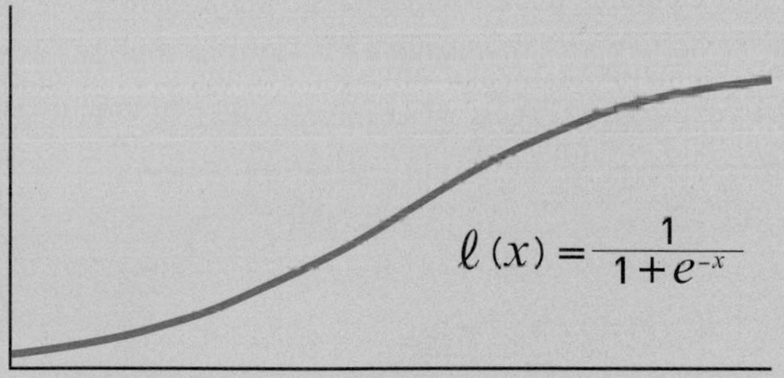

2）標準常態分布的累積分布函數

名稱雖然很長，但它原本是數理統計學的基礎，也稱作「常態肩形」（normal ogive）。

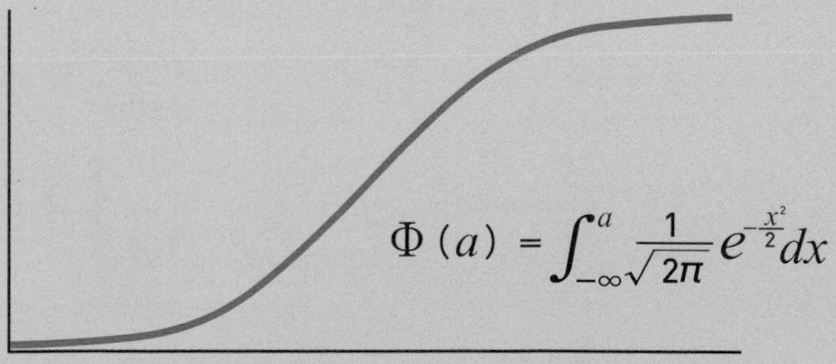

3）階梯函數

是終極的 S 型，只在 $x=0$ 時會躍增的函數。

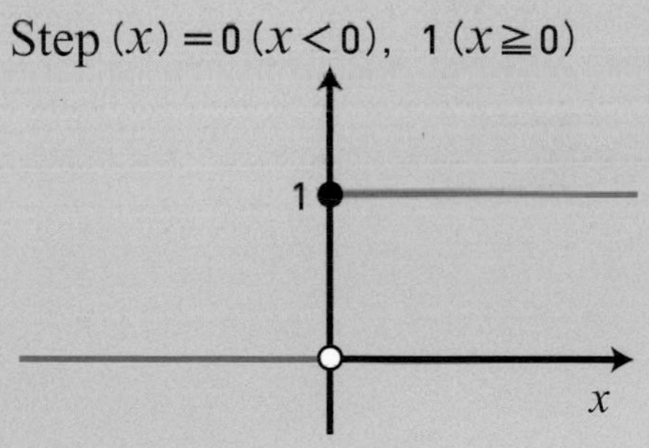

4）符號函數

以變數符號±1之函數值來決定的函數。

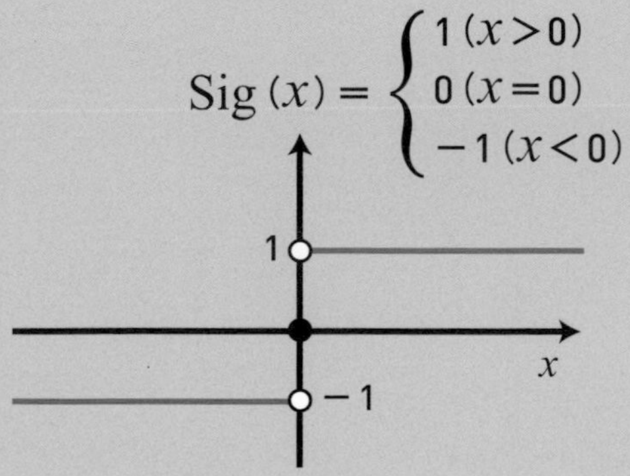

$\mathrm{Sig}(x)=\begin{cases}1\ (x>0)\\0\ (x=0)\\-1\ (x<0)\end{cases}$
1
−1
x

※：sigmoid是等同羅馬字 S 的希臘語「sigma」（Σ、σ），再加上字尾「-oid」（「擬似」之意）所結合而成的單字，意謂「像 S 字」。

機器學習的機制

「機器學習」的起源

人類與機器

回想半世紀之前，旅客購買火車票要在售票窗口告知售票員目的地、車種及班次，以及所需車票張數，再付錢取得車票。另一方面，鐵路局的售票員得檢視當下各車種、班次的座位銷售狀況，以及付款金額等訊息，再將這些資訊告知買票者，劃位收錢完成售票手續。售票員還必須拿剪票器在車票上打一個洞。所以車票本身也厚達 1 公釐，是又硬又厚的「硬票」。這些事情全都得靠人工作業來執行，與如今的運作方式相較，真是不可同日而語。

現在不僅可以在售票機買車票，票價也經電子化計算，不需要人力。可謂人類智慧（human intelligence）的「機械化」。這裡說的「機器」最大特點，就是「不需人為介入就會自動運作」。特別是「機器學習」，它是「不需寫程式也能自我學習的電腦」。目前最常用到的機器學習運作，是以下將介紹的人工類神經網路。

以3層人工類神經網路為例

輸入層、隱藏層、輸出層的節點數互相排列，形成網路。
左側是2-2-1，右側是3-4-1。

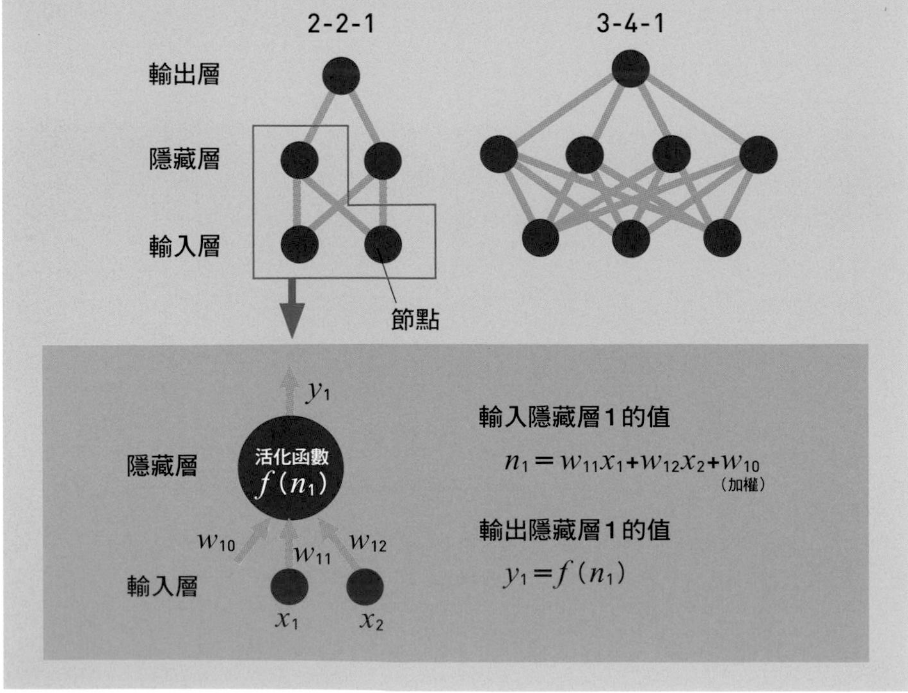

人工類神經網路

「人工類神經網路」是在電腦上模擬神經迴路而成。其機制是層與層之間連接數層累積而成的輸出入系統。扮演神經傳導（指「活化」之意）主角的是採用模仿神經生物學的「活化函數」（activation function），且為非線性的 S 函數。

人工類神經網路雖然還遠遠不及神經元（neuron）的功能，但學習事物能有驚人的優異表現（實績）。即使併用大量非線性函數，還是與採用線性的情況不一樣，互相獨立的機能在累積的效果上，比例比較好。

3 層人工類神經網路的例子如左圖所示。輸入的 階層稱為「輸入層」（input layer），相當於由數個「節點」（node）構成的神經元。輸入層和中間階層（隱藏層，hidden layer）連接，接著再連接「輸出層」（output layer）。這一些節點有如神經元般憑藉 S 函數持續運作。

節點的連接會做「加權」處理，其值以加權參數（weight parameter）w 表示。傳遞至下一個節點的訊息量多寡，是由這個數值所控制的。

若簡單用2-2-1的情況來解釋，輸入層與隱藏層之間的關係如下：以輸入 x_1、x_2 為起始，輸入層會輸出到隱藏層的各節點（節點編號以 j 表示，j ＝1、2）。

$$n_j = w_{j1}x_1 + w_{j2}x_2 + w_{j0} \quad (j=1、2)$$

並透過S函數 f（多為邏輯函數）輸出，即 $f(n_j)$ 為

$$y_j = f(w_{j1}x_1 + w_{j2}x_2 + w_{j0}) \quad (j=1、2)$$

這樣一來隱藏層的輸出即可以固定。

訊息從一段隱藏層的二個節點輸出到輸出層，然後來到最後的輸出 z 也用同樣方法決定。一般來說輸出也有 z_1、z_2，、……等好幾種。

學習的方法

假設有一套輸出效果最好的範本，例如要教學生認識數字，應該是從0、1、……、9（此指「老師」的立場）。輸入4時，為了只輸出和1很接近的 z_4，便會趨動 w。為了縮小跟1之間的差距（誤差），老師會進行訓練（訓練誤差，training error）。而上層的 w 變化會影響下層。因為輸入理應認識的訊息會從下往上傳遞，跟縮小這個誤差的 w 運作方式會變成逆向。因此上述的計算步驟（演算法，algorithm）稱為「採用誤差倒傳遞演算法」（error back-propagation algorithm）。

如果線性的w個數很少的話，可用「最小平方法」（least square）來解決。誤差倒傳遞演算法則適用於 w 很多的情況，而最小平方法比較適合非線性的版本，算是一個小發明。現在很多年輕人已會使用程式語言「Python」登上先進的「TensorFlow」和「Chainer」來做演算。

進階學習用的參考用書

初級《統計學超入門》（技術評論社）
中級《超易懂統計學》（丸善出版）
高級《統計學入門》（東大出版會）、《貝氏統計學》（創元社）、《貝斯的願景》（聖學院大學出版會）

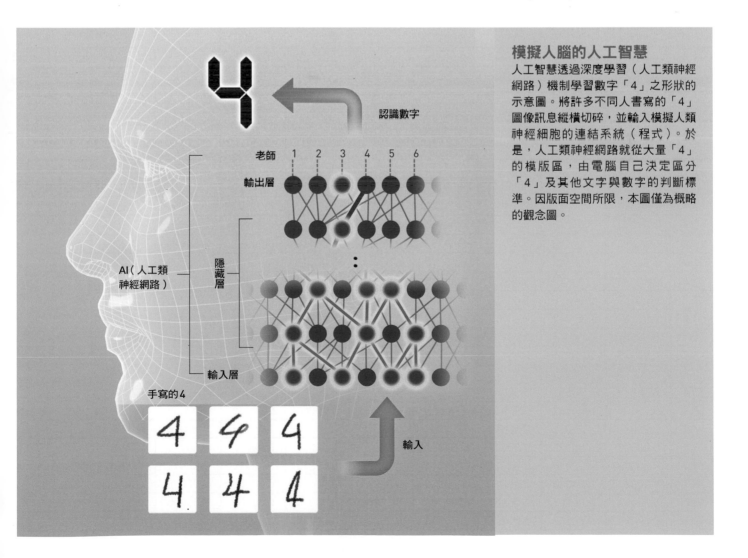

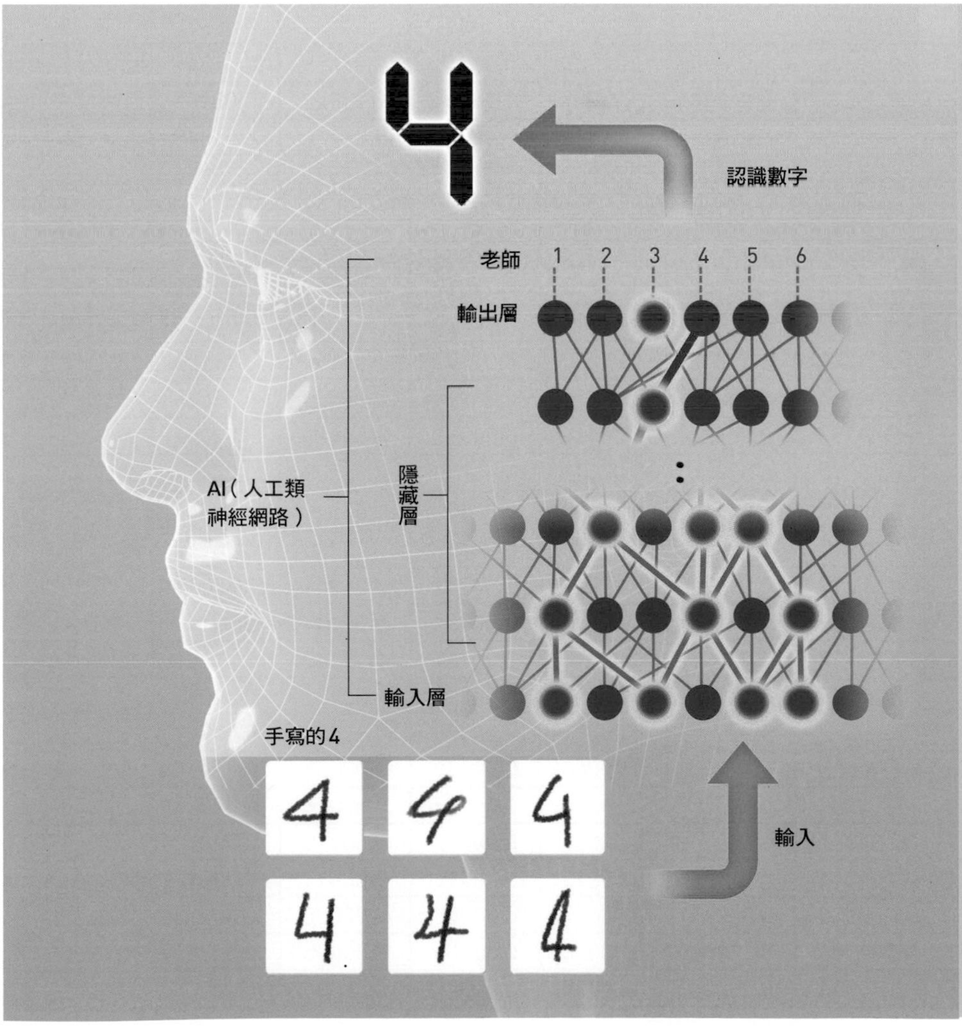

模擬人腦的人工智慧
人工智慧透過深度學習（人工類神經網路）機制學習數字「4」之形狀的示意圖。將許多不同人書寫的「4」圖像訊息縱橫切碎，並輸入模擬人類神經細胞的連結系統（程式）。於是，人工類神經網路就從大量「4」的模版區，由電腦自己決定區分「4」及其他文字與數字的判斷標準。因版面空間所限，本圖僅為概略的觀念圖。

標準常態分布檢索表（右尾側機率）

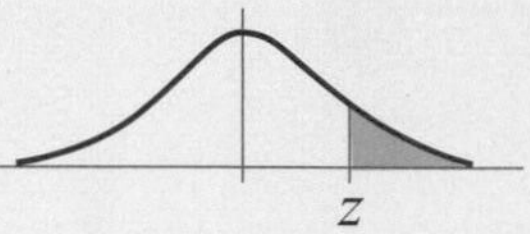

對應 z＝0.00～3.99的標準常態分布右尾側機率表（右上紅色區塊）。例如 z＝1.96時，「1.9」與「0.6」交會的那格，就可以看到數字為「0.02500」。

z	.00	.01	.02	.03	.04	.05	.06	.07	.08	.09
0.0	0.50000	0.49601	0.49202	0.48803	0.48405	0.48006	0.47608	0.47210	0.46812	0.46414
0.1	0.46017	0.45620	0.45224	0.44828	0.44433	0.44038	0.43644	0.43251	0.42858	0.42465
0.2	0.42074	0.41683	0.41294	0.40905	0.40517	0.40129	0.39743	0.39358	0.38974	0.38591
0.3	0.38209	0.37828	0.37448	0.37070	0.36693	0.36317	0.35942	0.35569	0.35197	0.34827
0.4	0.34458	0.34090	0.33724	0.33360	0.32997	0.32636	0.32276	0.31918	0.31561	0.31207
0.5	0.30854	0.30503	0.30153	0.29806	0.29460	0.29116	0.28774	0.28434	0.28096	0.27760
0.6	0.27425	0.27093	0.26763	0.26435	0.26109	0.25785	0.25463	0.25143	0.24825	0.24510
0.7	0.24196	0.23885	0.23576	0.23270	0.22965	0.22663	0.22363	0.22065	0.21770	0.21476
0.8	0.21186	0.20897	0.20611	0.20327	0.20045	0.19766	0.19489	0.19215	0.18943	0.18673
0.9	0.18406	0.18141	0.17879	0.17619	0.17361	0.17106	0.16853	0.16602	0.16354	0.16109
1.0	0.15866	0.15625	0.15386	0.15151	0.14917	0.14686	0.14457	0.14231	0.14007	0.13786
1.1	0.13567	0.13350	0.13136	0.12924	0.12714	0.12507	0.12302	0.12100	0.11900	0.11702
1.2	0.11507	0.11314	0.11123	0.10935	0.10749	0.10565	0.10383	0.10204	0.10027	0.09853
1.3	0.09680	0.09510	0.09342	0.09176	0.09012	0.08851	0.08691	0.08534	0.08379	0.08226
1.4	0.08076	0.07927	0.07780	0.07636	0.07493	0.07353	0.07215	0.07078	0.06944	0.06811
1.5	0.06681	0.06552	0.06426	0.06301	0.06178	0.06057	0.05938	0.05821	0.05705	0.05592
1.6	0.05480	0.05370	0.05262	0.05155	0.05050	0.04947	0.04846	0.04746	0.04648	0.04551
1.7	0.04457	0.04363	0.04272	0.04182	0.04093	0.04006	0.03920	0.03836	0.03754	0.03673
1.8	0.03593	0.03515	0.03438	0.03362	0.03288	0.03216	0.03144	0.03074	0.03005	0.02938
1.9	0.02872	0.02807	0.02743	0.02680	0.02619	0.02559	0.02500	0.02442	0.02385	0.02330
2.0	0.02275	0.02222	0.02169	0.02118	0.02068	0.02018	0.01970	0.01923	0.01876	0.01831
2.1	0.01786	0.01743	0.01700	0.01659	0.01618	0.01578	0.01539	0.01500	0.01463	0.01426
2.2	0.01390	0.01355	0.01321	0.01287	0.01255	0.01222	0.01191	0.01160	0.01130	0.01101
2.3	0.01072	0.01044	0.01017	0.00990	0.00964	0.00939	0.00914	0.00889	0.00866	0.00842
2.4	0.00820	0.00798	0.00776	0.00755	0.00734	0.00714	0.00695	0.00676	0.00657	0.00639
2.5	0.00621	0.00604	0.00587	0.00570	0.00554	0.00539	0.00523	0.00508	0.00494	0.00480
2.6	0.00466	0.00453	0.00440	0.00427	0.00415	0.00402	0.00391	0.00379	0.00368	0.00357
2.7	0.00347	0.00336	0.00326	0.00317	0.00307	0.00298	0.00289	0.00280	0.00272	0.00264
2.8	0.00256	0.00248	0.00240	0.00233	0.00226	0.00219	0.00212	0.00205	0.00199	0.00193
2.9	0.00187	0.00181	0.00175	0.00169	0.00164	0.00159	0.00154	0.00149	0.00144	0.00139
3.0	0.00135	0.00131	0.00126	0.00122	0.00118	0.00114	0.00111	0.00107	0.00104	0.00100
3.1	0.00097	0.00094	0.00090	0.00087	0.00084	0.00082	0.00079	0.00076	0.00074	0.00071
3.2	0.00069	0.00066	0.00064	0.00062	0.00060	0.00058	0.00056	0.00054	0.00052	0.00050
3.3	0.00048	0.00047	0.00045	0.00043	0.00042	0.00040	0.00039	0.00038	0.00036	0.00035
3.4	0.00034	0.00032	0.00031	0.00030	0.00029	0.00028	0.00027	0.00026	0.00025	0.00024
3.5	0.00023	0.00022	0.00022	0.00021	0.00020	0.00019	0.00019	0.00018	0.00017	0.00017
3.6	0.00016	0.00015	0.00015	0.00014	0.00014	0.00013	0.00013	0.00012	0.00012	0.00011
3.7	0.00011	0.00010	0.00010	0.00010	0.00009	0.00009	0.00008	0.00008	0.00008	0.00008
3.8	0.00007	0.00007	0.00007	0.00006	0.00006	0.00006	0.00006	0.00005	0.00005	0.00005
3.9	0.00005	0.00005	0.00004	0.00004	0.00004	0.00004	0.00004	0.00004	0.00003	0.00003

附錄

學生 t 檢索表（右尾側機率）

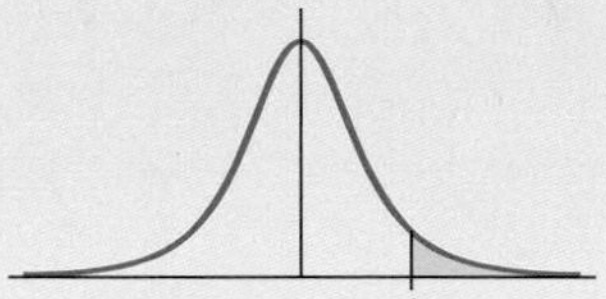

學生 t 分布所對應的各個自由度（degrees of freedom）ν（ν 等於樣本大小減 1）與右尾側機率 α 的檢索表。例如右尾側機率為0.025時，自由度為20的話，$t=2.086$；自由度若為無限大，則 $t=1.960$。學生 t 分布會隨著自由度增加而愈接進標準常態分布。

ν \ α	0.250	0.200	0.150	0.100	0.050	0.025	0.010	0.005	0.0005
1	1.000	1.376	1.963	3.078	6.314	12.706	31.821	63.657	509.295
2	0.817	1.061	1.386	1.886	2.920	4.303	6.965	9.925	28.26
3	0.765	0.979	1.250	1.638	2.353	3.182	4.541	5.841	11.98
4	0.741	0.941	1.190	1.533	2.132	2.776	3.747	4.604	8.12
5	0.727	0.920	1.156	1.476	2.015	2.571	3.365	4.032	6.54
6	0.718	0.906	1.134	1.440	1.943	2.447	3.143	3.707	5.71
7	0.711	0.896	1.119	1.415	1.895	2.365	2.998	3.500	5.2
8	0.706	0.889	1.108	1.397	1.860	2.306	2.897	3.355	4.86
9	0.703	0.883	1.100	1.383	1.833	2.262	2.821	3.250	4.62
10	0.700	0.879	1.093	1.372	1.813	2.228	2.764	3.169	4.44
11	0.697	0.876	1.088	1.363	1.796	2.201	2.718	3.106	4.3
12	0.696	0.873	1.083	1.356	1.782	2.179	2.681	3.055	4.19
13	0.694	0.870	1.080	1.350	1.771	2.160	2.650	3.012	4.1
14	0.692	0.868	1.076	1.345	1.761	2.145	2.625	2.977	4.03
15	0.691	0.866	1.074	1.341	1.753	2.131	2.603	2.947	3.96
16	0.690	0.865	1.071	1.337	1.746	2.120	2.584	2.921	3.91
17	0.689	0.863	1.069	1.333	1.740	2.110	2.567	2.898	3.86
18	0.688	0.862	1.067	1.330	1.734	2.101	2.552	2.878	3.82
19	0.688	0.861	1.066	1.328	1.729	2.093	2.540	2.861	3.79
20	0.687	0.860	1.064	1.325	1.725	2.086	2.528	2.845	3.75
21	0.686	0.859	1.063	1.323	1.721	2.080	2.518	2.831	3.73
22	0.686	0.858	1.061	1.321	1.717	2.074	2.508	2.819	3.7
23	0.685	0.858	1.060	1.320	1.714	2.069	2.500	2.807	3.68
24	0.685	0.857	1.059	1.318	1.711	2.064	2.492	2.797	3.66
25	0.684	0.856	1.058	1.316	1.708	2.060	2.485	2.787	3.64
26	0.684	0.856	1.058	1.315	1.706	2.056	2.479	2.779	3.62
27	0.684	0.855	1.057	1.314	1.703	2.052	2.473	2.771	3.6
28	0.683	0.855	1.056	1.313	1.701	2.048	2.467	2.763	3.59
29	0.683	0.854	1.055	1.311	1.699	2.045	2.462	2.756	3.58
30	0.683	0.854	1.055	1.310	1.697	2.042	2.457	2.750	3.56
50	0.679	0.849	1.047	1.299	1.676	2.009	2.403	2.678	3.42
60	0.679	0.848	1.046	1.296	1.671	2.000	2.390	2.660	3.39
80	0.678	0.846	1.043	1.292	1.664	1.990	2.374	2.639	3.35
99	0.677	0.845	1.042	1.290	1.660	1.984	2.365	2.626	3.32
100	0.677	0.845	1.042	1.290	1.660	1.984	2.364	2.626	3.32
120	0.677	0.845	1.041	1.289	1.658	1.980	2.358	2.617	3.31
240	0.676	0.843	1.039	1.285	1.651	1.970	2.342	2.597	3.266
∞	0.694	0.842	1.036	1.282	1.645	1.960	2.326	2.576	3.291

附錄

亂數表

隨機配置 0 到 9 的數字表，用硬體亂數產生器所製成。為方便閱讀，亂數表排列成 2 個數字 1 組，每行有20組。[引用自《產生亂術及隨機化的步驟》（日本工業規格[JIS]）附件 A 第250行起的部分亂數表]

93	90	60	02	17	25	89	42	27	41	64	45	08	02	70	42	49	41	55	98
34	19	39	65	54	32	14	02	06	84	43	65	97	97	65	05	40	55	65	06
27	88	28	07	16	05	18	96	81	69	53	34	79	84	83	44	07	12	00	38
95	16	61	89	77	47	14	14	40	87	12	40	15	18	54	89	72	88	59	67
50	45	95	10	48	25	29	74	63	48	44	06	18	67	19	90	52	44	05	85
11	72	79	70	41	08	85	77	03	32	46	28	83	22	48	61	93	19	98	60
19	31	85	29	48	89	59	53	99	46	72	29	49	06	58	65	69	06	87	9
14	58	90	27	73	67	17	08	43	78	71	32	21	97	02	25	27	22	81	74
28	04	62	77	82	73	00	73	83	17	27	79	37	13	76	29	90	70	36	47
37	43	04	36	86	72	63	43	21	06	10	35	13	61	01	98	23	67	45	21
74	47	22	71	36	15	67	41	77	67	40	00	67	24	00	08	98	27	98	56
48	85	81	89	45	27	98	41	77	78	24	26	98	03	14	25	73	84	48	28
55	81	09	70	17	78	18	54	62	06	50	64	90	30	15	78	60	63	54	56
22	18	73	19	32	54	05	18	36	45	87	23	42	43	91	63	50	95	69	09
78	29	64	22	97	95	94	54	64	28	34	34	88	98	14	21	38	45	37	87
97	51	38	62	95	83	45	12	72	28	70	23	67	04	28	55	20	20	96	57
42	91	81	16	52	44	71	99	68	55	16	32	83	27	03	44	93	81	69	58
07	84	27	76	18	24	95	78	67	33	45	68	38	56	64	51	10	79	15	46
60	31	55	42	68	53	27	82	67	68	73	09	98	45	72	02	87	79	32	84
47	10	36	20	10	48	09	72	35	94	12	94	78	29	14	80	77	27	05	67
73	63	78	70	96	12	40	36	80	49	23	29	26	69	01	13	39	71	33	17
70	65	19	86	11	30	16	23	21	55	04	72	30	01	22	53	24	13	40	63
86	37	79	75	97	29	19	00	30	01	22	89	11	84	55	08	40	91	26	61
28	00	93	29	59	54	71	77	75	24	10	65	69	15	66	90	47	90	48	80
40	74	69	14	01	78	36	13	06	30	79	04	03	28	87	59	85	93	25	73

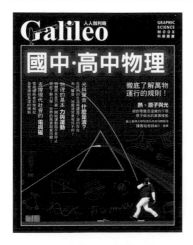

人人伽利略系列好評熱賣中！　日本Newton Press授權出版

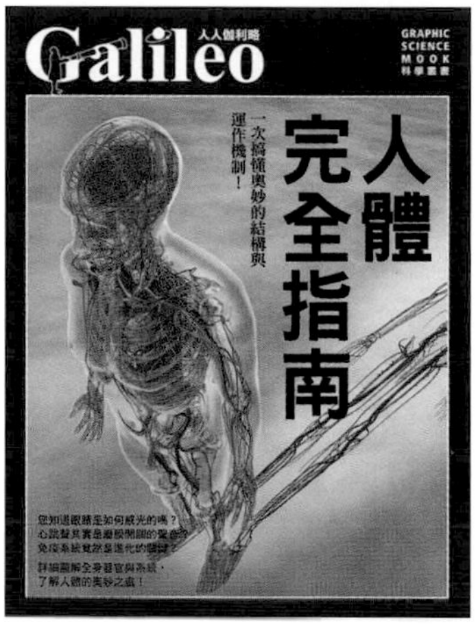

人人伽利略 科學叢書 21

人體完全指南　一次搞懂奧妙的結構與運作機制！　售價：500元

大家對自己的身體了解多少呢？你們知道每次呼吸約可吸取多少氧氣？從心臟輸出的血液在體內循環一圈要多久時間呢？其實大家對自己身體的了解程度，並沒有想像中那麼多。

本書用豐富圖解彙整巧妙的人體構造與機能，除能了解各重要器官、系統的功能與相關疾病外，也專篇介紹從受精卵形成人體的過程，更特別探討目前留在人體上的演化痕跡，除了智齒跟盲腸外，還有哪些是正在退化中的部位呢？翻開此書，帶你重新認識人體不可思議的構造！

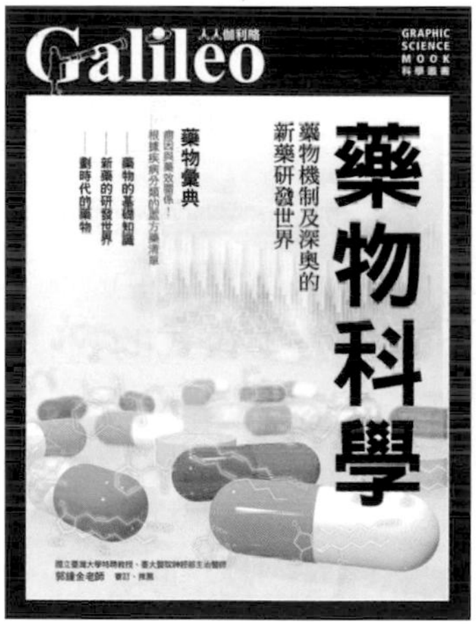

人人伽利略 科學叢書 22

藥物科學　藥物機制及深奧的新藥研發世界　售價：500元

藥物對我們是不可或缺的存在，然而「藥效」是指什麼？為什麼藥往往會有「副作用」？本書以淺顯易懂的方式，從基礎解說藥物的機轉。

新藥研發約須耗時15～20年，經費動輒百億新台幣，相當艱辛。研究者究竟是如何在多如繁星的化合物中開發出治療效果卓越的新藥呢？在此一探深奧的新藥研發世界，另外請隨著專訪了解劃時代藥物的詳細研究內容，並與開發者一起回顧新藥開發的過程。最後根據疾病別分類列出186種藥物，敬請讀者充分活用我們為您準備的醫藥彙典。

★國立臺灣大學特聘教授、臺大醫院神經部主治醫師　郭鐘金老師 審訂、推薦

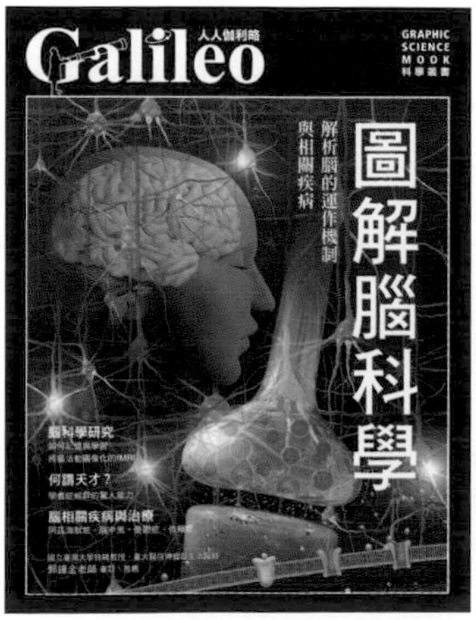

人人伽利略 科學叢書 23

圖解腦科學　解析腦的運作機制與相關疾病　售價：500元

「腦」至今仍藏有許多未解謎題，科學家們持續探究其到底是如何讓我們思考、記憶、表達喜怒哀樂，支配我們的日常活動？本書一探學習與記憶的形成機制，並彙整腦科學研究的最新進展，讓我們了解阿茲海默症、憂鬱症、腦中風的成因與預防方法等，也以科學角度解說許多網路謠言，讓我們得以用更正確的態度面對。

★國立臺灣大學特聘教授、臺大醫院神經部主治醫師　郭鐘金老師 審訂、推薦

【人人伽利略系列 24】

統計與機率
從基礎至貝氏統計

作者／日本Newton Press
執行副總編輯／陳育仁
編輯顧問／吳家恆
翻譯／林筑茵
編輯／林庭安
商標設計／吉松薛爾
發行人／周元白
出版者／人人出版股份有限公司
地址／231028 新北市新店區寶橋路235巷6弄6號7樓
電話／（02）2918-3366（代表號）
傳真／（02）2914-0000
網址／www.jjp.com.tw
郵政劃撥帳號／16402311 人人出版股份有限公司
製版印刷／長城製版印刷股份有限公司
電話／（02）2918-3366（代表號）
經銷商／聯合發行股份有限公司
電話／（02）2917-8022
第一版第一刷／2021年3月
定價／新台幣450元
港幣150元

國家圖書館出版品預行編目（CIP）資料

統計與機率：從基礎至貝氏統計／
日本Newton Press作；林筑茵翻譯. -- 第一版. --
新北市：人人, 2021.03
面；公分. —（人人伽利略系列；24）
ISBN 978-986-461-237-6（平裝）
1.統計學 2.機率

510　　110001287

Staff

Editorial Management　木村直之
Design Format　米倉英弘（細山田デザイン事務所）
Editorial Staff　遠津早紀子
　定田朗子
Writer　山田久美（10～25ページ）

Photograph

5　Shestakoff/Shutterstock.com
51　© william87 - Fotolia.com
62　CORBIS/Corbis via Getty Images
63　広島大学 松本眞
66　統計数理研究所
67　Newton Press,　統計数理研究所
84　Spiroview Inc/Shutterstock.com
87　Sittipong Phokawattana/Shutterstock.com,　Tatiana Gorlova/Shutterstock.com
116　© Olga Czajkowska - Fotolia.com
120　Bernd Lammel/Newton Press
122～125　Gapminder Foundation
151　Nikolay Kurzenko/Shutterstock.com
158　©User Wujaszek on pl.wikipedia
161　Pavel_D/shutterstock.com

Illustration

Cover Design　宮川愛理（イラスト：Newton Press）
1　Newton Press
2～4　Newton Press
5　Newton Press,　荻野瑶海
6～29　Newton Press
30-31　Newton Press,
　【ガリレオ】小﨑哲太郎
32-33　Newton Press
34-35　Newton Press,
　【パスカル，フェルマー】小﨑哲太郎
36～50　Newton Press
53～83　Newton Press
62-63　Newton Press
64-65　Newton Press
66-67　Newton Press
84-85　Newton Press
86-87　Newton Press
88～115　Newton Press
118-119　Newton Press
127～149　Newton Press
151　Newton Press
152～157　Newton Press
158～161　Newton Press
162～170　Newton Press